ÌYÁMÌ Oṣọ́rọ̀ngà

ÌYÁMÌ OṢÓRONGA

O culto às Mães Ancestrais

Todos os direitos reservados © 2024

É proibida qualquer forma de reprodução, transmissão ou edição do conteúdo total ou parcial desta obra em sistemas impressos e/ou digitais, para uso público ou privado, por meios mecânicos, eletrônicos, fotocopiadoras, gravações de áudio e/ou vídeo ou qualquer outro tipo de mídia, com ou sem finalidade de lucro, sem a autorização expressa da editora.

Dados Internacionais de Catalogação na Publicação (CIP)

P853i	Portugal Filho, Fernandez
	Iyami Oxorongá: o culto às Mães Ancestrais / Fernandez Portugal Filho. - São Paulo : Arole Cultural, 2022.
	ISBN 978-65-86174-20-5
	1. Espiritualidade africanas. 2. Candomblé. 3. Religiões afro-brasileiras. 4. Orixás. I. Título.
	CDD 299.6
2022-1016	CDU 299.6

Elaborado por Odilio Hilario Moreira Junior - CRB-8/9949

Índices para catálogo sistemático:
1. Religiões africanas 299.6
2. Religiões africanas 299.6

MO JÙBÀ ẸYIN
ÌYÁMÌ ỌṢỌ́RONGA
A T'OJÚ JÀPA
A T'ỌKAN JẸ̀DỌ̀
ẸJẸ O, YẸ MI KALẸ O
IYẸ KOKO O, IYE
IYẸ, IYẸ, IYẸ KOKO

Eu faço reverência a você
Minha Mãe Ọṣọ́ronga
A que come os braços só de olhar
A que come o fígado com os olhos
Faça com que tudo seja bom para mim até o final
Mãe que é chamada, mãe
Mãe, Mãe, Mãe, grite seu nome

SUMÁRIO

A origem das Ìyámì.. 12
Awon Ìyá Wa: Nossas Mães... 16
As Mães Feiticeiras... 21
A iniciação no culto às Mães Feiticeiras.................................... 25
Sociedade Gèlèdè... 31
    Ìyálóde, voz feminina na comunidade yorùbá...........................33
Lendas das Mães Ancestrais.. 35
    Òrúnmílà aplaca a cólera de Ìyámì...36
    Òbátàlà domina Odù..37
    Ìyá Àgbá salva Obaluaiye da inveja de Olusolá........................39
Versos de Ifá que trazem o culto às Mães Ancestrais 41
    01 - Ese Odù Ìrétè Méjì...42
    02 - Ese Odù Ìrétè Owòrìn...49
    03 - Ese Odù Ogbè Ògúndá...56
    04 - Ese Odù Ogbè Ògúndá...67
    05 - Ese Odù Òdí Méjì..88
    06 - Ese Odù Ogbè Òsá...98
    07 - Ese Odù Òsá Méjì.. 105
    08 - Ese Odù Òsá Méjì.. 135

09 - Ẹsẹ Odù Ìrẹ́tẹ́ Ogbè 143
10 - Ẹsẹ Odù Òṣé Òyẹ̀kú 155

Àdúrà, Oriki Àti Orin Ìyámí 169
Àdúrà = Oração, Reza 171
Oríkì = Evocações 174
Orin = Cânticos 185

Ipẹsẹ Ìyámì 189
Advertência 190
A importância do mercado na cultura yorùbá 192
Ecologia e cultos afro-brasileiros 194
Ipẹsẹ, Awure e Ebu para diversos fins 198

O Autor e sua Obra 276
Bibliografia 280

AGRADECIMENTO A PIERRE FATUMBI VERGER
(IN MEMORIAM)

Obrigado, *merci* e **adupę** Pierre Verger, pelo que você representou para a cultura afro-brasileira e à Tradicional Religião **Yorùbá**. Uma carreira simplesmente maravilhosa, sua elegância, sua inteligência brilhante, simplicidade, diplomacia, conhecimento profundo, seu comprometimento profissional, tudo isso é um conjunto de qualidades que você nos apresentou no transcorrer de sua carreira.

Evidentemente poucos brasileiros tiveram a oportunidade de o conhecerem tão bem quanto eu, desfrutar de sua profícua amizade, servindo em Salvador grandes doses de "Optimismo", como você chamava a batida de coco. Onde estava Verger, estava seu amigo e discípulo Fernandez Portugal Filho. **Adupę**, muito obrigado mesmo, por tudo que você representou para este seu colega e eterno admirador, Fernandez Portugal Filho.

Ibaye...

APRESENTAÇÃO

O culto às Mães Primordiais é envolto em mistérios tanto no Brasil quanto em terras yorùbá. Fundamentalmente, cultuar as Ìyámì é cultuar o poder feminino, o útero gestador, a cabaça ventre, o Ọrun e o Aiye, o início, o cosmo e a vida humana. As Grandes Mães estão presentes tanto no contexto religioso afro-yorùbá quanto no mundo profano, exatamente pelo fato de que o povo yorùbá acreditar na existência de um Ser Supremo, responsável pela criação e manutenção do Ọrun e do Aiye e no homem e na mulher que neste habitam. No mundo teocrático yorùbá, a existência de divindades consideradas tentáculos do Ser Supremo, que intermediam os desejos e pedidos dos humanos diante Dele, faz com que a discussão sobre as Mães Ancestrais seja muito complexa, porém, de suma importância e, por mais que nos aprofundemos neste tema, iremos sempre descobrir algo novo.

Ao dividir Ọrun e Aiye, o Ser Supremo criou o poder masculino, representado pelo mais importante Irunmọle, Ọbátàlà, e, através de Ìyá Àgbá, o poder feminino, chegando a ter poder irrestrito sobre tudo e todos. Nas pesquisas realizadas em terras yorùbá junto a sacerdotes de Òrúnmílà, de Òrìṣà, Oniṣẹgun, Ọṣọ, Ajẹ́, antropólogos e escritores yorùbá, acreditamos que Naná venha a ser a Ìyá Àgbá, a Mãe Ancestral, a Primeira Mulher e Mãe, o poder feminino constituído. Essa interpretação se dá pelo fato de **Naná** estar associada à lama que se solidificou e resultou na terra firme, que permitiu que a água (elemento feminino) se entranhasse através da terra (elemento masculino), dando origem aos continentes, ilhas, lagos, lagoas, rios, mangues, igarapés e cachoeiras, que o homem até hoje usufrui. Desde então, nada mais no **Aiye** é realizado sem a aquiescência do poder ancestral feminino - inclusive a fecundação do útero gestador, o símbolo universal que acreditamos ser a maior magia existente na terra que habitamos.

Procuramos mostrar que as Mães Primordiais continuam presentes e interferem em tudo que está contido no universo. De um modo geral, a fêmea está associada à fecundidade e à maternidade, portanto, ao nascimento de novos seres racionais ou irracionais e a tudo que brota da terra. Com isso, as Mães Ancestrais permitem, por exemplo, que a mulher se una ao homem para que a raça humana tenha continuidade. Porém, quando encolerizadas, fazem com que a mulher desenvolva problemas no órgão reprodutor que impedem que haja a fertilização. Embora o nosso exemplo seja a mulher, ressaltamos que o Poder Feminino Primordial está inserido em tudo que a terra produz.

Em todos os seus diversos e plurais arquétipos-divindade, a mulher luta por uma vida melhor para si e seus filhos, na maioria das vezes, sente-se dona de seu companheiro, e cada vez mais se eleva profissionalmente e exerce quase todas as profissões anteriormente tidas como masculinas. A caminhada da mulher, desde os tempos imemoriais é árdua, gesta e dá continuidade à vida humana, é chefe de família ou divide com o companheiro esta função, trabalha, estuda, educa os filhos e busca minimizar os problemas diuturnos que a vida moderna impõe. Mulheres mantém dentro de si as Mães Ancestrais, as Mães Divinas e são tão somente detentoras do Poder Feminino.

Ìyá Àgbá, Ìyá wa, Ìya mì! Aṣẹ o, Ire o!

Fernandez Portugal Filho

A ORIGEM DAS ÌYÁMÌ

*"Aquela ẹlẹyẹ voa fora da cabaça,
vai executar a missão onde é enviada.*

*Todos os quatro cantos do mundo são os
lugares onde elas o enviam!"*
Odù Irẹ́tẹ́ Méjì

ÌYÁMÌ ỌṢỌ́RONGA: O CULTO ÀS MÃES ANCESTRAIS

Para começar a entender o culto às Ìyámì, temos que voltar ao tempo e relembrarmos o mito da criação do mundo, quando Olódùmarè dividiu o mundo existente em Ọrun e Aiye e designou uma expedição para criar no Aiye o que fosse necessário para que o humano o habitasse. Nessa expedição veio a primeira mulher, chamada Odù, que seria a matriz do poder feminino, a cabaça ventre que fecundaria.

O Corpo Literário de Ifá nos mostra a chegada de Odù no Aiye através do Odù Ọsá méjì. Odù, na encruzilhada que liga Ọrun e Aiye, jurou aos homens que jamais os trairia, porém, estes a traíram e, encolerizada, a primeira mulher levou o problema até Olódùmarè, que ouviu atentamente os seus reclamos assim como os dos homens. Após pensar muito, Olódùmarè pronunciou sua decisão e deu plenos poderes a Odù. Ela, inclusive, poderia fazer o que quisesse com os homens. Autossuficiência, absolutismo, poder irrestrito contido em seu ser, Olódùmarè colocou o bem e o mal residindo em Odù em proporções iguais e deu-lhe a incumbência de manter o equilíbrio no Aiye.

No mito da criação do mundo para os yorùbá, Odù, a primeira Ìyámì, tem papel preponderante. Ela representa o poder fecundado da natureza, ela é a Grande Mãe que a tudo vê, tudo sabe, inclusive ao próprio homem, porém tem também o poder de destruir tudo, dependendo apenas do grau e momento de seu encolerizamento. Num dos itan de Ifá, encontramos a máxima:

"...Ìyámì é superior ao Homem,
Tem poder para fazer o que quiser com ele, inclusive marcá-lo e
envenenar sua vida."

No Odù Ogbẹ-gundá nos é revelado que Ìyámì tem o poder de aleijar, cegar, mutilar e fazer uma pessoa adoecer se tiver seus propósitos contrariados pois se encoleriza rapidamente. Em Ìrẹ́tẹ́ méjì, Olódùmarè entrega a Odù o Aràgàmagò, pássaro com o qual ela tanto poderá fazer o bem quanto o mal.

Quando falamos sobre Ìyámì nos templos afrodescendentes observamos o temor estampado nos rostos dos presentes, pois ela está relacionada sempre ao mal existente no Aiye. Devemos refletir sobre este (pré) conceito sobre as Grandes Mães, pois elas estão imbuídas de dar vida ao homem, aos animais, as plantas, enfim, a tudo que está no Aiye.

Para os yorùbá, Ìyámì faz parte do grupo de divindades que trabalharam na criação do mundo, embora o seu lado feiticeiro seja sempre ressaltado. O odù Ogbe-sá nos fala sobre a chegada ao Aiye das Grandes Mães. Elas, antes de virem para o Aiye, determinaram que se instalariam em sete casas nos sete pilares da terra, que na verdade são sete árvores, a saber:

Para o bem	Para o mal	Para o bem/mal
Ìrókò *(irôco)*	Ọdan *(seringueira)*	Ọpaọka *(jaqueira)*
Iyẹyẹ *(cajazeira)*	Ọgẹdẹ *(bananeira)*	
Akoko *(no Brasil, pode ser substituído por mangueira)*	Ajékòfolè *(no Brasil, pode ser substituído por jenipapeiro)*	

As Ìyámì se distribuíram pelas árvores, dizendo que em três delas fariam o mal, destruiriam, matariam e propagariam doenças e desgraças; em outras três, fariam o bem, proporcionariam vida longa, saúde, alegria e felicidade e na sétima árvore instalariam a essência dos seus plenos poderes, ou seja, fariam o que quisessem tanto o bem quanto o mal. Tendo um grupo voltado para o bem e outro para o mal, representam o equilíbrio de potenciais opostos. Já na que ocupa uma única árvore, a predominância ora é do bem, ora é do mal, refletindo dessa maneira o equilíbrio e a reação comportamental humana, independente do sistema regido pelas Grandes Mães.

ÌYÁMÌ ỌṢỌ́RONGA: O CULTO ÀS MÃES ANCESTRAIS

Assim sendo, todas as vezes que o homem desequilibra o sistema ou contraria naturalmente a terra, é atingido pela cólera das Ìyámì. Talvez aí se explique a origem do medo demonstrado por praticantes das religiões de matriz africana no Brasil ao ouvirem seu nome. E, talvez, aí também se explique o fato de que oferendas tenham que ser realizadas para aplacar a ira das Ìyámì com o intuito de repor ao sistema os componentes transmissores de energia consumidas na dinâmica das relações humanas: a ganância, a avareza, a ignorância da importância dos seres humanos diante da vida, as maldições familiares, são um combustível de alta potência para a destruição dos humanos.

AWON ÌYÁ WA
NOSSAS MÃES

"Se alguém não tiver coisas com as quais as invocar,
elas o matarão,
as ẹlẹiyẹ para atormentar os filhos das pessoas,
são capazes de encontrar o caminho para brigar com eles".
Ogbẹ́ Ògúndá

ÌYÁMÌ ỌṢỌRONGA: O CULTO ÀS MÃES ANCESTRAIS

Entre os yorùbá, as aiyágba - nome dado ao conjunto de Òrìṣà femininas - ou obirinṣà são consideradas Mães Ancestrais. As Mães Ancestrais e as obirinṣà têm em comum, a irascibilidade e depois do Ser Supremo, só respeitam e acatam as ordens de Ọbátàlà, a Arquidivindade do Panteão dos Òrìṣà yorùbá. No Brasil, as obirinṣà comumente cultuadas são: além de Naná, Ọṣun, Iyẹmọja, Ọyá, Iyèwá e Ọbá, cada uma com suas especificações, peculiaridades, temperamentos e preferências bem definidas.

Todas as aiyágba compõem o Poder Ancestral Feminino, começando por Naná, que mistura a terra com água (masculino/feminino), que resulta na matéria prima onde o homem foi moldado e recebeu do Pai da Criação, Ọbátàlà, o sopro da vida. Naná, a mais velha dentre elas, ocupa um lugar específico, pois é extremamente temida e, sutilmente, mantém sua ligação com as mais antigas Ìyámì, mostrando o poder da vida e o da morte que carrega consigo. Porém, Naná também representa o poente, o ocaso da vida, a morte e todas as suas nuances, inclusive a física. Dotada de certa irascibilidade, pune com peculiaridade os humanos. É considerada a Suprema Sacerdotisa das Ìyá Àgbá, que dominam os pássaros, que são seus mais fiéis mensageiros.

A mais popular, talvez, seja Ọṣun, que também é considerada como a primeira Ìyámì. Este conceito se propaga exatamente por ela representar o universo feminino através de sua vaidade, sensualidade, beleza, seu gosto por joias de ouro amarelo e perfumes que fascinam homens e mulheres, porém, estas características escondem uma personalidade irascível, teimosa, guerreira, voluntariosa e caprichosa. Ligada diretamente à fecundidade, preside a menstruação. Através dessa pune suas ọmọ que descumprem as suas determinações, provocando-lhes a ausência da menstruação, hemorragia ou ainda tornando-as estéreis. Além do mais, Ọṣún e Iyẹmọja também punem suas ọmọ indisciplinadas com graves doenças na região genital, as vezes incuráveis. São consideradas, assim, como Ìyámì Ọṣọ́ronga, donas da barriga feminina.

Iyẹmọja é o poder feminino majestoso, forte, fecundo, farto, imponente, autoritário, teimoso e extremamente possessivo. Odeia o vento, pois ele pode trazer de volta os ebú buruku, que prepara e sopra sobre aqueles que ousam lhe desrespeitar. É também dotada de poder de liderança, espírito combativo, ambição e enfurecimento repentino. Iyẹmọja também tem acrescido aos seus poderes como obirinṣà a força das Ìyámì e sua autossuficiência quando o mito nos revela que ela teve um caso incestuoso com Ṣàngó, reforçando dessa maneira, todo poder que as Mães Primordiais armazenam em seu ser.

Outras obìrìnṣà como Ọba, Ìyéwá e Ọyá conservam características ameaçadoras idênticas às das Mães Ancestrais. Ọbá não é exatamente a representação máxima da feminilidade, porém é caracterizada por um temperamento imprevisível, impetuoso e está sempre disposta a guerrear em defesa de seus princípios e convicções. Não tem nenhum pudor em arquitetar e praticar suas vinganças, que são impiedosas. Ìyéwá, exageradamente autoritária, aparenta sobriedade e parcimônia. Sua inteligência é prática e suas ideias absolutamente claras. Tem um lado altamente disciplinado e previdente. Sua movimentação é suave, porém segura e corajosa. Os cemitérios, redutos de transformação, estão associados a esta obirinṣà. Ọyá, por sua vez, está relacionada aos quatro elementos da natureza: terra, água, fogo e ar. Dizemos que esta obirinṣà representa o que há de perigoso, bélico e agressivo no mundo. Através dos ventos constrói - e destrói se enfurecida ficar. Associada à terra que recebe os corpos mortos, às árvores, que servem de morada para os ẽgun e às florestas, que são habitat dos animais selvagens. É definida como turbulenta, orgulhosa, impaciente, colérica, sexualmente provocante e eloquente. Costuma punir seus desafetos através do aféfé iku, que serve de veículo para as magias que realiza.

ÌYÁMÌ ỌṢỌ́RONGA: O CULTO ÀS MÃES ANCESTRAIS

Desde os primórdios o que percebemos é que essas Mães Ancestrais não abdicam de seus poderes em função dos homens, apenas deixam que eles acreditem dividir com elas tais poderes. Todas as **obirinṣà** aqui citadas carregam consigo elementos fálicos em forma de armas e, quando os usam, mostram o domínio sobre o poder masculino, sem perder sua essência feminina. Mais uma vez, as Mães Ancestrais atuam através dessas divindades, ainda que veladamente, mostrando que seus poderes são absolutos e infinitos. A mais representativa delas, talvez, seja **Naná**, ao exibir seu **ìbìrí**. Instrumento fálico recurvo, nos conscientiza que ela tem o poder de tornar o homem sexualmente impotente, independentemente de sua idade cronológica, raça, cultura, religião ou condição socioeconômica.

Para os **yorùbá** o **àṣẹ** das **Ìyámì** não é nem bom nem mal, o que de fato importa é como ele será empregado[1]. Ainda assim, embora saibamos que elas também praticam o bem, fica difícil abordar sua cultura sem ressaltar o mal que se deliciam em fazer.

As **Ìyámì** estão sempre encolerizadas, mesmo quando são muito bem oferendadas, quando são elogiadas, quando estão em numerosa companhia. Nada disso para elas importa e estão sempre prontas a jogar sua cólera sobre e entre os humanos. Pelo fato das **Ìyámì** não usarem o seu poder com discrição e não terem respeitado as ordens do Supremo, é que perderam o domínio que tinham sobre o mundo. Isto fez com que ficassem mais encolerizadas ainda e desencadeassem doenças, pobreza, mutilações, cegueira dentre outros tantos problemas e não ouvia os pedidos de compaixão que lhes eram feitos. Por terem este temperamento, somente o mal lhes ficou como marca indelével, prevalecendo até hoje no século XXI.

Como são extremamente astuciosas e ardilosas, justificam seu encolerizamento, determinando proibições que, propositadamente, mantêm

---

[1] Sobre este tema específico leia, do mesmo autor, "Os Ẹbọ (Ipese) das Ìyámì".

em absoluto sigilo. Agindo assim, os humanos, no critério delas, transgredirão e elas, obviamente, os maltratarão, mesmo que eles não tenham violado nenhuma proibição. As Ìyámì tornam-se irascíveis quando tomam conhecimento que um ser humano vive nababescamente, se seus negócios são prósperos, se é bonito, se é saudável, se gerou muitos filhos e, principalmente, se não lhes fazem oferendas para aplacar-lhes o egoísmo, a inveja, e o ciúme que lhes invade.

O poder feminino das Ìyámì é irrestrito, porém as Àjẹ́, terríveis e temíveis feiticeiras, agregam dentro de si um poder que chamamos de residual impermeável aos valores patriarcais, e que condensa potencialidades negativas. Todas as Àjẹ́ nasceram no odù Ọṣa méjì, inclusive Ìyá Mapó que recorreu a Ìyámì Ọṣọ́ronga para criar o local certo onde deveria ser colocada a vagina, pois vários locais no corpo da mulher haviam sido testados, mas nenhum aprovado. Porém, foi com um Ẹbọ feito por Èṣù que o local certo se definiu, assim como o do pênis do homem, cujo dono é Èṣù, que surge como patrono das relações sexuais. Enfim, as Ìyámì, juntaram os poderes femininos e masculinos nelas contidos para trabalharem em conjunto, dando vida a um terceiro ser que até hoje, ainda, prevalece.

AS MÃES FEITICEIRAS

> *"As **Ẹlẹyẹ** atormentam as pessoas.*
> *Mas **Òrúnmilá** vem suplicar por elas.*
> *Ele vem de novo suplicar por seus filhos,*
> *ele torna a suplicar por estas pessoas,*
> *ele diz que sua casa, seu campo*
> *e seu caminho e todas as coisas*
> *que ele possui, que elas as poupem,*
> *que elas não combatam com eles,*
> *que elas permitam que tudo que*
> *queiram fazer que seja boa".*
> *Ogbé Ògundá*

As Ìyámì, indistintamente, são agentes moderadores em relação aos abusos de poder e a riqueza monopolizada. Todas as vezes que o homem desequilibra o sistema, a cólera das Ìyámì cai sobre ele que lhe faz oferendas com o propósito de reequilibrá-lo. Costumam reunir-se entre 00:00h e 04:00h para tomarem decisões, receberem oferendas, decidirem onde e quem vão atacar, que mal farão. Acredita-se que apenas os espíritos delas é que se encontram, pois seus corpos permanecem em estado letal em suas casas.

Assim como para os Òrìṣà, existem diversas denominações - ou qualidades - que identificam as Ìyámì. As citadas a seguir são as mais populares, embora, de forma equivocada muitos pensem que só existe uma Ìyámì:

- Ìyámì Oṣọ́ronga é um dos nomes mais populares entre as Mães Feiticeiras, para alguns a mais temida devido ao seu irrestrito poder de feitiçaria.
- Ìyámì Ẹlẹyẹ é a que se transforma em pássaro, cujo poder procriador representa. No mito, as penas do pássaro assim como as escamas do peixe indicam, implicitamente, o número sem fim de descendentes presentes no materno. Ele é ao mesmo tempo fonte de calor e vida, misterioso e secreto poder escondido em suas entranhas;
- Àjẹ́ é a feiticeira **dudu**, **fúnfún** ou **pùpá** - preta, branca ou vermelha - que pratica o mal, o bem ou os dois juntos.
- **Apani ma yoda**, mata sem arma, apenas e tão somente através da feitiçaria.
- **Olokiki Oni**, só aparece na madrugada quando promove reuniões em que são tomadas decisões sobre o equilíbrio no **Aiye**;
- **Onilẹ Orita** tem casa construída nas encruzilhadas onde os humanos depositam suas oferendas;
- Àjẹ́fun ou Àjẹ́dọ só se alimenta de fígado e intestinos crus;

ÌYÁMÌ OSÒRONGA: O CULTO ÀS MÃES ANCESTRAIS

- **Aseni Bani Daso**, dissimulada, só pratica o mal, porém finge passando-se por uma Ìyámì que só faz o bem.
- **Odù**, a primeira Ìyámì, recebeu das mãos de Olódùmarè a cabaça que representa o mundo onde está contido o poder genitor feminino, o útero repositório do mundo e de sua força.
- **Ìyá Àgbá**, mulher velha, dona de uma cabaça que contém um pássaro e se metamorfoseia nele, organiza encontros na madrugada dentro da floresta para se alimentar de sangue humano e se entregar a trabalhos somente para o mal.

As Mães Ancestrais têm o poder de se metamorfosear em alguns animais, como:

- **igun** (urubu)
- **adan** (morcego)
- **ologbo dudu** (gato preto)
- **malu** (vaca, boi)
- **ejo** (cobra)
- **òwìwí** (coruja)

Outros animais representativos das Grandes Mães:

- gavião
- condor
- falcão
- papagaio
- araponga
- corrupião
- pica-pau
- íbis
- cegonha

- cabrito (sem chifres) (**obukọ**)
- pombo preto (**ẹiyẹlẹ dudu**)
- porca (**ẹlẹdẹ**)
- galinha vermelha ou preta (**adiẹ pupa/dudu**)

O poder das **Ìyámì** é passado de mãe para filha, na maioria das vezes na tenra idade, mas só se desenvolverá na idade adulta. Além disso, seu poder também pode ser transmitido através da ingestão de comidas sacras específicas ou ainda por intermédio de sonhos reveladores. Qualquer veículo de transmissão do poder de **Ìyámì** é determinado pelo deus da adivinhação **Ọ̀rúnmílà**.

As oferendas às Mães Ancestrais podem ser realizadas aos pés das árvores: bananeira, jenipapeiro, jaqueira, irôco, seringueira, cajazeira, mangueira, amendoeira, **akoko**; em encruzilhadas bifurcadas; em cemitérios; na mata; aos pés do **ojubọ Ọṣún**, enfim, o oráculo Ifá determinará o local mais apropriado. Como comidas votivas, as **Ìyámì** aceitam **ákàrá** (o mesmo que **acarajẹ**), **epo pùpá** (óleo de dendê), **ẹlẹdẹ** (porca), **òbúkọ** (cabrito), **ẹlẹiyẹ** (pombo), **obi**, **orogbo**, **ekuru**, **ẹjẹ pùpá** (sangue vermelho), **ọsun**, **oiyn** (mel de abelhas), **eiyn** (ovo), **owu** (algodão), **edọ** (fígado) bovino/suíno, principalmente, **ata** (pimentas: malagueta, da costa, dedo de moça, de cheiro), jenipapo, sapoti, gin, **ọmọlọkun** com ovos crus, fígado bovino socado com pimenta etc.

A INICIAÇÃO NO CULTO ÀS MÃES FEITICEIRAS

"Aquelas que querem receber o pássaro levam suas cabaças junto delas. Elas tomam conta em suas casas destas cabaças que lhes são entregues. Quando elas as arrumam em suas casas, nenhuma pessoa pode saber o lugar onde as esconderam, a menos que seja alguém que tenha uma cabaça também".

Ìrẹ́tẹ́ méjì

Antes de adentrarmos propriamente no complexo capítulo relativo à iniciação, creio que sejam importantes alguns comentários a respeito dele. Para começar, vale sempre lembrar que existem diversos tipos de iniciações e pactos com as Ìyámì, alguns deles de tamanha complexidade que só poderão ser realizadas na Nigéria. Bom lembrar, ainda, que nem todos conhecem ou iniciam pessoas neste culto e que nem sempre é fácil encontrar sacerdotes sérios, competentes, honestos e dispostos a dizer se a pessoa pode ou não se iniciar em virtude dos inúmeros perigos que representa. Pactos e juramentos devem ser feitos por pessoas conscientes, sempre.

Além disso, existem riscos de todo tipo para quem deseja tais poderes, muitas histórias verdadeiras e intrigantes são contadas pelos mais velhos e experientes Babalawo, veneráveis senhores. Da mesma maneira, a iniciação no culto às Mães Ancestrais só ocorre após vários testes de confiança, apelo que pessoa, anteriormente, deve percorrer outros caminhos até chegar a obter a permissão para tal feito. Por isso, se você sente que este pode ser um caminho a percorrer em sua vida, lembre-se: talvez você tenha que ir muitas vezes a Nigéria, para pouco a pouco conquistar o que deseja. Fala-se muito sobre as Ìyámì, e isto é bom. Mas, é fundamental que sua prática seja feita com fundamentos e conhecimento adequado: é este o pilar fundamental para toda e qualquer obtenção destes poderes.

As aproximações ao culto das Ìyá sempre possuem implicações, sendo que muitos yorùbá, aqui no Brasil, só falam das benesses e não dos revezes dessa relação sem a devida seriedade e responsabilidade, que em algum momento podem ser funestos. Minha experiência pessoal enquanto Babalawo fizeram chegar a meu conhecimento diversas tragédias causadas por inescrupulosos pseudo-sacerdotes ávidos por dinheiro.

Em tempos primevos a iniciação no Culto às Ìyámì acontecia dentro do seio familiar, ou seja, as próprias mães Àjẹ́ iniciavam suas filhas, ainda em tenra idade, por diversos motivos. Porém, o que nos parece mais crível, é o objetivo de dar continuidade a esse segmento dentro da cultura religiosa yorùbá, mantendo o poder feminino diante do homem, já que tal poder e a força das mulheres pertence às Ìyámì.

Nos tempos atuais, é realizado um itá junto a Ifá, através do Sacerdote de Ọ̀rúnmílà, para saber se aquela pessoa pode ser iniciada no Culto às Ìyámì, qual o momento melhor, quais ẹbọ devem ser realizados antes e durante a iniciação, independente dos que são inerentes ao próprio processo iniciático. Este processo se dá, normalmente, no horário de atuação das Senhoras, Donas do Pássaro, ou seja, entre 00:00h e 04:00h.

Durante essa iniciação a pessoa ingere algumas beberagens à base de ervas, frutos, raízes, minerais e ẹjẹ animal que renovarão seu sistema orgânico, inclusive limpando o próprio sangue, combatendo os radicais livres e acima de tudo, dando-lhe força e poder pessoal e mágico. Também no processo iniciático outras formas de transmissão de àṣẹ são usadas, como os gbẹrẹ - incisões específicas que são abertas na cabeça, na língua, nas axilas, na região pélvica ou na nuca e que recebem ebú específicos, determinados pelas Ìyámì através do oráculo Ifá. Ao odù que marca a iniciação da pessoa em questão também são realizadas oferendas específicas, assim como também aos Ẽgun Ágbà, Èṣù, determinados Òrìṣà e ao próprio Ori do iniciado. Também durante estes rituais já fica explícito qual caminho o iniciando irá seguir, se pùpá, fúnfún ou dudu, embora através de ritual específico qualquer Àjẹ́ ou Oṣo poderá fazer trabalhos para o bem e para o mal.

Uma pessoa pode se iniciar tão somente para ter seu desenvolvimento pessoal contínuo e progressivo e não por obrigação de dar atendimento e nem fazer ẹbọ para ninguém. Mesmo assim, é importante ter em mente que deverá, a partir de então, fazer a manutenção do àṣẹ recebido na iniciação, não esquecendo nunca que para qualquer realização através das Ìyámì é imprescindível consultar Ọ̀rúnmílà, a fim de saber o que as Ìyá querem para que haja êxito nos propósitos a nível pessoal, profissional, afetivo, financeiro e familiar.

Os materiais básicos que compõe o **ajọbọ Ìyámì**, mas que podem variar de uma família para outra, dentre outros elementos são:

- cabaça;
- sementes de dendezeiro;
- búzios;
- óleo de dendê;
- moedas;
- **òrí**;
- **ọsun**;
- **ikodidé**;
- **atarẹ**;
- **òṣẹ́ dudu**;
- panos preto, vermelho e roxo;
- **oiyn**;
- folhas de: bambu, fogo, jenipapo, **ìrókò**;
- sacrifícios animais de **ẹ́lẹ́dẹ̀**, **ìgbín**, **etu**, galinha preta ou vermelha, arrepiada etc.

As magias praticadas pelas **Àjẹ́** servem diversas finalidades:

- **Kanoko**, para diminuir distâncias;
- **Afẹri**, para tornar-se invisível;
- **Epe**, espécie de **afoṣẹ**, chifre de cabra preparado com potências que agirão tanto para o bem quanto para o mal;
- **Ṣigidi**, estatueta de madeira preparada para atingir aquele que fez mal a quem a possui, só o homem pode tê-lo, normalmente são associados aos **Bàbálàwó**.
- **Oku**, espíritos de mortos que são usados apenas para objetivos maléficos.

Ìyámì Òsóronga: O Culto às Mães Ancestrais

No culto às Ìyámì, homens também são iniciados e chamados de Òsó. São tão feiticeiros quanto as Àjé, porém são menos violentos e cruéis que elas e tem como princípio nunca atacar os membros que compõem suas famílias. Outra peculiaridade é que os Òsó podem ser combatidos pelas Àjé, porém o contrário é quase impossível. Enquanto as Àjé escondem os seus propósitos maléficos, os Òsó agem abertamente e tem a capacidade de voltar atrás numa ação. O Culto dos Òsó está intrinsecamente ligado ao do Òrìsà Oko, o Deus da Agricultura, tanto que os omo Oko têm embutidos em seus oruko a palavra oso ou apenas a partícula so. Da mesma maneira, no Culto a outros Òrìsà também verificamos que oso ou so compõem os nomes de seus omo, como por exemplo:

Omo Òbátàlà:

- ❖ Bàbá Òsófúnrunípá
- ❖ Bàbá Omosodo
- ❖ Bàbá Olusogbin

Omo Osaniyn:

- ❖ Ewésoigbo
- ❖ Òsóewéré
- ❖ Òsólewe

Omo Òbáluaiye:

- ❖ Olusoiko
- ❖ Obásoiye
- ❖ Ikosápamóso

Os Òṣó são aceitos com mais facilidade pela sociedade, pois eles agem com mais racionalidade do que as Àjẹ́. As mães Ancestrais atacam outras Àjẹ́, não hesitam em matar seus próprios filhos e nem em combater os Òṣó. Já sua contraparte masculina dificilmente ataca a seus pares e são proibidos de enfrentar as poderosas Grandes Mães. Os Òṣó são capazes de renunciar à uma ação e nunca atacar secretamente, peculiaridade única das Àjẹ́. Ainda assim tanto as Àjẹ quanto os Òṣó são altamente perigosos e apreciam as mesmas oferendas.

Os Òṣó, por sua vez, também têm seus pássaros representativos, obviamente cedidos pelas Àjẹ́ para usarem como seus mensageiros e realizarem os mesmos tipos de magias, pois podem se transformar em egun, Òrìṣà ou portarem chicote, facão e bastão para apavorarem as pessoas para as quais foram enviados, como está revelado num dos itan de Ifá.

Através deste mito nos certificamos que o poder feminino e o poder masculino necessitam trabalhar de comum acordo para que tudo no Aiye funcione perfeitamente, embora divindades masculinas e femininas se individualizem, têm poderes distribuídos e aspectos específicos.

Os Òṣó usam os Ẽgun para realizar seus atos mágicos, consequentemente aumentando seus poderes. Se as Ìyámì não detivessem o poder da procriação e da maternidade, os Òṣó teriam mais poder que as Mães Ancestrais. Dificilmente um Òṣó passa o poder que detém para seu próprio filho, pois acredita que se este, de fato, quiser obter poder terá que buscá-lo como ele mesmo buscou.

SOCIEDADE GÈLÈDÈ

*"Elas vão trazer as doenças,
a fraqueza ao corpo das pessoas;
vão comer seus olhos, seu fígado,
beber seu sangue.
Elas levam dores de barriga
às crianças, tomam os pulmões
das pessoas, dão dor de cabeça,
dores reumáticas, febre. Elas
não deixam que uma mulher
fique grávida, e as que ficam,
não as deixa parir."*
Odu Ìrẹ́tẹ́ mèjí

Sociedade formada por mulheres iniciadas no Culto às Ìyámì, abrangendo, em sua maioria, mulheres velhas, esta sociedade mantém viva a cultura e tradição das Mães Feiticeiras na Nigéria. Na complexa estrutura hierárquica da Sociedade Gẹ̀lẹ̀dẹ̀ encontramos as mulheres mais velhas ocupando os cargos mais elevados e delas partindo todas as determinações que as mais novas, sabiamente, devem seguir. As Awọn Ìyá wa se reúnem na Sociedade Gẹ̀lẹ̀dẹ̀ para diversas finalidades, como traçar novos caminhos para a humanidade, julgar pessoas e as penalidades que lhes imputarão, definir como atuarão nesta ou naquela comunidade, inclusive desenvolvendo o seu lado moderador, quais doenças propagarão no mundo, enfim o que farão de bom ou de mal.

Como já sabemos, as Nossas Mães são donas do poder feminino e em homenagem a elas é realizado o festival Gẹ̀lẹ̀dẹ̀ que, normalmente, acontece nos três meses que antecedem o período chuvoso - ou seja de março a maio -, com o propósito maior de acalmá-las e lhes aplacar a ira que as movem. Porém, apesar de seu caráter terrível, a regeneração periódica do mundo também se dá através dessas Mães Feiticeiras, que de tudo participam independente de crença religiosa, cor, status socioeconômico. Por isso, no festival Gẹ̀lẹ̀dẹ̀ são feitos inúmeros sacrifícios animais e entoados cânticos em louvor às Mães Ancestrais, ressaltando suas características singulares que as fazem deter em si o poder feminino universal. Através dessas oferendas, os homens lhes pedem que não interrompam a fecundidade na Terra. Pedem que as mulheres engravidem e tenham seus filhos saudáveis, que as lavouras produzam, que os animais procriem, que as florestas se renovem, enfim que tudo que fecunde para o bem da humanidade se propague por todo o planeta Terra.

Crianças e adultos yorùbá falam livremente sobre as Mães Ancestrais. Inclusive, dançam e cantam também em louvor a elas e reverenciam suas enormes vaginas que representam, literalmente, o poder genital feminino, a sexualidade da mulher quanto esposa, mãe e gestadora de tudo que há na Terra. Os homens, por sua vez, participam do festival **Gẹ̀lẹ̀dẹ̀** se despojando de sua masculinidade latente ao se vestirem com roupas absolutamente femininas e usarem as máscaras **Gẹ̀lẹ̀dẹ̀** para dançarem com o firme propósito de agradar as Mães Ancestrais, reconhecendo dessa forma o poder feminino nelas embutido como dominante na sociedade **yorùbá**, notadamente patriarcal. Diz o mito que para destituir o poder das Mães Ancestrais, necessário se faria pagar um preço altíssimo, como no caso de **Ọbátàlà**, que lhes roubou o poder e passou a usar saia até os dias atuais.

Ao final do festival **Gẹ̀lẹ̀dẹ̀**, parece que as Mães Ancestrais estão bastante fartas, porém ninguém se atreve a tirá-las do sério, pois o seu lado encolerizado, mesmo com os mimos recebidos, não é de todo aplacado e elas podem a qualquer momento aterrorizar quem quer que seja. Após o festival, nas florestas, as Mães Ancestrais se reúnem para executar as decisões tomadas na Sociedade **Gẹ̀lẹ̀dẹ̀**. Nesse caso, transformadas em pássaros que acondicionam em suas cabaças, aproveitam para beber sangue dos animais de suas preferências e comer os intestinos e fígados, humanos ou não, para se fortalecerem cada vez mais.

ÌYÁLÓDE, VOZ FEMININA NA COMUNIDADE YORÙBÁ

Apenas com o passar do tempo é que o Culto às Mães Feiticeiras tomou feição sacro-mágico. Em tempos idos as **Ìyámì** não estavam relacionadas aos cultos religiosos **yorùbá**, mas muito mais relacionadas à organização política e social de sua gente. Para isso, contava - e ainda conta - com a figura da **Ìyálóde**, que quer dizer "Mãe de Fora" e nas comunidades **yorùbá** é a representante das mulheres.

Ìyálóde é uma líder nata, a mais alta voz feminina de uma comunidade, responsável por levar ao **Ọba** as reivindicações de seus protegidos. Exerce poder sobre as vendedoras do mercado, pune as mulheres que se insurgem contra as suas ordens, julga, as vezes arbitrariamente, as mulheres que se desentendem, imputando-lhes penas, exageradamente duras. Enfim, o controle sobre as mulheres de uma comunidade é exercido pela Ìyálóde.

No Culto às Ìyámì, Ìyálóde é quem está à frente das Mães Feiticeiras. É ela que faz a distribuição dos pássaros e das cabaças e lhes outorga plenos poderes de feitiçaria. Na maioria das vezes, as Ìyálóde são diletas ọmọ Òṣun, e controla e atua como agente moderador das feiticeiras dudu, pois, intencionalmente, provoca a prática do bem proporcionalmente mais elevada que o mal.

LENDAS DAS MÃES ANCESTRAIS

Òrúnmílà aplaca a cólera de Ìyámì

No Aiye os filhos dos humanos entram em luta com os filhos das Ìyámì. Estes perseguem, incansavelmente, àqueles. Os humanos pedem proteção a diversos Òrìṣà, porém eles não têm força para combater as Ìyámì. Os humanos, então, recorrem à Òrúnmílà, que através de Èṣù fica sabendo sobre os segredos das Àjẹ́, dentre os quais a notícia de que elas, ao chegarem ao Aiye, irão a sete rios beber água.

Òrúnmílà consulta o oráculo e lhe é revelado que deve fazer ẹbọ com folhas de ìrókò, ajékofolẹ e cajazeira, oiyn, ikodidé, ẹfun, ọsun e, enquanto estiver fazendo os pedidos, deverá tocar um sino para que o êxito seja pleno. Assim acontece, as Ìyámì ficam satisfeitas, porém impõem uma condição para acabarem com a briga: Òrúnmílà deverá, ao fim da frase que elas repetirão sete vezes, adivinhar o que significa. Ele concorda e elas dizem:

– "Atirar!"

Òrúnmílà, responde:

– "Apanhar!"

No final, Òrúnmílà diz que elas vão atirar sete ovos de galinha crus e ele os apanhará, um a um e sem quebra-los, com a mão direita cheia de algodão, assim aplacará a cólera das Grandes Mães. Elas, então, dão a briga por encerrada.

Tudo termina com Òrúnmílà cantando e revelando o segredo que Èṣù havia lhe contado sobre as Grandes Mães e a oferenda que tinha feito. Elas, então, dizem a ele que se alguma necessidade surgir, que as chame imediatamente. Para isto acontecer, basta que ele cante e faça as mesmas oferendas e elas o encontrarão onde estiver, seja nos sete céus de cima, nos sete céus de baixo, ou em qualquer lugar do mundo.

Òbátàlà domina Odù

As Ìyámì penetravam em todos os lugares secretos dos Ẽgun, da Sociedade Oro e dos Òrìṣà, fazendo com que inclusive Òbátàlà não tivesse acesso e nem ousasse entrar. Através de Odù, elas exorbitavam do poder que lhes fora dado por Olódùmarè e o homem nada podia fazer contra elas. Àgbá, que era a mais velha, determinava que as oferendas prescritas por Ifá não fossem realizadas e que seus conselhos não fossem ouvidos, pois estes se referiam que a calma e a prudência deveriam ser constantes em suas ações.

Isto muito aborrecia Òbátàlà, pois Olódùmarè havia lhe confiado o Aiye. Resolveu, então, consultar Òrúnmílà e este lhe prescreveu um ẹbọ com um chicote, dezesseis caracóis e vaticina, dizendo:

– Òbátàlà, a mulher ao exagerar tornar-se-á tua serva, submeter-se-á a ti.

Odù, que até então detinha todo o poder e apregoava o que era a lei, não sabia que Òbátàlà fizera o ẹbọ determinado por Òrúnmílà. Um dia se encontraram e Odù disse a Òbátàlà que eles dois deviam morar juntos. Assim aconteceu.

Òbátàlà, então, fez culto ao seu orí com o caracol, bebeu um pouco do ẹjẹ fúnfún e o ofereceu a Odù, que em seguida saboreou sua carne. Imediatamente a mulher tornou-se muito calma e se disse maravilhada, pois jamais tinha experimentado comida tão divinal. Aproveitando a situação, Òbátàlà disse à mulher que ele não lhe escondera segredo nenhum, mas ela, sim escondia dele o segredo do seu poder. Odù, então mostrou-lhe o Aṣọ Ẽgun.

Juntos, Odù e Òbátàlà reverenciam Ẽgun. Ela vestiu o Aṣọ, porém sua voz soava absolutamente normal. Ao voltarem para casa, Odù dormiu profundamente e Òbátàlà retornou ao local onde ela guardara o Aṣọ Ẽgun, fazendo algumas modificações nele e o vestindo. Desse jeito voltou para casa e, durante o percurso, falou com voz rouquenha e agitou o chicote indicado por Òrúnmílà, provocando o medo nas pessoas.

Ao chegar em casa, Odù também se apavorou, porém reconheceu o Aṣọ Ẽgun e soube que Ọ̀bátàlà estava dentro dele. Odù mandou, então, que seu pássaro pousasse sobre o ombro direito de Ẽgun e este passou a agir pelo poder do pássaro, dizendo:

– O Aṣọ Ẽgun é mais conveniente para ti do que para mim

Odù, então, gritou para que todos a ouvissem: "Eis Ẽgun!". Ọ̀bátàlà voltou para rua e todas as pessoas o reverenciaram, gritando:

– "Eis Ẽgun! Eis Ẽgun! Eis Ẽgun!"

Batendo fortemente com o chicote no chão, todas as honras lhe foram oferecidas. Desde então as mulheres não podem vestir o Aṣọ Ẽgun, o homem é que passou a conduzi-lo. Porém, a mulher também não pode ser ridicularizada por ninguém, pois ela nos pariu e o homem jamais poderá fazer algo no Aiye que não o tenha obtido através da mulher.

Ọ̀bátàlà para homenagear Odù, cantava:

– Dobrai os joelhos para a mulher,
A mulher nos pôs no mundo,
Assim nós somos seres humanos,
A mulher é a inteligência da terra
Dobrai os joelhos para a mulher.

Ìyá Àgbá salva Obaluaiye da inveja de Oluṣọlá

Obaluaiye era um homem cuja pele tinha um brilho esplendoroso, provocando a inveja dos demais homens, pois quando as mulheres o viam logo se apaixonavam e por ele faziam qualquer coisa. Um desses homens, chamado **Oluṣọlá**, era riquíssimo, porém a ausência da beleza muito o incomodava: as mulheres o rejeitavam mesmo que ricamente vestido e esta situação o fazia viver solitariamente.

Oluṣọlá resolveu, então, que só teria êxito em suas investidas amorosas se **Obaluaiye** desaparecesse da terra. Para isto, procurou o **Bàbálàwó** da cidade vizinha para que ele destruísse **Obaluaiye**, e este lhe informou que **Ọ̀rúnmílà** não permitiria que isso fosse feito, que ele não encontrava uma companheira não por ausência de beleza, mas sim porque era arrogante, prepotente e avarento. **Oluṣọlá** ficou bravo com o **Bàbálàwó**, voltou para a sua casa e no caminho encontrou uma velha que lhe disse:

– **Oluṣọlá**, posso destruir **Obaluaiye** para poderes reinar entre as mulheres!"

Oluṣọlá, não pensou duas vezes, foi logo perguntando:

– Quanto queres para fazer este trabalho?

A velha, sorrindo disse:

– Só irás me pagar após o trabalho realizado. Podes ter certeza de que não irei te explorar! Volta daqui a sete dias que tudo estará pronto, mas não venhas antes desse prazo aqui!

O homem, todo feliz, continuou o seu caminho, até que um pássaro, empoleirado num galho de uma árvore, gritou:

– **Oluṣọlá! Oluṣọlá!** Esta velha é bruxa, ela vai tirar toda a tua riqueza!

Oluṣọlá se assustou, mas não deu ouvidos ao pássaro e finalmente chegou em casa, exausto.

Nessa época **Obaluaiye, que** ainda não tinha o corpo coberto pela palha e mantinha estreita relação com **Àgbá**, a mais velha **Àjẹ́**, foi chamado por ela para ir até a sua casa, pois tinha ouvido o que o **Bàbáláwó** dissera a **Oluṣọlá**:

– **Obaluaiye**, querem te destruir, mas eu não deixarei. Durante sete dias não caminhes pela estrada que leva à cidade vizinha, pois poderás morrer. Te mantém em tua casa e não atendas a ninguém que em tua porta bata!

Obaluaiye ouviu atentamente o que lhe disse **Àgbá** e seguiu seus conselhos. A velha que falara a **Oluṣọlá**, por sua vez, colocou várias armadilhas na estrada que ligava as duas cidades, para que quando **Obaluaiye** passasse, pelo menos numa ele caísse e morresse.

Oluṣọlá, que era extremamente ansioso, não aguentou esperar os sete dias, resolveu antecipar sua volta à casa da velha e preparou um baú cheio de riquezas para pagá-la, sem saber o que ela estava preparando. Passou, pois, por seis armadilhas; na sétima, que ficava em frente da casa da velha, ele caiu e começou a gritar por socorro. Nesse instante a velha se aproximou e tomou a fisionomia e o corpo de **Àgbá**, dizendo:

– Tua inveja te matará! **Obaluaiye** nada te fez para quereres a morte dele. Agora mordeste o teu próprio veneno!

Oluṣọlá, desesperado suplicou:

– Me salva velha maldita! Troco toda minha fortuna pela minha vida. Não quero morrer, quero viver!

Nesse instante uma espécie de rodamoinho começou a acontecer no local, levando para as profundezas da terra aquele cuja inveja o impedia de se mostrar como realmente era.

VERSOS DE IFÁ QUE TRAZEM O CULTO ÀS MÃES ANCESTRAIS

Nas centenas de versos de Ifá encontramos toda a essência da cultura religiosa afro-yorùbá, o que facilita entender o complexo panteão das divindades. Normalmente, os versos nos trazem metáforas que nos permitem entender melhor a essência dos fatores divinais e neles estão contidos feitos, perdas, enganos, esclarecimentos, punições do Ser Supremo, bravatas dos Òrìṣà e acima de tudo o poder que estes têm.

O Odù que traz Ìyámì ao Aiye é Òsá, relacionado ao mundo sobrenatural, aos ẽgun, à cor vermelha, ao sangue, elementos estes contidos no âmago das Mães Ancestrais. É claro que outros Odù ratificam a presença e a importância das Mães Primordiais, porém, todos mencionam o caráter irascível que as domina, seus pássaros, suas cores, seus animais sacrificiais, mostram claramente a forma com que punem os humanos e a relação delas com os Òrìṣà e o que representam no Aiye.

Pensando nisso, nas páginas a seguir transcrevemos os principais versos de Ifá, em yorùbá, seguidos por sua tradução ao português, a fim de que o leitor tenha maior embasamento, o que irá lhe proporcionar melhor entendimento sobre o surgimento das Mães Ancestrais. Não se torna obrigatório recitá-los em yorùbá, levando-se em conta que na diáspora são poucos os praticantes do culto, falantes em yorùbá.

01 - ẸṢẸ ODÙ ÌRẾTẸ́ MÉJÌ

Em yorùbá:

1. ÀWA TANJẸ (OMI) SIWAJU.
2. ÀWA TANJẸ (OMI) ÉHÌN.
3. IFÁ NÌ BÈRÈ SÍ ÍGBÀKAN ẸNI,
4. TI KỌJA NDÉ LÁTI AIYE.
5. IFÁ NÌ BÈRÈ SÍ ÍGBÀKAN ẸLẸIYẸ,
6. TI KỌJA NDÉ LÁTI AIYE.

7. NIGBÁWÒ ÍGBÀKAN ẸNIA YÍ NDÈ,
8. ÀWỌN BÀBÁLÁWÒ WÍ LÁTI PALẸMỌ ÌGBÀ KAN SÍ OLÚKULÚKU ẸNIA.
9. NIGBÁWÒ NDÈ IMUNI KÍNÍ ÌYÍPADA, ỌTÁ NILÚ,
10. Ó AYÀNFẸ́ ẸNIKAN IY ÁLÓDE ỌTÁ NILÚ.
11. A TI NFẸ́ GBÀ ẸIYẸE KAN,
12. RÙ ÌGBÀ RẸ PẸ̀LÚ Ẹ.
13. Ó WÍ TI NFẸ́ GBÀ ẸIYẸ RẸ.
14. ÒUN NÌ GBÍN NÍNÚ.
15. NÍGBÀTI Ó GBÍN ẸIYẸ NÍNÚ,
16. ÌGBÀ NÌ PARI ÀTI JÌN NÌ TIRẸ.
17. Ó ITỌJU ÀWỌN NÍLÉ RẸ,
18. ÌGBÀ YÍ TI JÌN LÉ TIRẸ.
19. NÍGBÀTI Ó LẸSẸSẸ ÀWỌN NÍLÉ RẸ,
20. ẸNIKẸNI LÈ MÒ IBI BÁWÒ MÚLO O,
21. BÍKÒṢẸBẸ TI KÓ NÌ ẸNIKAN, TI KÓ NÍ ÌGBÀ KAN,
22. BA LÈ IJẸWO LÓRÍ ÀJALÉ,
23. GBÉKÁLẸ̀ LAPA IGANÁ,
24. TÀBÍ O LÈ WÀ IHÒ ERUPẸ LÁTI GBÉKÁLÈ.
25. WỌN NÌ ỌKANṢOṢO NI MỌ̀ IBI
26. BÁWÒ NÌ ÀBÒ,
27. NÍGBÀTI O NÌ IBIMÒ.
28. NÍGBÀTI WỌN NÌ IBỌ́LỌ́WỌ́ TIRẸ,
29. OLÚKULÙKU ẸNIA GBÀ RẸ Ẹ.
30. ÀTI LỌ DABOBO NIBI TÓ BA TI RÍ.
31. NIGBÁWÒ NFẸ́ IRANLỌ ẸLẸIYẸ NI JIṢẸ.
32. WỌN ṢI ÌGBÀ.
33. ÈYÍ ẸLẸIYẸ FÒ LÁTI LOJUDE ÌGBÀ
34. Ó LỌ PA KÚ JIṢẸ BÁWÒ IRÀNLỌ,

35. BA LÈ NI LAGOS,
36. BA LÈ NI ILORIN,
37. BA LÈ NI IBADAN,
38. BA LÈ NI SAPELE,
39. BA LÈ NI LONDRES,
40. TÀBÍ BA TI LÈ NILÚ ỌBA.
41. GBOGBO KAIYE KẸRIN,
42. IBI WỌN BÁWÒ NI ẸLẸIYẸ IRÀNLỌ Ọ.
43. NÍGBÀ Ó ṢI IGBÁ BẸ̀ẸBẸ́Ẹ̀,
44. ẸLẸIYẸ FÒ LÁTI ṢE JIṢẸ YÍ.
45. BI WỌN BA TI WÍ LÁTI PA ẸNIKAN, WỌN PA.
46. BI WỌN BA TI WÍ LÁTI MÚ IFUN ENIKAN,
47. Ó GBÉ È.
48. NÍGBÀ WỌN FẸ́ MÚ ÀWON IFUN,
49. WỌN WÀ IYỌJUSI ẸNIKAN
50. NÍGBÀ WỌN WÀ AYỌNIWÒ LÁTI ṢINÚ APOLUKU,
51. ÈYÍ ẸNIKAN MA MỌ́ TI WỌN BA FÉ
52. TANJẸ IFUN YIN.
53. BI Ó WÀ ỌGBỌ́N, WỌN GBÀ MÚ ILOYÚN SÍNÚ APOLUKÚ RẸ.
54. WỌN LỌ ṢIṢẸ KIKA BA LỌ DIYELÉ PAṢẸ.
55. NÍGBÀ WỌN PA ṢETÀN JIṢẸ YÍ,
56. WỌN BỌ́ YÍPADÀ TITUN SÍNÚ IGBÁ YÍ.
57. WỌN BÒ Ó TITUN,
58. NÍGBÀTI BÒ Ó,
59. WỌN GBÁ BOJUTO GBÍN TITUN ÚN NIBI RẸ.
60. WỌN MÁ RÌN GADAMÙ MỌ́;
61. KIKINI TÓ BA FẸ́ LỌ SÍ ẸGBẸ́ RẸ.
62. NI LOJUKANNÃ TI Ó YÍPADÀ,
63. ẸIYẸ YÍ WÁ SỌ SÍ ẸLẸIYẸ BẸ́ẸBẸ́Ẹ̀,

64. "NIṢẸ TI MI BA NÍ IRÀNLỌ, Ẹ ṢẸ O".
65. BI ẸNIYÍ JOGUN ATUNṢE LÒDÌSÉ ÀJẸ́,
66. Ó LÁGBARA NÍ WÍ, "TI A KI YIN IRÀNLÓWÓ
67. LÁTI IDÁDÚRÒ MI, KÒ GBÀ MI".
68. ÈMI TÀN PAMỌ́, RAMÚ, DIMÚ,
69. ṢÙGBỌ́N KÍ ÌṢE LÁGBARA DIMÚ.
70. BI PAKU MI LÁTI BÁ ẸNIA (TI KÒ
71. NÍ ATUNṢE YÍ), MO GBÉ.
72. A TI GBÀ ẸIYẸ KAN LỌ, NJẸ́,
73. LÁÀRÍN ẸGBẸ́,
74. Ó WÍ NIGBANA, KI,
75. Ó IRÀNLỌ OJIṢẸ KAN NI ISIN ISỌJI,
76. Ó ṢE IṢẸ YÍ PẸ̀LÚ Ẹ
77. Ó ṢE IṢẸ YÍ LÁÀRÍN
78. IPÈJỌ.
79. NITORI KILÓ KÒ LÈ ṢẸ, GADAMÙ.
80. NITORI WỌN NÍ BẸ́Ẹ̀BẸ́Ẹ̀ NWÍ,
81. ÀWỌN TI BA DÚRÒ, O PÌN OHUN NIBI.
82. Ó PỌN LÁÀRÍN NI ẸGBÉ,
83. ẸJẸNIA, KI Ó IRÀNLỌ, LÁTI MÚ
84. ÀTI GBOGBO ẸLẸ́GBẸ́ RẸ,
85. WỌN BA FẸ́ IFỌWỌ́KÀN PẸ̀LÚ ẸNU.
86. NIGBÁWÒ A TI NMU, JUMỌ, ẸJẸ YÍ,
87. WỌN SỌ́TỌ́ Ọ́.
88. NÍGBÀ WỌN PÍN ÌN.
89. ỌWURỌ TẸ̀LẸ́ TI WÁ,
90. ÒRU GBIPỌ̀ TI BA WÁ,
91. WỌN IRÀNLỌ TITUN NI ẸLẸIYẸ.
92. WỌN Ò JẸ́KÍ NSÙN ẸNITI NJIYÀ IPALARA RẸ.

93. ẸIYẸ YÍ GBÀ MÚ ABILA KAN LỌ́WỌ́.
94. Ó GBÀ MÚ ỌGỌ KAN LỌ́WỌ́.
95. Ó GBÀ MÚ ỌBẸ̀ KNA LỌ́WỌ́.
96. Ó LÈ PADÀ IWIN AIYE KỌJA.
97. TÀBÍ Ó LÈ GBÉ IWÒ LÓRÌṢÀ.
98. LÁTI DẸRÙBÀ ẸNITI SÍ WO
99. WỌN IRÀNLỌ Ó.
100. ÌWÉ ÌTÀN NÌ YÍ ẸLẸIYẸ WỌNNYÍ!
101. O NÌ BẸ̀ẸBẸ̀Ẹ̀ TI WỌN NÌ!

Em português:

1. Nós tiramos (água) na frente.
2. Nós tiramos (água) atrás.
3. Ifá é consultado para 201 Pessoas,
4. que do além vieram para a Terra.
5. Ifá é consultado para 201 Proprietárias de Pássaros,
6. que do além vieram para Terra.
7. Quando estas 201 Pessoas chegarem,
8. os **Bàbáláwò** disseram para preparar uma cabaça para cada uma.
9. Quando chegaram pela primeira vez, foi em Ọtá,
10. elas elegeram uma pessoa Ìyálóde em Ọtá,
11. Aquela que quer receber um pássaro,
12. leva sua cabaça junto dela.
13. Ela diz que quer receber seu pássaro.
14. Ele é colocado dentro.
15. Quando ela colocou o pássaro dentro,
16. a cabaça é fechada e lhe é entregue.
17. Elas tomam conta de suas casas,
18. desta cabaça que lhes é entregue.
19. Quando elas se arrumarem em suas casas,

20. nenhuma pessoa pode saber o lugar onde a levaram,
21. a menos que seja alguém, que tenha uma cabaça.
22. Pode ser que seja em cima do teto,
23. podem colocá-la ao lado do muro,
24. ou podem cavar o solo para colocá-la.
25. Elas são únicas a saber o lugar
26. onde está guardada,
27. quando elas são entregues.
28. Quando elas são entregues,
29. cada uma leva a sua,
30. e vai guardá-la no lugar que ela viu.
31. Quando querem enviar o pássaro em missão,
32. elas abrem a cabaça.
33. Aquele pássaro voa fora da cabaça.
34. vai executar a missão onde é enviada,
35. pode ser em **Lagos**,
36. pode ser em **Ilorin**,
37. pode ser em **Ibadan**,
38. pode ser em **Sapele**,
39. pode ser em **Londres**,
40. ou pode ser no País do Rei.
41. Todos os quatro cantos do mundo,
42. são os lugares onde elas o enviaram.
43. Quando elas abrem a cabaça assim,
44. o pássaro voa para executar sua missão.
45. Se elas disserem para matar alguém, eles matam.
46. Se elas disserem para trazer os intestinos de alguém,
47. eles o trazem.
48. Quando eles querem trazer os intestinos,

49. eles estão à espreita de alguém.
50. Quando eles estão à espreita para abrir seu ventre,
51. este alguém não sabe que eles querem
52. tomar seus intestinos.
53. Se ela está grávida, eles retiram a prenhez de seu ventre.
54. Eles vão fazer o trabalho do qual foram encarregados.
55. Quando eles terminarem este trabalho,
56. eles retornarão de novo dentro desta cabaça.
57. Elas o cobrem de novo,
58. Quando a cobrem,
59. elas tomam o cuidado de recolocá-la em seu lugar.
60. Elas não andam mais sozinhas;
61. a mesmo que queiram ir para sua Sociedade.
62. No momento que ele retorna,
63. este pássaro vem falar à sua proprietária assim,
64. "o trabalho que me tinhas enviado fazer, eu o fiz".
65. Se esta pessoa possui um remédio contra as Feiticeiras,
66. ela é capaz de dizer, "que aquela que vos enviou
67. para me pegar, não me pega".
68. Eu tento pegar, pegar, pegar,
69. mas não sou capaz de pegar.
70. Se me enviam para pegar alguém (que não
71. possua este remédio), eu pego.
72. Aquela que possui um pássaro, vai, então,
73. no meio da Sociedade,
74. ela diz então, que,
75. ela enviou um mensageiro em missão,
76. ele fez este trabalho com ele
77. e trouxe este trabalho no meio de
78. assembleia,

79. porque ela não pode trabalhar sozinha.
80. Quando elas tiveram assim falado,
81. as que ficaram, dividem as coisas ali.
82. Ela leva no meio da Sociedade,
83. o sangue da pessoa, que ela enviou para pegar
84. e todas as suas companheiras,
85. querem tocar com a boca.
86. Quando tiverem bebido, juntas, esse sangue,
87. elas se separam.
88. Quando elas se separam,
89. o dia seguinte já veio,
90. a noite seguinte já veio,
91. elas enviam de novo o pássaro.
92. Elas não deixam dormir sua vítima.
93. Esse pássaro pode pegar um chicote na mão,
94. ele pode pegar um cacete na mão,
95. ele pode pegar uma faca na mão,
96. ele pode tornar-se uma alma do outro mundo,
97. ou ele pode tomar o aspecto de um Orixá,
98. para ir amedrontar aquele para o qual
99. elas o enviaram.
100. Esta é a história destas Donas de Pássaros!
101. É assim que elas são!

02 - ẸSẸ ODÙ ÌRẸ́TẸ́ ỌWÒRÌN

Em yorùbá:

1. ÌWỌ FARAHÀN MI AKÁPỌ̀ NI ÀPO NLÁ.
2. ÈMI YỌJÚDÉ TIRẸ AKÁPỌ̀ NI ÀPO NLÁ.

3. ÌWỌ NÍ, ÈMI NÍ.
4. OWÚYẸ̀ WUYẸ̀ BÀBÁLÁWÒ NÌ ỌRÚNMÍLÀ NÍLÈ.
5. IFÁ BÈRÈ NÌ LÁTI ỌRÚNMÍLÀ,
6. WAKIRI LÀWÓ À WỌN ẸLẸIYẸ
7. ỌRÚNMÍLÀ WÍ "ILÚ YÍ ẸLẸIYẸ,
8. NIBO NI Ó BA LỌ,
9. Ó YIO NÌ LÁGBARA NI MỌ̀ LÁWÒ NJẸ́?
10. Ó YIO NÌ LÁGBARA GBÉ NI IRÉ NJẸ́?
11. ÀWỌN BÀBÁLÁWÒ WÍ LÁTI ỌRÚNMÍLÀ Ẹ ṢẸ ẸBỌ KAN.
12. WỌN SỌ TI ỌRÚNMÍLÀ, LOJU LỌ RÍ LABẸLẸ
13. TI KÓ ẸLẸIYẸ ṢE LAIYE:
14. WỌN SỌ TI RÙ BỌ ORÍ ỌKÁ.
15. WỌN TI SỌ RÙ BỌ ẸLẸIYẸ FÚNFÚN.
16. WỌN SỌ TI RÙ BỌ PÚPÀ KẸRÌN.
17. WỌN NI TI RÙ ẸBỌ EPÒ PÚPÀ
18. WỌN NI TI RÙ ẸBỌ ẸFUN.
19. WỌN NI TI RÙ ẸBỌ ỌṢÙN.
20. WỌN NI TI RÙ ẸBỌ IGBÁ KAN.
21. WỌN SỌ TI ỌRÚNMÍLÀ MURA GBOGBO WỌNNYÍ.
22. NÍGBÀ ỌRÚNMÍLÀ IMURASÍLẸ̀ GBOGBO WỌNNYÍ.
23. WỌN BA WÁ GBÀ ÀPO AṢỌ WIWUN,
24. WỌN SỌRÒ Ọ́.
25. ỌRÚNMÍLÀ WÍ, HÀ!
26. ỌRÚNMÍLÀ LỌ NILÚ ỌTÁ.
27. NÍGBÀ ỌRÚNMÍLÀ DÈ LÁÀRÌN ỌJA,
28. BÁWÒ ỌRÚNMÍLÀ TI DÈ, WỌN NI HÁÀ!
29. WỌN WÍ, ỌBẸ NDÈ!
30. ẸNIKAN TI WỌN FẸ́ PA ÀTI JẸ NDÈ.
31. WỌN BÈRÈ GBOGBO, JUMỌ, NI SỌ.

32. ÈṢÙ (BA TI ṢE IRÉ ÀTI ṢE BURU, BA TI ṢE OHUNKOHUN)
33. ÈṢÙ IPARADA KÍAKÍA,
34. ITÚNDÈ, NIGBANA, ENIA KAN.
35. Ó LỌ NPÈ GBOGBO ÀJẸ́ TI WÀ NÍLÚ OTÁ.
36. Ó WÍ, HÁÀ!
37. ÈṢÙ WÍ, ÒRÚNMÍLÀ.
38. Ó NI, ÒRÚNMÍLÀ OLÚ ẸIYẸ.
39. Ó WÍ, NÌ ALAGBARA JULỌ TI GBOGBO YIN.
40. Ó NI, ṢỌ́KAN GBOGBO ẸIYẸ YIN,
41. YIO PARAPỌ JUMỌ TIRẸ̀,
42. TI Ó BA LÈ GBÀ GBARA JUMỌ ÒRÚNMÍLÀ.
43. WỌN SỌ, ỌKỌ YÍ NÍ ẸIYẸ KAN.
44. ÈṢÙ WÍ, ÒRÚNMÍLÀ NÍ ẸIYẸ KAN.
45. Ó NI, Ó NÌ TÓBI KI GBOGBO WỌN NILÚ ỌTÁ.
46. WỌN BÈRÈ, GBOGBO, DAPỌ̀ ẸIYẸ YIN.
47. WỌN BÈRÈ GBÉ È JUMỌ ÒRÚNMÍLÀ.
48. ÒRÚNMÍLÀ NÍ, BẸ́Ẹ̀BẸ́Ẹ̀ GBOGBO ẸIYẸ,
49. PARAPỌ̀ KA TIRẸ̀.
50. NÍGBÀ ÒRÚNMÍLÀ TI NÍ Ì KA TIRẸ̀,
51. ÒRÚNMÍLÀ BA LO JOKÓ Ò.
52. BÁWÒ Ó JOKÓ Ò,
53. WỌN WÍ TI WỌN KÒ FẸ́ MUKURO
54. OJU BURUKU YINM NI ARA ÒRÚNMÍLÀ.
55. WỌN NI TI YIO JÀ PẸ̀LÚ Ẹ.
56. WỌN SỌ TI WỌN WÀ IBÍNÚ
57. NITORI Ó MỌ AṢIRI TIWỌN.
58. WỌN NI, WỌN FẸ́, WẸ́Ẹ̀BẸ́Ẹ̀, WỌ̀ ABẸLẸ RẸ NÁÀ.
59. WỌN WÍ, BI WỌN MÚ ÒRÚNMÍLÀ, WỌN PA Ẹ.

60. Ó LỌ NPÈ ÀWỌN BÀBÁLÁWÒ.
61. ÒRÚNMÍLÀ LỌ MÙ MỌ̀.
62. ÒUN RÍ TẸ̀MAYẸ̀.
63. BI BÀBÁLÁWÒ NÍLÉ KÒ LÈ GBỌ̀ IFÁ,
64. Ẹ JẸ KA LỌ BÈRÈ DIFÁ LOJUDE.
65. IFÁ Ó BÈRÈ LỌ́JỌ́ TI WỌNNYÍ
66. ẸLẸIYẸ WÍ TI WỌN PA Ẹ.
67. WỌN WÍ, ÒRÚNMÍLÀ KI Ẹ,
68. ẸNITI ẸLẸIYẸ BA YIO PA.
69. ẸLẸIYẸ WỌN FẸ́ PA Ẹ.
70. WỌN NI BA TI RÙ ẸBỌ.
71. WỌN WÍ KI ÒRÚNMÍLÀ PÈSE
72. EKUJẸBU (ẸYỌ JULỌ MURALE) ỌJỌ́ YẸN.
73. WỌN NI, TI KÓ NÍ ADIẸ AKỌ KAN NÁÀ,
74. ADIẸ AKỌ ÒPÌPÌ (ADIẸ AKỌ YẸ ÒPÌPÌ).
75. WỌN NI, TI KÓ NÍ ẸKỌ KAN (ÀKÀSÀ).
76. WỌN NI, ÒRÚNMÍLÀ Ó NÍ ṢELIN MẸ́FÀ.
77. ÒRÚNMÍLÀ ṢE BẸ́Ẹ̀BẸ́Ẹ̀ NÁÀ.
78. NÍGBÀ Ó ṢETÀN.
79. WỌN LỌ PẸ̀LÚ GBOGBO OHUN YIN,
80. WỌN LỌ PẸ̀LÚ GBOGBO YÍ DIFÁ SÍ ÒRÚNMÍLÀ.
81. 081 - WỌN LỌ NPÈ.
82. NÍGBÀ WỌN YIO BA NPÈ,
83. LÁTI WỌN BA NJẸ́,
84. WỌN BA LỌ WÒ ÒRÚNMÍLÀ NJẸ́,
85. WỌN MÁ RÍ MỌ́ ÒRÚNMÍLÀ LÀTI MÙ ÚN.
86. NÍGBÀ WỌN MÁ BA TI RÍ MỌ́ LÁTI MÙ ÚN,
87. WỌN SỌ, ÒRÚNMÍLÀ,
88. WỌN WÍ, BÁWÒ NI BA TI ṢE WA,
89. LÁTI RÍ O ÀTI MÙ ÚN NJẸ́?

90. Ó NI, ÀJẸ́ MÁ RORÒ,
91. ÒUN KÒ LÈ JẸ EKUJẸBU.
92. ẸYIN KÒ BA LÈ PA MI, IṢẸ KÒ SÍ NKAN.
93. Ó NI, ADIẸ AKỌ ÒPÌPÌ KÒ NÍ APA
94. LÁTI FÒ SORI NÍLÉ.
95. ẸYIN KÒ BA TI LÈ NPA MI.
96. ÈYÍ LÓHÙN KI ỌRÚNMÍLÀ Ẹ ṢẸ O LÓJỌ́ YẸN.
97. LÁTI TI KÍ ÌṢE LÁGBARA NPA Ọ,
98. NÍGBÀ ỌRÚNMÍLÀ NLỌ NILÚ ỌTÁ;
99. LÁTI RÍ LABẸLẸ TIWỌN.

Em português:

1. Você me mostra o conteúdo de um grande saco.
2. Eu te mostro o conteúdo de um grande saco.
3. Você tem, eu tenho.
4. Owúyẹ̀wuyẹ̀ é Bàbáláwò na casa de Ọ̀rúnmílà.
5. Ifá é consultado para que Ọ̀rúnmílà,
6. procure ver o segredo das Donas dos Pássaros.
7. Ọ̀rúnmílà diz "nesta cidade das Donas dos Pássaros,
8. aonde ele vai,
9. será ele capaz de conhecer o segredo?
10. Será ele capaz de trazer o bem?"
11. Os Bábàláwòs dizem para Ọ̀rúnmílà fazer uma oferenda.
12. Eles dizem que Ọ̀rúnmílà, antes de ir ver o segredo
13. do que as Donas de Pássaros fazem no mundo:
14. "Eles dizem que ofereça uma cabeça de serpente Ọka.
15. Eles dizem que ofereça um Pombo Branco.
16. Eles dizem que ofereça quatro sementes de Obi Vermelho.
17. Eles dizem que ofereça óleo vermelho (óleo de dendê).
18. Eles dizem que ofereça giz branco (ẹfun).

19. Eles dizem que ofereça pó vermelho (ọsún).
20. Eles dizem que ofereça uma cabaça.
21. Eles dizem que Òrúnmílà prepare tudo aquilo.
22. Quando Òrúnmílà preparou tudo aquilo,
23. eles vieram pegar o saco de pano,
24. eles o suspenderam".
25. Òrúnmílà diz, ah!
26. Òrúnmílà vai à Ọtá.
27. Quando Òrúnmílà chega no meio do Mercado,
28. como Òrúnmílà chegou, elas dizem ah!
29. Elas dizem, a sopa chegou!
30. Alguém que elas querem matar e comer chegou.
31. Elas começam todas, juntas, a falar.
32. Éṣù (que faz o bem e faz o mal, que faz todas as coisas).
33. Éṣù transforma-se rapidamente,
34. tornou-se, então, uma pessoa.
35. Ele vai chamar todas as Feiticeiras que estão em ọtá.
36. Ele diz, ah!
37. Éṣù diz, Òrúnmílà.
38. Ele diz, o pássaro de Òrúnmílà.
39. Ele diz, é mais poderoso que vocês todas.
40. Ele diz, reúnam todos os vossos pássaros,
41. os reunireis perto dele,
42. que ele possa receber o poder junto de Òrúnmílà.
43. Elas dizem, este homem tem um pássaro?
44. Éṣù diz, Òrúnmílà tem um pássaro.
45. ele diz, ele é maior que todos de Ọtá.
46. Elas começam, todas, a reunir seus pássaros.
47. Elas começam a trazê-los perto de Òrúnmílà.
48. Òrúnmílà tem, assim, todos os pássaros,

49. reunidos em volta dele.
50. Quando Ọ̀rúnmílà já os tem em volta dele,
51. Ọ̀rúnmílà vai sentar-se.
52. Como ele se senta,
53. elas dizem que elas não querem retirar
54. seus maus-olhados, do corpo de Ọ̀rúnmílà.
55. Elas dizem que lutarão com ele.
56. Elas dizem, que elas estão em cólera
57. porque ele conhece o segredo delas.
58. Elas dizem, eles querem, assim, conhecer seus segredos também.
59. Elas dizem, se elas pegarem Ọ̀rúnmílà, elas o matarão.
60. Ele vai chamar os Bàbáláwò.
61. Ọ̀rúnmílà vai informar-se.
62. Ele vê Tẹ̀máyẹ̀.
63. Se o Bàbáláwòda não pode escutar Ifá em sua casa,
64. Vamos consultar fora.
65. Ifá é consultado no dia em que estas
66. Donas de Pássaros dizem que elas o matarão.
67. Eles dizem, você é Ọ̀rúnmílà,
68. é aquele que as Donas dos Pássaros vão matar.
69. As Donas dos Pássaros querem lhe matar.
70. Eles dizem que faça oferendas.
71. Eles dizem que Ọ̀rúnmílà prepare
72. Ekujẹbu (grão muito duro) naquele dia.
73. Eles dizem, que tenha também um frango,
74. Frango òpìpì (com as plumagens crespas).
75. Eles dizem, que tenha Ẹko (massa de milho envolta em folha).
76. Eles dizem, que Ọ̀rúnmílà tenha Seis Shillings.
77. Ọ̀rúnmílà faz então assim.

78. Quando terminou,
79. eles vão com todas estas coisas,
80. eles vão com tudo isto consultar Ifá para **Òrúnmílà**.
81. Eles vão chamar.
82. Quando eles chamaram,
83. para que elas comessem,
84. elas vieram vigiar **Òrúnmílà** até que,
85. elas não viam mais **Òrúnmílà** para pegá-lo.
86. Quando elas não o viam mais para pegá-lo,
87. elas disseram, **Òrúnmílà**,
88. elas disseram, como faremos nós,
89. para te ver e te pegar?
90. Ele diz, Feiticeira não é severa,
91. ela não pode comer **ekujẹbu**.
92. Vós não podeis me matar, de maneira nenhuma.
93. Ele diz, frango arrepiado não tem asas
94. para voar sobre a casa.
95. Vós não podeis me matar.
96. Esta é a coisa que **Òrúnmílà** fez naquele dia,
97. para que não sejam capazes de matá-lo,
98. quando **Òrúnmílà** foi à **Ọtá**.
99. para ver o segredo delas.

03 - ẸSẸ ODÙ OGBÈ ÒGÚNDÁ

Em yorùbá:

1. KIL'O ṢE MI, YIO, ṢE TIRẸ.
2. ÒPÁ ÀWỌN IGBẸ́ Ó NÍ FILA ỌBA SÓRÍ.
3. ÈFẸWÚ TI KÍ ÌṢE IPỌNJU YÍGBÌ,

4. (ṢÙGBỌ́N TI KÍ ÌṢE ẸRÙ ṢINṢIN).
5. IFÁ NÍ BÈRÈ LÁTI ÀWỌN ẸNIA TI WÁ SÓRÍ AIYE.
6. IFÁ NÌ BÈRÈ LÁTI ẸLẸIYẸ Ó TI WÁ SÓRÍ AIYE.
7. NÍGBÀTI ẸLẸIYẸ NDÈ SÓRÍ AIYE,
8. WỌN SỌ FÚN ẸNIA,
9. WỌN NI TI KÒ JÀ PẸ̀LÚ WỌN.
10. WỌN NI, BI WỌN MÁ DÒJUJÀỌ YIN,
11. WỌN WÍ, ẸYIN KÒ IGBÈSE ṢÀJỌ ILÁ NI ÈJIO,
12. WỌN WÍ, ẸYIN KÒ NKÀṢAIṢE DÁDÙRO ÈWÉ ỌSÚN NI ALỌRAN,
13. WỌN NI, ẸYIN KÒ IGBÈSE LỌ́PỌ̀ ARA
14. NÍLÉ MOSIONTO.
15. WỌN NI BI WỌN IDÁDÙRO ÀWỌN ILÁ ÈJIÓ,
16. WỌN JAKADI PẸ̀LÚ WỌN.
17. KINI ÀWỌN ILÁ NI ÈJIÓ?
18. ÀWỌN ỌMỌ ẸNIA KÒ MỌ̀ ILÁ NI ÈJIÓ.
19. NÍGBÀ ÀWỌN ỌMỌ ẸNIA JADE,
20. BI WỌN WÁ,
21. WỌN LÈ LỌ NRÌN NIBIKIBI
22. NIBO IDIMÚ ÈWÉKÉWÉ,
23. WỌN LÈ LỌ MIBIKIBI NIBO KÒ RAMÚ ÈWÉ,
24. NIBO WỌN DURO KÒ ṢE NIKAN.
25. ẸLẸIYẸ WÍ, HÁ! WỌN GBÁJỌ ÀWỌN ILÁ NI ÈJIÓ.
26. ÀWỌN ILÁ NI ÈJIÓ, TI WA WÍ LÁTI KÒ PÈJỌ,
27. WỌN GBÁJỌ Ọ.
28. HÁ! ÀWỌN ỌMỌ ENIA WON BẸ́BẸ́.
29. BI WỌN NI ẸNIKAN LÁTI KÒ PÈJỌ ÀWỌN ILÁ NI ÈJIÓ,
30. BI ÒUN KÒ BA ṢE LỌ́PỌ̀LỌ́PỌ̀ ẸBỌ,

31. BI ÒUN KÒ BA TI ṢE LỌ́PỌ̀LỌ́PỌ̀ IFISILẸ̀,
32. BI ÒUN KÒ NÍ GBOGBO OHUN PẸ̀LÚ KI WỌN GBÀDÚRÀ,
33. PẸ̀LÚ ỌRÚNMÍLÀ Ẹ ṢE O,
34. WỌN NI TI KÒ IDARIJI Ẹ,
35. BI ẸNIKAN KÒ NÍ OHUN PẸ̀LÚ KI TI WỌN BẸ́Ẹ̀BẸ́Ẹ̀,
36. WỌN PA Ẹ,
37. NISISIYI IBUWỌ LỌ́WỌ́ SÓRÍ OHUNKOHUN,
38. LAIPẸ, WỌN NI TI NÌ ÀWỌN ILÁ NI ÈJIÓ.
39. WỌN BA ṢO WỌN IDÁDÙRO ÀWỌN ILÁ NI ÈJIÓ,
40. NITORI DIMÚ ILÁ NI ÈJIÓ,
41. GBÁJỌ ÈWÉ ỌṢÚN NI ALỌRAN,
42. LỌ́PỌ̀ ARA LẸ́HINKÚNLẸ̀ NÍLÉ MOSIONTO,
43. ẸLẸIYẸ, LÁTI IYỌLẸNU ÀWỌN ỌMỌ ẸNIA,
44. WỌN NÌ LÁGBARA PÈJỌ LỌ́NA LÁTI JAGUDU PẸ̀LÚ WỌN,
45. NGBÍN TIWỌN IRÚ YÍ ÀLỌ́.
46. WỌN MỌ̀ KI ÀWỌN ỌMỌ ẸNIA KÒ NÍMỌ̀,
47. KI ÀWỌN KÒ MỌ̀ KI IRI NÍ ÀWỌN ILÁ NI ÈJIÓ.
48. BI WỌNNYÍ NIBẸ BA TI KÒ NÍ OWÓ LỌ́WỌ́,
49. BI ÀWỌN KÒ SÍ PALEMỌ RERE,
50. WỌN PA WỌN.
51. NÍGBÀTI AKÓKÒ NDÈ TITUN,
52. NÍBÀTI ÀWỌN ỌMỌ ẸNIA BA NÍ, TITUN, TI GBÉ SÓKÈ É,
53. KI WỌN KI TITUN LỌWURỌ,
54. KI WÍ BA TI LO ÀWỌN OKO,
55. WỌNNIYẸN ÈYÍTI OKO GBINGBIN NÌ RERE,
56. TI IRONILỌ IṢU, TI IṢIKURO ABGADO.
57. BI ẸLẸIYẸ BA RÍ NIGBANA,

58. KI ÀWỌN KÒ JIN TIWỌN OHUNKAN,
59. WỌN SỌ ÈWÉ ỌSÙN NI ALỌRAN,
60. Ó NÌ TI YIN GBÁJỌ.
61. WỌNNNIYẸN TI IKONILỌ IṢU ÀTI AGBADO NÁÀ,
62. WỌN NI TI Ó IDIMÚ ÈWÉ ỌSÚN NU ALỌRAN.
63. BI ÀWỌN KÒ BA TI NÍ TIRẸ JÍN NI JẸ,
64. BI WỌNNIYẸN KÒ BA TI NI TIRẸ RÚ ẸBỌ, IFISÍLẸ̀
65. BI KÒ BA TI NÍ WỌN NBẸ́ PẸ̀LÚ OHUN RERE,
66. WỌN PA WỌN.
67. BI WỌN BA LỌ TITUN SÍ LOJUDE,
68. BI ÀWỌN ẸNIA BA TI LỌ SI LOJUDE,
69. BI ÀWỌN ẸNIA BA TI LỌ RÀ OHUNKOHUN KAN,
70. BI WỌN NRÀ ẸKU,
71. BI WỌN RÀ EJA,
72. BI WỌN RÀ ẸRANKO,
73. BI WỌN RÀ OHUNKOHUN,
74. BI WỌN JIN ENIKUN LÁTI ẸLẸIYẸ JẸ,
75. ẸLẸIYẸ WÍ, DÉKUN YÍ.
76. ẸNIKAN TI BA LỌ RÀ OHUNKOHUN
77. ÀTI TI KÒ JÌN JẸ TIRẸ,
78. WỌN NI TI LÓPỌ ARA LÉHINKUNLẸ̀ NILÉ MOSIONTO.
79. NITORI Ó RÀ OHUNKOHUN
80. ÀTI KÒ JÌN JE TIRE,
81. BI WONNIYẸN ẸNIA KÒ RÙ ẸBỌ TIWON,
82. KÒ ṢE IFISÍLẸ̀ TIWỌN,
83. WỌN PA WỌN.
84. IDI FÚN PA GBOGBO ẸNIYÍ ÀLỌ́ NÌ,
85. IRÚJÙ KẸ́TÀ TI ÓGBI TIWỌN.
86. WỌN YỌLẸNU PẸ̀LÚ YÍ.

87. WỌN MỌ̀, NIGBANA, WỌN NI TI
88. ÀWỌN ỌMỌ ẸNIA KÒ MỌ̀ IRÚ YÍ ÒFIN,
89. ẸNIKAN TIWỌN LÁGBARA NÌ JÚBÀ ÒFIN YÍ.
90. NITORI WỌN MỌ̀ TI
91. ỌMỌ ẸNIA KÒ MỌ KINI ILÁ NI ÈJIÓ,
92. LOHUN TI WỌN NI NÌ ILÁ NI ÈJIÓ,
93. ILÁ NI ÈJIÓ NÌ.
94. WỌN MỌ̀, WỌN WÍ TI
95. ỌMỌ ẸNIA KÒ MỌ̀ TI ÈWÉ ỌSÚN NI ALỌRAN,
96. OHUN TI WỌN NI NÌ ÈWÉ ỌSÚN NI ALỌRAN,
97. ÈWÉ ỌSUN NI ALỌRAN NÌ.
98. WỌN MỌ̀ TI
99. ỌMỌ ẸNIA KÒ MỌ̀ KINI
100. LÓPỌ̀ ARA LẸ́HINKUNLẸ̀ NILÉ MOSIONTO,
101. LÓPỌ̀ NÌ ARA LẸ́HINKUNLẸ̀ NILÉ MOSIONTO.
102. ẸLẸIYẸ YỌLẸNU ÀWỌN ẸNIA;
103. ṢÙGBỌ́N ÒRÚNMÍLÀ NBẸ́ PẸ̀LÚ WỌN.
104. Ó WÁ TITUN BẸ́BẸ́ PẸ̀LÚ ỌMỌ YIN,
105. Ó BẸ́BẸ́ TITUN PẸ̀LÚ GBOGBO ẸNIA,
106. Ó WÍ TI, ILÉ NÌ, OKO NÌ, ỌNÃ NÌ,
107. GBOGBO OHUN NÌ TI Ó NÍ,
108. TI WỌN FIPAMỌ́ Ọ̀,
109. TI WỌN KÒ DOJUKAKỌ PẸ̀LÚ WỌN,
110. TI WỌN JẸ́WỌ̀ KI GBOGBO OHUN
111. TI WỌN BA FẸ́ ṢE Ẹ JẸ́ RERE.
112. ÒRÚNMÍLÀ WÁ ṢE IFISÍLẸ̀ RẸ.
113. Ó WÁ LÁTI BIMỌ ÀWỌN ỌMỌ ẸNIA PẸ̀LÚ ỌWỌ́ RẸ̀.
114. WỌN WÁ WÍ NÍGBÀNA,
115. GBOGBO ẸNIA LÁTI PẸ̀LÚ TIWỌN ÒRÚNMÍLÀ
116. IFISÍLẸ̀ Ẹ ṢE O,

117. LÁTI PẸ̀LÚTIWỌN BẸ́BẸ́ Ẹ̀ Bẹ́Ẹ̀BẹẸ̀,
118. WỌN YIO JÌN ÍN.
119. ṢÙGBỌ́N ÀWỌN TI KÒ BA FẸ́ TI ÒRÚNMÍLÀ
120. Ẹ ṢE GBOGBO ARA ẸNIA LÁTI PẸ̀LÚ TIWỌN
121. ṢÙGBỌ́N GBOGBO ARA ẸNIA LÁTI PẸ̀LÚ TIWỌN
122. ÒRÚNMÍLÀ BA TI NÍ NṢE IFISÍLẸ̀ YÍ,
123. WỌN FIPAMỌ́ Ọ̀,
124. ÀWỌN KÒ PA WỌN MỌ́,
125. WỌN YIO RÁN SAJO ÒRÚNMÍLÀ.
126. WỌNNYÍ TI ÒRÚNMÍLÀ BA TI NÍ NWÍ LÁTI FIPAMỌ́,
127. WỌN BÍKỌ̀SE.
128. WỌNNIYẸN TI WỌN BA TI NÍ MÚ,
129. BI ÒRÚNMÍLÀ TỌRỌ TI FIPAMỌ́ Ọ̀,
130. WỌN BÍKỌ̀SE Ẹ.
131. GBOGBO WỌNNIYẸN LÁTI PẸ̀LÚTIWỌN ẸLẸIYẸ
132. YIO BA TI NÍ NWÍ, WỌN GBÁJỌ ÀWỌN ILÁ NI ÈJIÓ,
133. TI BA LỌ JUMỌ NI ÒRÚNMÍLÀ.
134. ÒRÚNMÍLÀ IYO IBÈRÈ PẸ̀LÚ WỌN,
135. ÒRÚNMÍLÀ BẸ́BẸ́ PẸ̀LÚ WỌN,
136. ÒRÚNMÍLÀ BẸ́BẸ́ PẸ̀LÚ WỌN TITUN,
137. ẸLẸIYẸ DARIJI WỌN
138. 138 - WỌNNIYẸN LATI PẸ̀LÚTIWỌN YIO BA TI NÍ WÍ,
139. WỌN GBÌN ÈWÉ ỌSÚN NI ALỌRAN,
140. TI WỌN BI IGBÀLÀ JUMỌ NI ÒRÚNMÍLÀ.
141. ÒRÚNMÍLÀ YIO ṢE TI KÓ NÍ DARIJI.
142. 142 - WỌNNIYẸN TI WỌN YIO BA TI NÍ NWÍ,
143. WỌN LÓPỌ̀ ARA LẸ̀HINKUNLẸ̀ NILÉ MOSIONTO,
144. PÈSE ÒRÚNMÍLÀ YIO BA ṢE DARIJI TIWỌN.
145. BI ÒRÚNMÍLÀ BA TI ṢE BẸ́Ẹ̀BẸ́Ẹ̀ DARIJI TIWỌN,

146. ÀWỌN ỌMỌ ẸLẸIYẸ WÍ, DÁDÙRO YÍ.
147. WỌN NI, BI WỌN BA TI WÁ BÍNÚ ṢAJO,
148. ÀWỌN KÒ SÍ BÍNÚ JÙLỌ.
149. LỌ́JỌ́ KI WỌN WÍ,
150. ÀWỌN KÒ SÍ BÍNÚ JÙLỌ PẸ̀LÚ ỌRÚNMÍLÀ,
151. WỌN JÍN JẸ́WỌ̀ SÍ ỌRÚNMÍLÀ,
152. KI IGBÀLÀ LỌ́WỌ́ WỌN,
153. GBOGBO ỌMỌ ẸNIA.

Em português:

1. O que você me faz, lhe farei.
2. A árvore dos campos tem uma coroa sobre a cabeça.
3. O algodão não é um fardo pesado,
4. (mas não é compacto).
5. Ifá é consultado para as pessoas vindas sobre a Terra.
6. Ifá é consultado para as Donas de Pássaros vindas sobre a Terra.
7. quando as Donas de Pássaros chegaram sobre a Terra,
8. Elas dizem às pessoas,
9. Elas dizem que não brigarão com elas.
10. Elas dizem, se elas não combaterem vocês,
11. Elas dizem, vocês não devem colher os quiabos de Èjió,
12. Elas dizem, vocês não devem recolher a folha **Ọsún De Alọran**,
13. Elas dizem, vocês não devem contorcer o corpo
14. na Casa de Mosionto.
15. Elas dizem que se elas colherem os quiabos de Èjió,
16. Elas brigarão com eles.
17. O que é que são os quiabos de Èjió?
18. Os filhos das pessoas não conhecem os quiabos de Èjió.
19. Quando os filhos das pessoas vão embora,
20. se eles vão,

21. eles podem chegar andando em um lugar
22. onde colham folha qualquer,
23. eles podem ir em um lugar onde não colham folhas,
24. onde fiquem se fazer nada.
25. As Donas de Pássaros dizem, Ah! Eles colheram os quiabos de Èjió.
26. os quiabos de Èjió, que nós dissemos para não colher,
27. eles os colheram.
28. Ah! Os filhos das pessoas suplicam.
29. Se elas dizem a alguém para não colher os quiabos de Èjió,
30. se ele não fizer numerosas oferendas,
31. se ele não fizer numerosos sacrifícios,
32. se ele não tem muitas coisas com as quais as invocar,
33. como **Òrúnmílà** o fez,
34. elas dizem que não o perdoarão.
35. Se alguém não tiver coisas com as quais a invocar,
36. elas o matarão,
37. apenas pouse a mão sobre qualquer coisa,
38. logo, elas dizem que são os quiabos de Èjió.
39. Elas vão dizer, eles colhem os quiabos de Èjió,
40. porque colher quiabos de Èjió,
41. recolher a folha de **Òsún De Aloran**,
42. contorcer o corpo no quintal da Casa de Mosionto,
43. as Donas de Pássaros, para atormentar os filhos das pessoas,
44. são capazes de encontrar o caminho para brigar com eles,
45. lhes colocando este tipo de enigmas.
46. Elas sabem que os filhos das pessoas não têm o conhecimento,
47. que eles não sabem que aspecto tem os quiabos de Èjió.
48. Se aqueles que lá tiverem dinheiro mão,
49. se eles não estiverem bem-preparados,

50. elas o matarão.
51. Quando o tempo chegou de novo,
52. quando os filhos das pessoas tiverem de novo, que levantar-se,
53. que eles acordem de novo de manhã,
54. que digam que vão aos campos,
55. aqueles cuja plantação é boa,
56. que transportam inhames, que transportam milho.
57. Se as Donas de Pássaros veem então,
58. que eles não lhes dão uma parte,
59. elas dizem, a folha **Ọsùn De Alọran**,
60. é a que vocês recolheram.
61. Aquela que transporta inhames e milho também,
62. elas dizem que ele recolheu a folha **Ọsùn De Alọran**,
63. Se eles não lhes tivessem dado de comer,
64. se aqueles não lhe tivessem feito oferendas, sacrifícios,
65. se não as tivessem suplicado com boas coisas,
66. elas o matarão.
67. Se eles vão de novo para fora,
68. se as pessoas vão para fora,
69. se as pessoas vão comprar alguma coisa,
70. e elas compram um rato,
71. se elas compram um peixe,
72. se elas compram um animal,
73. se elas compram qualquer coisa,
74. se elas derem uma parte para as Donas de Pássaros comerem,
75. as Donas de Pássaros dizem, isto chega.
76. Alguém que vá comprar alguma coisa
77. e que não lhes dá de comer,
78. elas dizem que contorceu o corpo no quintal da Casa de Mosionto.
79. Porque ele comprou alguma coisa

80. e não lhe deu de comer,
81. se aquela pessoa não lhes faz oferendas,
82. não lhes faz sacrifícios,
83. elas a matarão.
84. A razão para matar todas essas pessoas é o enigma,
85. os três enigmas que lhes colocam.
86. Elas o atormentam com isto.
87. Elas sabem, então, dizem que
88. os filhos das pessoas não conhecem esta espécie de lei,
89. nenhum deles é capaz de respeitar esta lei.
90. Porque elas sabem que
91. o filho das pessoas não sabe o que é o quiabo de Èjió,
92. a coisa que elas dizem ser o quiabo de Èjió,
93. é o quiabo de Èjió.
94. Elas sabem, dizem que
95. o filho das pessoas não sabe o que é a folha Ọsùn De Alọran,
96. a coisa que elas dizem ser a folha Ọsùn De Alọran,
97. é a folha Ọsùn De Alọran.
98. Elas sabem que
99. os filhos das pessoas não sabem o que é
100. contorcer o corpo no quintal da Casa de Mosionto.
101. É contorcer o corpo no quintal da Casa de Mosionto.
102. As Donas de Pássaros atormentam as pessoas;
103. mas Òrúnmìlà vêm suplicar por elas.
104. Ele vem de novo suplicar por seus Filhos,
105. ele suplica de novo por todas as Pessoas,
106. ele diz que, é sua casa, é seu campo, é seu caminho,
107. é todas as coisas que ele possui,
108. que elas o poupem,

109. que elas não combatam com eles,
110. que elas permitam que toda coisa
111. que queiram fazer seja boa.
112. Òrúnmílà vem fazer seu sacrifício.
113. Ele vem para entregar os filhos das pessoas com suas mãos.
114. Elas vêm dizer então,
115. todas as pessoas para as quais Òrúnmílà
116. fez este sacrifício,
117. para as quais as suplicou assim,
118. elas o entregarão.
119. Mas elas não queriam que Òrúnmílà
120. o fizesse para todo mundo.
121. Mas todas as pessoas para as quais
122. Òrúnmílà tenha feito este sacrifício,
123. elas o pouparão,
124. elas não as matarão mais,
125. elas levarão em conta Òrúnmílà.
126. Aquele que Òrúnmílà tiver dito para poupar,
127. elas pouparão.
128. Aqueles que elas tenham pegado,
129. se Òrúnmílà pedir que o poupem,
130. elas o pouparão.
131. Todos aqueles para os quais as Donas de Pássaros
132. terão dito, eles colheram os quiabos de Èjió,
133. que vão perto de Òrúnmílà
134. Òrúnmílà reclamará por eles,
135. Òrúnmílà suplicará por eles,
136. Òrúnmílà suplicará por eles de novo,
137. as Donas de Pássaros perdoarão.
138. Aquelas para os quais terão dito,

139. eles colheram a folha Ọsùn De Alọran,
140. que eles se salvem perto de Òrúnmílà.
141. Òrúnmílà fará que sejam perdoados.
142. Aqueles que terão dito,
143. eles contorceram o corpo no quintal da Casa de Mosionto,
144. somente Òrúnmílà os fará perdoar.
145. Se Òrúnmílà os fizer assim perdoar,
146. os Filhos das Donas de Pássaros dizem, isto chega.
147. Elas dizem, se elas tivessem zangadas antes,
148. elas não estão mais zangadas.
149. No dia que elas dizem,
150. elas não estão mais zangadas com Òrúnmílà,
151. elas deram a permissão a Òrúnmílà,
152. que resgata de suas mãos,
153. todos os filhos das pessoas.

04 - ẸṢẸ ODÙ OGBÈ ÒGÚNDÁ

Em yorùbá:

1. KIL'O ṢE MI, YIO ṢE TIRẸ.
2. ÒPÁ ÀWỌN IGBẸ̀ Ó NÍ FILA ỌBA SÓRÍ.
3. ÈFẸWÚ KÍ ÌṢE IPỌNJU YÍGBÌ,
4. (ṢÙGBÓN KÍ ÌṢE ẸRU ṢINṢIN).
5. IFÁ NÌ BÈRÈ LÁTI ẸNIA TI WÁ SÍ AIYE.
6. IFÁ NÌ BÈRÈ LÁTI ẸLẸIYẸ TI WÁ SÍ AIYE.
7. NÍGBÀTI ẸLẸIYẸ NDÈ NI AIYE,
8. ÒRÚNMÍLÀ WÍ, ÒRÚNMÍLÀ WỌN NÌ LÁGBARA NI FIPAMỌ́ Ọ̀ BI?
9. WỌN NI NÍGBÀ WỌN NDÈ NI AIYE,

10. NÍGBÀTI WỌN BA WÁ PẸLÚ YÍPADÀ KÍNÍ AIYE,
11. WỌN MU OMI KÉJÈ.
12. OMI NI ODÒ ÒGBÈRÉ NILÚ OWÚ,
13. BA TI LỌ KI WỌN MU KÍNÍKÍNÍ.
14. WỌN MU NI TẸLẸ OMI ILÚ MÀJÒMÀJÒ,
15. ODÒ NI APOMÙ.
16. WỌN MU NITẸLẸ NI ODÒ ÒLẸ́YỌ̀, OMI ILÚ IBADAN.
17. NI ODÒ IYEWÀ, WỌN MU NI ILÚ IKÉTU.
18. NI ODÒ ÒGÙN, WỌN MU NI ILÚ ÒYÁN.
19. NI ODÒ ÌBỌ, WỌN MU NI ILÚ ÌKÌRUN.
20. NI ODÒ OṢÉRÉRÉ, WỌN UM NI ILÚ ÌKÌRUN.
21. NI OMI KÉJÈ ẸYIN MU,
22. NÍGBÀ WÁ SÍ AIYE.
23. NÍGBÀ ẸYIN MU OMI YÍ,
24. NÍGBA ẸYIN DÈ NI AIYE.
25. ẸYIN WÀ PẸLÚ ÀWỌN ỌMỌ ẸNIA,
26. ẸYIN BÁ ÀWỌN ỌMỌ ẸNIA.
27. ẸYIN FIPAMỌ́ ỌN BI?
28. ẸYIN WÍ TI KÒ FIPAMỌ́ ỌN.
29. ÀWỌN ỌMỌ ẸNIA SARE SÍLE ẼGUN.
30. NÍLÉ ẼGUN, WỌN LỌ KÍNÍ LÓJỌ́ YẸN.
31. ÀWỌN ỌMỌ ẸNIA YÍ, BA LỌ KÍNÍ LÓJỌ́ YẸN.
32. WỌN WÍ, ÌWỌ ẼGUN, FIPAWỌ́ ỌN,
33. ÀWỌN ỌMỌ ẸLẸIYẸ WỌN WÍ TI KÒ FẸ́ FIPAMỌ́ ỌN.
34. ẼGUN WÍ TI KÒ LÁGBARA NI IGBALÀ Á.
35. ÒUN NI TI KÒ LÁGBARA DÁBÒBÒ
36. ÀWỌN ỌMỌ ẸNIA WỌNNYÍ ỌJỌ́.
37. WỌN JẸKÍ WỌNNYÍ IBI.
38. WỌN LỌ LÍNÉ GOBGBO ÒRÌṢÀ,
39. WỌN LỌ NÍLE ṢÀNGÓ.

40. WỌN LỌ NÍLE ỌYA.
41. WỌN LỌ NÍLE ỌBA.
42. WỌN WÍ TI GBÈJA Á.
43. GBOGBO WÍ TI KÒ LÁGBARA
44. NI DÁKẸ IJIYAN TI WỌN.
45. TANI BA LỌ IGBÀLÀ Á NI AIYE YÍ?
46. WỌN BỒWỌ LỌ SÍ ILÉ ÒRÚNMÍLÀ.
47. NÍGBÀTI WỌN DÈ NÍLÉ ÒRÚNMÍLÀ.
48. WỌN NI, ÒRÚNMÍLÀ DÀBÒBÒ Ó.
49. WỌN WÍ, ÀWỌN ỌMỌ ẸLẸIYẸ,
50. ÀWỌN KÒ FẸ FIPAMỌ́ ỌN.
51. WỌN SỌ WỌN PA WỌN.
52. WỌN NI, GBÈJA Á,
53. KI IJÈWỌ́ LÁGBARA FIPAMỌ́ ỌN,
54. TI KÒ IJÈWỌ́ LÁGBARA NPA Á ÀTI JẸ.
55. ÒRÚNMÍLÀ WÍ, PÈSE BI ẸNIKAN PALEMỌ́ ỌN
56. (BÁWÒ ÒRÚNMÍLÀ Ẹ ṢE O KÒJA),
57. WỌN WÀ FIPAMỌ́.
58. ÈṢÙ LỌ SỌ JAFAFA SÍ ÒRÚNMÍLÀ.
59. ÈṢÙ WÍ TI Ó TẸ̀LẸ̀ ÀWỌ KAN ILẸ̀,
60. TI Ó PÈSE ẸYIN NI ADIẸ̀,
61. 061- TI Ó PALẸMỌ OYIN,
62. TI Ó MÚRÀ IKODIDẸ KAN,
63. TI Ó TẸ̀LẸ́ ÈWÉ OJUṢÀJÚ,
64. TI Ó TẸ̀LẸ́ ÈWÉ OYỌ́YỌ́,
65. TI Ó TẸ̀LẸ́ ÈWÉ ÀÁNÚ,
66. TI Ó TẸ̀LẸ́ ÈWÉ AGOGO ÒGÚN.
67. ÒRÚNMÍLÀ Ẹ ṢE O ẸBỌ LOJUDE.
68. NÍGBÀ ÒRÚNMÍLÀ Ẹ ṢE O ẸBỌ.

69. ÈṢÙ ÈYÍ NÌ, OUN NI ỌRẸ́ ỌRÚNMÍLÀ.
70. BÁWÒ Ó TI BA WAKIRI PẸLÚ ÀJẸ́ NI AIYE,
71. BẸ́ẸBẸ́Ẹ Ó BÁ À NIWAJU.
72. KÍNÍ, LÓJỌ́ TI WỌN MU WỌNNIẸN OMI KÉJÈ,
73. LÓJỌ́ TI WỌN BÈRÈ MU,
74. WÀ NI ỌDỌ ÈṢÙ.
75. LÓJỌ́ TI WỌN BA ṢE NI GBARAJỌ,
76. WÁ NI ỌDỌ ÈṢÙ.
77. WỌN IPINNU NI IṢẸJU TI WỌN NDÈ.
78. WỌN WÍ, WỌNNYÍ TI MỌ̀ IRÚJÙ
79. TI WỌN YIO FI.
80. WỌN WÍ, WỌNNYÍ TI MỌ̀ ÀLỌ́,
81. WỌN YIO FIPAMỌ́ ỌN.
82. WỌN WÍ, WỌNNYÍ TI BA FẸ́ NÌ BÍKÒṢE,
83. BI ÒUN KÒ BA MỌ̀ ÀLỌ́, ÀWỌN KÒ FIAPAMỌ́ ỌN.
84. ỌRÚNMÍLÀ KÒ MỌ̀ IRÚJÙ YÍ.
85. ṢÙGBỌ́N NÍGBÀ ỌRÚNMÍLÀ JÌN ONJẸ ÈṢÙ,
86. APOLÙKÚ RẸ WÀ PẸLẸ́ (Ó WÀ YỌ́NÚ).
87. ÈṢÙ Ó RÌN MULỌMULỌ (LAI ẸNIKAN GBỌ́ ẸSẸRÌN WỌN).
88. ÒUN SỌ SÍ ỌRÚNMÍLÀ,
89. Ó WÍ TI ỌRÚNMÍLÀ TI Ó PANTI ẸFẸ̀WÚ LỌ́WỌ́,
90. Ó NI TI Ó NÍ ẸYIN ADIẸ LỌ́WỌ́.
91. ÀWỌN ỌMỌBINRIN ẸLẸIYẸ WÍ PẸLÚ TẸNUMỌ́:
92. WỌN KÒ SÍ NITẸLỌ́RÙN PẸLÚ ỌMỌKUNRIN ÀWỌN ẸNIA LÓJỌ́ YÍ.
93. "WỌN SỌ GBOGBO ỌNA PẸLÚ TIYÍ ỌRÚNMÍLÀ RÌN,
94. ÀWỌN NI TI KÍ ÌṢE RERE.
95. ÀWỌNWÍ TI WỌN KÒ SÍ ITẸLỌ́RÙN PẸLÚ ẸNIKAN".
96. ÀWỌN LỌ NIRÀLỌ́WỌ́ IBÈRÈ YÍ TITIDI ILÉ ỌGBÈ

YÓNÚ.
97. NÍGBÀ WỌN DÈ NÍLÉ,
98. ÀWỌN ỌMỌBINRIN ẸLẸIYẸ WÍ (ẸJỌ RẸ)
99. ÀWỌN ỌMỌKUNRIN ẸNIA WÀ (ÒNÍDAJỌ́) ÀWỌN JẸBI,
100. ÀWỌN ỌMỌKUNRIN ẸNIA WÀ (ÒNÍDAJỌ́) ÀWỌN JẸBI,
101. (KÙN SÍ) ÀWỌN ẸBỌ TI ỌRÚNMÍLÀ Ẹ ŞO NI AIYE,
102. ỌRÚNMÍLÀ NÌ (NDAJỌ́) ẸLẸSẸ.
103. ŞÙGBỌ́N ẸBỌ TI ỌRÚNMÍLÀ Ẹ ŞE O NI AIYE,
104. WÍ TI WỌN WÀ ITẸ̀LỌ́RÙN PẸ̀LÚ Ẹ.
105. ÈŞÙ WÍ, ÀWỌN ỌMỌKBINRIN ẸLẸIYẸ,
106. Ó NI, YIN BA TI NAKAŞAIŞE MỌ̀ IRÚ APẸRẸ NFÚN.
107. Ó NI, IFISÍLẸ̀ TI ỌRÚNMÍLÀ GBÉ LÁTI LOJUDE,
108. BẸ̀ẸBẸ́Ẹ̀ Ó WÍ,
109. LÁTI IYN BOJUWÒ Ó.
110. NÍGBÀ WỌN TỌ̀ŞẸ̀ Ẹ́,
111. WỌN GBÀ ÈWÉ NI OYỌ́YỌ́.
112. HÁ! WỌN WÍ, ỌRÚNMÍLÀ WÍ
113. TI WỌN WÀ YỌ́NÚ PẸ̀LÚ Ẹ.
114. OYỌ́YỌ́ NÌ KI WÍ TI WỌN WÀ NITẸ̀LỌ́RÙN PẸ̀LÚ MI.
115. WỌN (ẸLẸIYẸ) WÍ,
116. NÍGBÀ ỌRÚNMÍLÀ NÍ ÈWÉ OYỌ́YỌ́,
117. Ó BA WÍ TI WÀ YỌ́NÚ PẸ̀LÚ Ẹ
118. (ÀTI) TI WỌN WÀ YỌ́NÚ NÁÀ.
119. PẸ̀LÚ GBOGBO ỌMỌ ẸNIA.
120. WỌN RÍ, KỌJA, ÈWÉ OJÚŞÁJÚ
121. ÈŞÙ WÍ, ẸYIN MÒYÉ LOHUN TI Ó WÍ YIN NJẸ́?
122. Ó NI TI YIN, PẸ̀LÚ OGBOGBO ITAYỌ, ŞE ŞÁJÚ Ù,

123. TI Ó YIO RÍ LÓÒRE.
124. WỌN SỌ PẸLÚYÍ ÈWÉ NÌ WỌNNYÍ NIBẸ NJẸ́?
125. WỌN WÍ, ÈWÉ KẸ́TÀ NÌ NJẸ́?
126. Ó NÍ, ÈWÉ ÀÁNÚ NÌ.
127. Ó WÍ, ẸYIN GBOGBO JUMỌ YIO NÍ ṢÀÁNÚ.
128. WỌN WÍ, TI WỌN YIO NÍ YỌ́NÚ ÒRÚNMÍLÀ.
129. WỌN WÍ (KINI PETE) ÈWÉ AGOGO ÒGÚN BI?
130. Ó NI, ẸYIN MỌ̀ ỌN.
131. Ó NI TI, NÍLÉ, LÓKÓ,
132. SẸ́HÌN ÀWỌN OGIRI NÍLÚ,
133. KI GBOGBO IBI TI JARE TIRẸ LỌ,
134. ẸYIN JẸ́JÍ KI JẸ̀WỌ́ IRÉ,
135. KI GBOGBO LÓHUN TÓ BA NÍ LỌ́WỌ́,
136. ẸYIN JẸ́KÍ TI JẸ̀WỌ̀ RERE,
137. WỌN WÍ TÓ BÈRÈ PẸLÚ AGOGO ÒGÚN.
138. WỌN WÍ,M NITORI OYIN YÍ?
139. WỌN NI, BÁWÒ YIO WÀ LÓHUN PẸLÚ YÍ
140. WỌN BA ṢE ÈPE BI?
141. Ó NI, ÒRÚNMÍLÀ NÌ LÁGBARA NI MỌ̀ GBOGBO LÓHUN.
142. WỌN WÍ, NITORI ẸFUN YÍ BI? ÀTI ỌSÙN YÍ NJẸ́?
143. Ó NI, ẸFUN WÍ FÚN TIRẸ LAYỌ̀.
144. Ó NI, ỌSÙN WÍ TI YIN BA DÈ PẸ̀LÚ IRỌRA.
145. WỌN WÍ, NITORI IKODIDẸ?
146. AH! Ó WÍ, NÍGBÀ YIN ẸLẸIYẸ DÈ NIWAJU,
147. Ó NI, IKODIDẸ PẸ̀LÚ YÍ Ó BA ṢE IFISÍLẸ̀,
148. IDÁKỌRÓ Ò LÓRÍ,
149. Ó NI, IKODIDẸ YÍ TI YIN LÓ,
150. Ó GBÉ LAYỌ̀ ÀTI PẸ̀LÚ Ẹ,
151. SÍ GBOGBO ÀWỌN IBI NIBO ÒUN BA LỌ.

152. NÍGBÀ LAKOKO BA TI LỌ,
153. NÍGBÀ ÒRÚNMÍLÀ ṢÉTÀN, BẸ́Ẹ̀BẸ́Ẹ̀ TI ṢO.
154. ẸLẸIYẸ BA WÍ, ÒRÚNMÍLÀ Ọ,
155. WỌN WÍ, O ṢÉTÀN, BẸ́Ẹ̀BẸ́Ẹ̀ TI ṢO.
156. WỌN WÍ, JẸ́KÍ TI WỌN NÁÀ NSỌ PẸ̀LÚ WỌN.
157. ÀWỌN ỌMỌBINRIN ẸLẸIYẸ BA WÁ NSỌ.
158. ẸLẸIYẸ, WÍ, ÒRÚNMÍLÀ,
159. ÒRÚNMÍLÀ WÍ, Ẹ WÀ RERE, ÒRÚNMÍLÀ YIO LỌ FÍ ÀLỌ́ KAN.
160. WỌN WÍ, TÓ YIO GBỌ́DỌ̀ NÌ LÁGBARA NI
161. PÍNNÚ IRUJU TI WỌN YIO LỌ BẸ́ TIRẸ BẸ́Ẹ̀BẸ́Ẹ̀.
162. WỌN WÍ, ILÉ RẸ YIO WÀ RERE,
163. ÒNÃ RẸ YIO WÀ UTAYỌ,
164. ÀWỌN WỌN ỌMỌ YIN KÒ YIO KÙ,
165. ÒUN NÁÀ KÒ YIO KÙ,
166. GBOGBO IBI NIBO Ó FÀGÙN LỌ́WỌ́, YIO WÀ RERE.
167. ṢÙGBỌ́N BI ÒUN BA TI KÒ MỌ̀ ÀLỌ́ YÍ,
168. WỌN BA TI KÒ GBÀ BÈRÈ YIN,
169. WỌN BA WÀ NIKANNU LÒDÌSÌ ÒUN GBOGBO AKOKO.
170. ṢÙGBỌ́N BI ÒUN NÌ LÁGBARA FÚN DÁHÙN, Ó WÀ ṢÉTÀN.
171. ÒRÚNMÍLÀ WÍ TI Ẹ WÀ RERE BẸ́Ẹ̀BẸ́Ẹ̀.
172. Ó WÍ TI GBANGBA TIRẸ ÀLỌ́ YÍ.
173. (LẸ́Ẹ̀KẸ́JẸ̀).
174. "WỌN WÍ GBẸ́KẸ̀LẸ́",
175. ÒRÚNMÍLÀ WÍ NMÚ.
176. WỌN BÈRÈ DÁHÙN YÍ JUMỌ ÒRÚNMÍLÀ,
177. NI Ẹ̀KÈJÉ YÍPADÀ.
178. WỌN WÍ, ÒRÚNMÍLÀ,

179. WỌN WÍ NÍGBÀ ÒUN NI NMÚ,
180. WỌN WÍ, KI LÓ PAKU TIRẸ LÁTI ṢE NJẸ́?
181. AH! ÒUN WÍ, ẸYIN IRÀNLỌ ẸYIN ADIẸ KAN.
182. WỌN WÍ, KINI WỌN LÁTI IRÀNLỌ BI?
183. ỌRÚNMÍLÀ WÍ, ALAPA ẸFẸWÚ.
184. ỌRÚNMÍLÀ WÍ TI ỌRÚNMÍLÀ GBẸ́KẸ̀LẸ́ ẸYIN ADIẸ YÍ LÁFẸFẸ.
185. WỌN WÍ TÓ MÚ ÙN ÈKÉJÈ YÍPADÀ
186. NÍGBÀ ỌRÚNMÍLÀ MÚ ẸKẸ́JẸ̀ YÍPADÀ,
187. WỌN WÍ Ó ṢÉTÀN BẸ́ẸBẸ́Ẹ̀, NJẸ́?
188. WỌN WÍ Ẹ WÁ RERE BẸ́ẸBẸ́Ẹ̀.
189. WỌN WÍ TI BA WÀ DARIJI.
190. WỌN WÍ, ẸYIN GBOGBO ỌMỌ ẸNIA
191. ÀTI ÌWỌ ỌRÚNMÍLÀ,
192. WỌN WÍ, JÒ,
193. WỌN WÍ, KỌRIN:
194. "ỌRÚNMÍLÀ Ẹ ṢE O, JÈRE YIN ÀWỌN ẸNIA,
195. ẸYIN JÈRE ÀWỌN ẸNIA.
196. ÀWỌN ỌMỌBINRIN ẸLẸIYẸ BA LỌ WÍ,
197. ẸYIN JÈRE ÀWỌN ẸNIA!
198. OMI ODÒ ÒGBÈRÉ NÌ NÍLÚ ÒWU TÓ UM KÍNNÍ YÍPADÀ,
199. ẸYIN JÉRÈ ÀWỌN ẸNIA.
200. ÀWỌN ỌMỌBINBIN ẸLẸIYẸ BA WÍ,
201. ẸYIN JÈRE ÀWỌN ẸNIA.
202. O BA UM, NIKỌJA, OMI ODÒ MÀJÒMÀJÒ NÍLÚ APÒMÙ,
203. ẸYIN JÈRE ÀWỌN ẸNIA.
204. O BA MU NIKỌJA, OMI ODÒ ÒLÉYÓ NÍLÚ ÌBÀDÀN,
205. ẸYIN JÈRÈ ÀWỌN ẸNIA.

206. ÀWỌN ỌMỌBINRIN ẸLẸIYẸ BA WÍ,
207. ẸYIN JÈRÈ ÀWỌN ẸNIA.
208. OMI ODÒ IYẸWÀ, ẸYIN MU NÍLÚ IKÉTU,
209. ẸYIN ỌMỌBINRIN ẸLẸIYẸ BA WÍ,
210. ÀWỌN ỌMỌBINRIN ẸLẸIYẸ BA WÍ,
211. ẸYIN JÈRÈ ÀWỌN ẸNIA.
212. OMI ODÒ ÒGÙN, ẸYIN MU NÍLÚ ÌBÀRÀ,
213. ẸYIN MU ÀWỌN ẸNIA.
214. ÀWỌN ỌMỌBINRIN ẸLẸIYẸ ẸNIA.
215. ẸYIN JÈRÈ ÀWỌN ẸNIA.
216. ẸYIN JÈRÈ ÀWỌN ẸNIA.
217. OMI ODÒ IBỌ ẸYIN MU NÍLÚ ÒYAN,
218. ÀWỌN ỌMỌBINRIN ẸLẸIYẸ BA WÍ,
219. ẸYIN JÈRÈ ÀWỌN ẸNIA.
220. ẸYIN JÈRÈ AÉRÉRÉ, ẸYIN MU NÍLÚ ÌKÌRUN,
221. ẸYIN JÈRÈ ÀWỌN ẸNIA.
222. ÀWỌN ỌMỌBINRIN ẸLẸIYẸ BA WÍ,
223. ẸYIN JÈRÈ ÀWỌN ẸNIA.
224. ÈWÉ OJÚṢÀJU WÍ TI ẸYIN ṢÁJÚ Ù,
225. ẸYIN JÈRÈ ÀWỌN ẸNIA.
226. ÀWỌN ỌMỌBINRIN ẸLẸIYẸ BA WÍ,
227. ẸYIN JÈRÈ ÀWỌN ẸNIA.
228. ÈWÉ OYÓYÓ WÍ, TI ẸYIN WÀ NITÈLỌ́RÙN.
229. ẸYIN JÈRÈ ÀWỌN ẸNIA.
230. ÀWỌN ỌMỌBINRIN ẸLẸIYẸ BA WÍ,
231. ẸYIN JÈRÈ ÀWỌN ẸNIA.
232. ÈWÉ ÀÁNÚ WÍ TI ẸYIN YIO NÍ YỌNÚ,
233. ẸYIN JÈRÈ ÀWỌN ẸNIA.
234. ÈWÉ AGOGO ÒGÚN WÍ

235. KI IRÀNLỌ MI LAYỌ,
236. ẸYIN JẸ̀RÈ ÀWỌN ẸNIA.
237. ÀWỌN ỌMỌBINRIN ẸLẸIYẸ BA WÍ,
238. ẸYIN JẸ̀RÈ ÀWỌN ẸNIA.
239. BI MÁO LỌ̀, OYIN, BA TÍ ẸFUFU BINUJẸ,
240. ẸYIN JẸ̀RÈ ÀWỌN ẸNIA.
241. ÀWỌN ỌMỌBINRIN ẸLẸIYẸ BA WÍ,
242. ẸYIN JẸ̀RÈ ÀWỌN ẸNIA.
243. NÍGBÀ ỌRÚNMÍLÀ ṢÉTÀN NKỌRIN YÍ,
244. ỌRÚNMÍLÀ JỌ̀.
245. ÒUN LỌ PẸ̀LÚ AGOGO KAN LỌ́WỌ́.
246. ÒUN LỌ NLÚ AGOGO.
247. ỌRÚNMÍLÀ JỌ̀ RERE.
248. NÍGBÀ ỌRÚNMÍLÀ PARI IJỌ̀,
249. WỌN WÍ, ỌRÚNMÍLÀ,
250. WỌN NI Ẹ WÀ RERE YÍ.
251. WỌN WÍ, BI Ó NÍ TI LỌ SÍLÉ,
252. TÀBÍ LỌ LÓKO, TÀBÍ LỌ SÍ LOJUDE,
253. GBOGBO ỌNA NIBO Ó GBÍN LỌ́WỌ́,
254. (YIO IDANWO) YIO WÀ JÀRÈ.
255. WỌN WÍ, BI BA TI NÍ KỌ́ ILÉ KAN,
256. WỌN WÍ, BI Ó BA FẸ́ BA DỌGBA AYA,
257. WỌN WÍ, BI Ó BA FẸ́ OWÓ,
258. WỌN WÍ, BI Ó BA FẸ́ DÚRÒ IGBÁ PUPỌ̀ NI AIYE,
259. WỌN WÍ, BI ỌRÚNMÍLÀ KỌRIN ỌWỌ́ YÍ ORIN,
260. WỌN WÍ, TI WỌN YIO GBÁ.
261. WỌN WÍ, TI WỌN YIO DÚRÒ YỌ́NÚ PẸ̀LÚ ẸNIA YÍ.
262. WỌN WÍ, KI GBOGBO OHUN TI
263. ỌRÚNMÍLÀ BA FẸ́ Ẹ BẸ̀ TIWỌN,
264. WỌN WÍ KI NIBI TI JÀRÈ ỌRÚNMÍLÀ FÚN DÚRÒ,

265. KI IJẸ̀WỌ́ LỌRUN KÉJÈ SÓRÍ,
266. BI NKỌRIN IRÚ YÍ ORIN,
267. WỌN YIO DÁHÙN.
268. WỌN YIO ṢE NIGBANA, LÓHUN TI Ó BÈRÈ LÁTI IRỌRA.
269. WỌN WÍ TI BI IDÁNWÒ LALẸ̀ NI ỌRUN KÈJÈ NISALẸ,
270. BI ÒUN KỌRIN ÈYÍ ORIN,
271. WỌN YIO ṢE GBOGBO OHUN TI Ó BA FẸ́ LÁTI INUDIDUN.
272. WỌN WÍ BI TI Ó IDÁNWÒ LALẸ̀ NI KAIYE KẸ́RÍN.
273. BI Ó IDÁNWÒ LALẸ̀ NÍLÉ ỌLỌKUN,
274. BI Ó IDÁNWÒ ALẸ̀ NI APA ỌLỌKUN.
275. BI Ó IDÁNWÒ ALẸ̀ LÁÀRÌN ADAGUN MÉJÌ,
276. BI Ó IDÁNWÒ LALẸ̀ NÍLÚ ÌWANRAN, NI IBI NIBO LÓJỌ́ BÍ,
277. BI Ó KỌRIN YÍ,
278. BI Ó DARÚKÓ ÀWỌN OMI TI WỌN BA MU,
279. WON WÍ TI Ò YIO DARIJI.
280. WỌN WÍ, Ẹ WÁ RERE.
281. WỌN WÍ, LÓWÓ ÒRÚNMÍLÀ TI KÒ NÍ,
282. ÒRÚNMÍLÀ YIO NÍ.
283. WỌN WÍ, LỌBINRIN ÒRÚNMÍLÀ TI KÒ NÍ,
284. ṢÙGBỌ́N ÒRÚNMÍLÀ YIO NÍ.
285. WỌN WÍ, LỌBINRIN TI KÒ LOYUN,
286. LỌBINRIN NI ÒRÚNMÍLÀ, YIO DÚRÒ ILOYUN,
287. ÒUN YIO FÀWÁ.
288. WỌN WÍ, NI ILÉ TI ÒRÚNMÍLÀ MÁ KỌ́,
289. ÒRÚNMÍLÀ YIO KỌ́ Ọ.
290. WỌN WÍ GBOGBO LÓHÙN IRÉ TI ÒRÚNMÍLÀ MÁ RÍ,

291. ÒRÚNMÍLÀ YIO RÍ.
292. WỌN WÍ, ÒRÚNMÍLÀ Ó DI ẸNIA ÀGBÀ.
293. WỌN WÍ, ÒRÚNMÍLÀ YIO DÚRÒ IGBÁ PÚPỌ̀ (LAIYE),
294. ÒUN Ó DI ẸNIA DARÚGBÓ KAN.
295. ÒRÚNMÍLÀ WÍ GBOGBO ỌMỌ WON SÓRÍ ÀTI ISALẸ,
296. WỌN WÍ TI YIO GBÈSÈ IMỌ̀ ORIN YÍ,
297. WỌN WÍ TI GBỌ́DỌ̀ MỌ̀ IRÒHIN,
298. KI IJẸ̀WỌ́ LÁGBARA SỌ Ọ́.
299. GBOGBO ẸNIA LÁTI TIYÍ ÈWÉ ÌTÀN YÍ BA WÀ WÍ,
300. ẸLẸIYẸ MÁ IDÁṢÀ, BẸ̀ẸKỌ LÁILÁI, DOJUKAKỌ.

Em português:

1. O que você me faz, lhe farei.
2. A árvore dos campos tem uma coroa sobre a cabeça.
3. O algodão não é um fardo pesado,
4. (mas não é compacto).
5. Ifá é consultado para as pessoas vindas para Terra.
6. Ifá é consultado para as Donas de Pássaros vindas para Terra.
7. Quando as Donas de Pássaros chegaram na Terra,
8. Òrúnmílà diz, são elas capazes de poupá-lo?
9. Elas dizem que quando elas chegaram à Terra,
10. quando elas vieram pela primeira vez para a Terra,
11. elas beberam de sete águas.
12. A água de Ògbèré na cidade de Òwu,
13. foi a que elas beberam primeiramente.
14. Elas beberam em seguida da água de Màjòmàjò,
15. Rio de Apòmù.
16. Elas beberam em seguida do Òlẹ́yọ̀, água de Ibadan.
17. de Iyewa, elas beberam em Iketu.
18. de Ògún, elas beberam em Ìbarà.

19. de Ìbo, elas beberam em Òyán.
20. De Oṣéŕéŕé, elas beberam em Ìkìrun.
21. De sete águas vocês beberam.
22. quando vieram para a Terra.
23. Quando vocês beberam destas águas,
24. quando chegaram na Terra.
25. Vocês estão com os filhos das pessoas,
26. vocês encontraram os filhos das pessoas.
27. Vocês os poupam?
28. Vocês que dizem que não os poupam.
29. Os filhos das pessoas correm para a casa de Ẽgun.
30. Na casa de Ẽgun, eles vão primeiro naquele dia.
31. Estes filhos das pessoas, vão correndo encontrar Ẽgun.
32. Eles dizem, você Ẽgun, proteja-nos,
33. os filhos das Donas de Pássaros dizem que não querem poupá-los.
34. Ẽgun diz que não é capaz de salvá-los.
35. Ele diz que não é capaz de proteger
36. os filhos das pessoas naquele dia.
37. Eles deixam aquele lugar.
38. Eles vão na casa dos Òrìṣà.
39. Eles vão na casa de Ṣàngó.
40. Eles vão na casa de Ọyá.
41. Eles vão na casa de Obá.
42. Eles dizem que os protejam.
43. Todos dizem que não são capazes
44. de aplacar a disputa deles.
45. Quem vai salvá-los nesta Terra?
46. Eles devem ir à casa de Òrúnmílà.
47. Quando eles chegam na casa de Òrúnmílà,

48. eles dizem, Ọ̀rúnmílà proteja-nos.
49. Eles dizem, os filhos das Donas de Pássaros,
50. não querem nos poupar.
51. Eles dizem, eles nos matarão.
52. Eles dizem, proteja-nos,
53. que sejam capazes de nos poupar,
54. que eles não sejam capazes de nos matar e comer.
55. Ọ̀rúnmílà diz, somente se alguém o prepara
56. (como Ọ̀rúnmílà fez anteriormente),
57. eles serão poupados.
58. Èṣù vem dizer vivamente à Ọ̀rúnmílà.
59. Èṣù diz que ele prepare um prato de Terra,
60. que ele prepare um ovo de galinha,
61. que ele prepare mel,
62. que ele prepare uma pena de papagaio,
63. que ele prepare Folhas de Ojùṣàjú,
64. que prepare Folha de Oyọ́yọ́,
65. que ele prepare Folhas de Àánú,
66. que ele prepare folhas de Agogo Ògún.
67. Ọ̀rúnmílà faz a oferenda fora.
68. Quando Ọ̀rúnmílà fez a oferenda.
69. Èṣù é isto, ele é amigo de Ọ̀rúnmílà.
70. Como ele já teve um encontro com as Feiticeiras na Terra,
71. assim ele as encontrou no além.
72. Primeiro, no dia em que elas beberam aquelas sete águas,
73. no dia que elas começaram a beber,
74. foi na presença de Èṣù.
75. No dia em que elas fizeram a assembleia,
76. foi na presença de Èṣù.
77. Elas decidiram no momento que elas chegaram.

78. Elas disseram, aquele que souber o enigma
79. que elas colocarão.
80. Elas disseram, aquele que souber o enigma,
81. elas o pouparão.
82. Elas disseram, aquele que quisesse ser poupado,
83. se ele não soubesse o enigma, elas o poupariam.
84. Òrúnmìlà não sabe este enigma.
85. Mas quando Òrúnmìlà dá comida a Èşù,
86. seu ventre está suave (ele está contente).
87. Èşù anda suavemente (sem que as pessoas ouçam seus passos).
88. ele fala para Òrúnmìlà,
89. Ele diz que Òrúnmìlà tenha borra de algodão na mão,
90. ele diz que ele tenha um ovo de galinha na mão.
91. As filhas das Donas de Pássaros dizem com insistência:
92. Elas não estão contentes com os filhos das pessoas neste dia.
93. "Elas dizem, todo caminho pelo qual Òrúnmìlà andou,
94. elas dizem que não é bom.
95. Elas dizem que elas não estão contentes com ninguém".
96. Elas vão sustentando esta questão até a casa de Ogbè Yónú.
97. Quando elas chegam na casa.
98. as filhas das Donas de Pássaros declaram (seu caso),
99. os filhos das pessoas declaram (seu caso).
100. Os filhos das pessoas são (julgados) culpados,
101. (a despeito das) oferendas que Òrúnmìlà fez na Terra,
102. Òrúnmìlà é (julgado) culpado.
103. Porém a oferenda, que Òrúnmìlà fez na Terra,
104. diz que elas não estão contentes com ele.
105. Èşú diz, filhas das Donas de Pássaros,
106. ele diz, vocês deveriam saber a espécie de indicação dada.

107. Ele diz, o sacrifício que Ọ̀rúnmílà trouxe para fora,
108. assim ele diz,
109. para vocês o examinarem.
110. Quando elas o examinaram,
111. elas tomaram a folha de Oyọ́yọ́.
112. Ah! Elas dizem, Ọ̀rúnmílà diz
113. que elas estão satisfeitas com ele.
114. Oyọ́yọ́ é que diz que estão contentes comigo.
115. Elas (as Donas de Pássaros) dizem,
116. Quando Ọ̀rúnmílà tinha a folha de Oyọ́yọ́,
117. ele dizia que estavam contentes (Yọ́nú) com ele
118. (e) que elas estavam contentes também,
119. com todos os filhos das pessoas.
120. Elas veem, em seguida, a folha de Ojúṣájú
121. Èṣú diz, vocês entendem a coisa que ela voz diz:
122. Ela diz que vocês, com toda bondade, o respeitem (Ṣe Sajú)
123. que ela verá a bondade.
124. Elas dizem qual a folha é aquela lá?
125. Elas dizem, é a terceira folha?
126. Ele diz, é a folha Àánú (piedade).
127. Ele diz, vocês todas juntas terão piedade (Ṣàánú).
128. Elas dizem, que elas terão piedade de Ọ̀rúnmílà.
129. Elas dizem (o que significa) a folha de Agogo Ògún?
130. Ele diz, vocês o sabem.
131. Ela diz que, na casa, nos campos,
132. atrás dos muros da cidade,
133. que em todo lugar que lhe agradasse ir,
134. vocês deixarão que seja bom,
135. que toda coisa que ele tiver em mãos,
136. vocês deixarão que seja boa,

137. elas dizem que ele peça com o sino duplo (**Agogo Ògún**).
138. Elas dizem, por que este mel?
139. Elas dizem, como será a coisa com a qual
140. elas fizeram juramento?
141. Ele diz, **Òrúnmílà** é capaz de saber todas as coisas.
142. Elas dizem, porque este **Ẹfun**? E este **Ọsùn**?
143. Ele diz, **Ẹfun** diz que lhe deem a felicidade.
144. Ele diz, **Ọsùn** diz que vocês chegam com a felicidade.
145. Elas dizem, por que a pena de papagaio?
146. Ah! Ele diz, quando vocês Donas de Pássaros chegam no além,
147. ele diz, a pena com a qual fizeram o sacrifício,
148. amarrem-na na cabeça,
149. ele diz, esta pena que vocês utilizam,
150. traz a felicidade e com ela,
151. por todos os lugares aonde ela vai.
152. Quando tempo veio,
153. quando **Òrúnmílà** terminou de falar,
154. as Donas de Pássaros disseram, você **Òrúnmílà**,
155. elas dizem, você terminou, assim, de falar.
156. Elas dizem, deixe que elas também falem por elas.
157. As filhas das Donas de Pássaros vêm dizer.
158. Elas dizem, **Òrúnmílà**,
159. elas dizem, está bem, elas vão colocar um enigma.
160. Elas dizem, que ele deverá ser capaz de
161. resolver o enigma que elas vão lhe pedir assim.
162. Elas dizem, sua casa será boa,
163. seu caminho será bom,
164. seus filhos vão morrer,
165. suas mulheres vão morrer,

166. todos os lugares onde ele estender a mão, serão bons.
167. Mas se ele não conhecesse este enigma,
168. elas não aceitariam suas súplicas,
169. elas estariam em cólera contra o tempo.
170. Mas se ele é capaz de dar a resposta, está terminado.
171. Òrúnmílà diz que está bem assim.
172. Ele diz que lhe exponham este enigma:
173. (Sete Vezes).
174. "Elas dizem lançar (arremessar)",
175. Òrúnmílà diz pegar.
176. Elas pedem esta resposta junto à Òrúnmílà,
177. na sétima Vez.
178. Elas dizem, Òrúnmílà,
179. elas dizem, quando ele diz pegar,
180. elas dizem, o que ele lhe envia para pegar?
181. Ah! Ele diz, vocês enviam um ovo de galinha.
182. Elas dizem, o que têm eles para pegar?
183. Òrúnmílà diz, a borra do algodão.
184. Elas dizem que Òrúnmílà joga este ovo de galinha no ar.
185. Elas dizem que ele o pegue sete vezes.
186. Quando Òrúnmílà pega sete vezes,
187. Elas dizem terminou assim?
188. Elas dizem está bem assim.
189. Elas dizem que estão perdoados.
190. Elas dizem, vocês todos os filhos das pessoas
191. e você Òrúnmílà,
192. elas dizem, dancem,
193. elas dizem, cantem:
194. "Òrúnmílà o fez, vós ganhastes as pessoas
195. vós ganhastes as pessoas.

196. As filhas das Donas de Pássaros vieram dizer,
197. vós ganhastes as pessoas".
198. É a água Ògbèré em Òwu que bebestes em primeiro lugar,
199. ganhastes as pessoas.
200. As filhas das Donas de Pássaros dizem,
201. vós ganhastes as pessoas.
202. Bebestes, em seguida, água de Màjòmàjò em Apòmù,
203. vós ganhastes as pessoas.
204. Bebestes em seguida, água de Òléyò em Ìbàdàn,
205. vós ganhastes as pessoas.
206. As filhas das Donas de Pássaros dizem,
207. vós ganhastes as pessoas.
208. Água de Iyẹwà, vós bebestes em Ikétu,
209. vós ganhastes as pessoas.
210. As filhas das Donas de Pássaros dizem,
211. vós ganhastes as pessoas.
212. Água de Ògùn, vós bebestes em Ìbàrà,
213. vós ganhastes as pessoas.
214. As filhas das Donas de Pássaros dizem,
215. vós ganhastes as pessoas.
216. Água de Ibọ vós bebestes em Ọ̀yán,
217. vós ganhastes as pessoas.
218. As filhas das Donas de Pássaros dizem,
219. vós ganhastes as pessoas.
220. Água do Oṣéréré, vós bebestes em Ìkìrun,
221. vós ganhastes as pessoas.
222. As filhas das Donas de Pássaros dizem,
223. vós ganhastes as pessoas.
224. A folha de Ojú Ṣàjú diz que vocês o respeitem,

225. vós ganhastes as pessoas.
226. As filhas das Donas de Pássaros dizem,
227. vós ganhastes as pessoas.
228. A folha de **Ọyọ́yọ́** diz que vocês estão contentes,
229. vós ganhastes as pessoas.
230. As filhas das Donas de Pássaros dizem,
231. vós ganhastes as pessoas.
232. A folha de **Àánú** diz que vocês terão piedade,
233. vós ganhastes as pessoas.
234. A folha de **Agogo Ògún** diz,
235. que me enviem a felicidade,
236. vós ganhastes as pessoas.
237. As filhas das Donas de Pássaros dizem,
238. Donas de Pássaros
239. Se não lambermos o mel, teremos o ar triste,
240. vós ganhastes as pessoas.
241. As filhas das Donas de Pássaros dizem,
242. vós ganhastes as pessoas.
243. Quando **Ọ̀rúnmílà** terminou de cantar isto,
244. **Ọ̀rúnmílà** dança.
245. Ele vem com um sino na mão,
246. Ele vem bater no sino.
247. **Ọ̀rúnmílà** dança bem.
248. Quando **Ọ̀rúnmílà** terminou a dança,
249. elas dizem, **Ọ̀rúnmílà**,
250. elas dizem é bom isto.
251. Elas dizem, se ele tem que ir para casa,
252. ou ir ao campo, ou para fora,
253. todos os caminhos onde ele colocar a mão,
254. (passará) serão agradáveis.

255. Elas dizem, se tiver que construir uma casa,
256. elas dizem, se ele quiser esposar uma mulher,
257. elas dizem, se ele quiser dinheiro,
258. elas dizem, se ele quiser ficar muito tempo no mundo,
259. elas dizem, se Òrúnmílà cantar aquela espécie de canção,
260. elas dizem, que aceitarão,
261. elas dizem, que elas ficarão contentes com esta pessoa.
262. elas dizem, que todas as coisas que
263. Òrúnmílà queira lhes pedir,
264. elas dizem que no lugar que agradar à Òrúnmílà para ficar,
265. que seja nos sete céus de cima,
266. se cantar esta espécie de canção,
267. elas responderão.
268. Elas farão, então, a coisa que ele pede para felicidade.
269. Elas dizem que se pernoita nos sete céus de baixo,
270. se ele canta esta canção,
271. elas farão todas as coisas que ele queira para a felicidade.
272. Elas dizem que se ele pernoitar nos quatro cantos do mundo,
273. se ele pernoita da casa de Ọlọkun,
274. se ele pernoita no lado do mar.
275. Se ele pernoita no meio de duas lagoas,
276. se ele pernoita em Ìwanran, no lugar onde o dia nasce,
277. se ele cantou isto,
278. se ele deu o nome das águas que elas beberam,
279. elas dizem que o perdoarão.
280. Elas dizem, é bom.
281. Elas dizem, o dinheiro que Òrúnmílà não tem,
282. Òrúnmílà o terá.
283. Elas dizem, à mulher que Òrúnmílà não tem,

284. mas Òrúnmìlà o terá.
285. Elas dizem, à mulher que não pariu,
286. a mulher de Òrúnmìlà (Odù), ficará grávida,
287. ela parirá.
288. Elas dizem, a casa que Òrúnmìlà não construiu,
289. Òrúnmìlà a construirá.
290. Elas dizem todas as coisas boas que Òrúnmìlà não viu,
291. Òrúnmìlà verá.
292. Elas dizem, Òrúnmìlà se tornará velho.
293. Elas dizem, Òrúnmìlà ficará muito tempo (no mundo),
294. ele se tornará um ancião.
295. Òrúnmìlà diz a todos os seus filhos de cima e de baixo,
296. ele diz que deverão conhecer esta canção,
297. ele diz que deverão conhecer esta história,
298. que sejam capazes de (contá-la) narrá-la.
299. Toda pessoa para a qual esta história for dita,
300. As Donas de Pássaros não ousarão, jamais, combater.

05 - ẸSẸ ODÙ ÒDÍ MÉJÌ

Em yorùbá:

1. IKÓJOPÒ NÍLẸ̀ NI ÒPIN NÍTA.
2. ERÙPẸ̀ PÚPÒ.
3. IFÁ Ó BÈRÈ NÍ SÌ ÍYÀMÍ ỌṢÓRONGA.
4. TI BA WÁ SÍWAJÙ SÍ AIYE.
5. WỌN WÍ TI BA FẸ́ GBỌ́ ÌRÓ ÀWỌN BÀBÁLÁWÒ,
6. NÍGBÀ ÍYÀMÍ ỌṢÓRONGA BA LỌ,
7. WỌN WÍ, WỌN LỌ SÍ AIYE.
8. ÀWỌN NPÈ, NÍGBÀNA, ÒRÚNMÌLÀ SIWAJÙ.

9. ÒLÓDÙMÁRÈ WÍ TI ÒRÚNMÍLÀ WÁ.
10. ÒRÚNMÍLÀ JADE LỌ (LỌ KURO).
11. NIBI NIBO ÒUN LỌ KURO, ÒUN NDÈ NI OGIRI OKUTA ORÍṢÀLÀ.
12. ÒUN BÀ ÍYÀMÍ LỌ́NÃ.
13. ÒRÚNMÍLÀ WÍ, NIBO WÁ YIN NJẸ́?
14. WỌN WÍ TI WÁ SÍ AIYE.
15. ÒUN WÍÍ, KINI TI WỌN WÁ NṢE?
16. WỌN WÍ, ÀWỌNTI KÍ IṢE ỌGAGUN YIN,
17. ÀWỌN YIO IJALOLÈ.
18. WỌN YIO GBÈ ÀWỌN OJOLO LÁTI ARA YIN.
19. WỌN YIO GBÉ AILÁGBARÀ LÁTI ARA YIN.
20. WỌN YIO LỌ ÀWỌN IFUN ẸNIA.
21. WỌN YIO JẸ ÀWỌN OJU ẸNIA.
22. WỌN YIO JẸ ẸDỌ ÀWỌN ẸNIA.
23. ẸNIA YIO MU ẸJẸ ÀWỌN ẸNIA.
24. WỌN KÒ YIO GBỌ̀ OHÙN ẸNIKẸNI.
25. ÒRÚNMÍLÀ WÍ AH! ÒUN WÍ TI ỌMỌ YIN WÀ NI AIYE.
26. WỌN WÍ, WỌN KÒ MỌ̀ ÀWỌN ỌMỌ ẸNIKAN,
27. NÍGBÀ WỌN BA WÍ, WỌN KÒ MỌ̀ ÀWỌN ỌMỌ ẸNIKAN,
28. ÒRÚNMÍLÀ WÍ, ỌMỌ YIN WÀ NI AIYE!
29. WỌN WÍ, Ẹ WÀ RERE PÚPỌ̀ NÍGBÀNI.
30. WỌN WÍ, ÒRÚNMÍLÀ SỌ ỌMỌ YIN,
31. TI WỌN BA NÍ ÈWÉ ỌGBỌ,
32. TI WỌN BA NÍ IGBÁ KAN,
33. TI WỌN BA NÍ SÀMI IRÚ ẸKUN ÒKÉTÉ,
34. TI WỌN BA NÍ ARA ẸKUN ÒKÉTÉ NÁÀ,

35. TI WỌN BA NÍ ẸYIN NI ADIẸ,
36. TI WỌN BA NÍ TITOBI AGBADO MỌ́RA PẸ̀LÚ EPÒ,
37. TI WỌN BA NÍ EPÒ PÚPÀ,
38. TI WỌN BA NÍ ṢẸLI KẸ́RÌN.
39. ÒRÚNMÍLÀ IRÁNLỌ OJIṢẸ KAN SÍ ÀWỌN ẸNIA RẸ̀.
40. ÒUN WÍ TIWỌN LÁTI TẸ̀LẸ́ GBOGBO WỌNNYÍ.
41. BẸ̀ẸBẸ̀Ẹ̀ ÍYÀMÍ NDÈ NI AIYE.
42. WỌN IBUWỌ KÍNÍ ORÍ OKÈ
43. NI IGI ỌPÁ ORÓGBÓ.
44. NÍGBÀ WỌN DÚRÒ SÓRÍ ỌPÁ ORÓGBÓ,
45. WỌN WÁ IRÉ RẸ̀.
46. WỌN MÁ RÍ Ì, WỌN JẸ́KÍ IBI YÍ.
47. WỌN NDÈ SÓRÍ GONGO OKÈ IGI ÀJÁNRÈRÉ.
48. NÍGBÀ WỌN NDÈ SÓRÍ OKÈ IGI ÀJÁNRÈRÉ,
49. WỌN MÁ NÍ IRÉ.
50. WỌN BA LỌ SÓRÍ BÒ MỌ́LẸ̀ LÓKÈ ÌRÓKÒ.
51. ẸRU ÀWỌN ỌMỌ IGI ÌRÓKÒ
52. KÍ ÌṢE TẸ̀RÚN SÍ WỌN.
53. WỌN BA LỌ SÓRÍ OKÈ IGI ÒRO,
54. WỌN MÁ NÍ IRÉ NIBẸ̀.
55. WỌN BA LỌ SÓRÍ OKÈ IGI ÒGUN BẸ̀RẸ̀KẸ̀,
56. WỌN MÁ NÍ IRÉ NIBẸ̀.
57. WỌN BA LỌ SÓRÍ OKÈ IGI ARERE,
58. WỌN MÁ PÈJỌ NIBI NIBO DÉ.
59. WỌN BA LỌ SÓRÍ OKÈ IGI KAN,
60. TI WỌN NPÈ ỌPÁ ỌPẸ ṢẸ́GIṢẸ́GI,
61. LÓDÒ AWÌNRÌNMÒGÚN,
62. NÍGBÀ WỌN NDÈ NIBẸ̀, WỌN DÚRÒ.
63. WỌN NDÉ SÓRÍ OKÈ RẸ̀ (NI ỌPÁ ỌPẸ ṢẸ́GIṢẸ́GI).
64. WỌN NKỌ́ ÀGBÀLÁ KAN.

65. WỌN WÍ, NIBẸ NÌ TI WỌN YIO DAPỌ̀.
66. WỌN IKÓJOPỌ̀ TOBI KAN ÌWỌN NI ILẸ̀,
67. NIBẸ NIBO GBOGBO ẸLẸIYẸ RẸ́MỌ̀.
68. NÍGBÀ WỌN WÀ DAPỌ̀,
69. NÍGBÀ WỌN BA DÈ NI AIYE,
70. WỌN GBÉ IKUN NFỌ LÁTI ỌMỌDÈ.
71. WỌN GBÉ ÀWỌN ÒJOJO LÁTI ỌMỌDÈ.
72. WỌN GBÉ ÀWỌN IFUN NI ẸNIA.
73. ẸNIA GBÉ ÀWỌN ẸDỌFORO ẸNIA.
74. WỌN MU ẸJẸ ÀWỌN ẸNIA.
75. WỌN JÌN ORÍ NI FỌ ÀWỌN ỌMỌ ẸNIKAN.
76. WỌN JÌN ÀÁRUN ÀWỌN ỌMỌ ẸNIKAN.
77. WỌN JÌN LAKUEGBE ÀWỌN ỌMỌ ẸNIKAN.
78. ẸNIA FÚN ORÍ NFỌ, ÌBÀ, IPỌNJU AGBẸ̀DÚ,
79. ÀWỌN ỌMỌ ẸNIKAN.
80. WỌN ṢE LỌ LOYUN,
81. NI APOLUKÚ TITANI WÁ ILOYUN.
82. WỌN GBÉ LÁTI LOJUDE NI OYUN,
83. TITANI KÍ ÌṢE LÁILÉSO.
84. WỌN MÁ JẸ́KÍ TI ỌBINRIN KAN Ó DÚRÒ LOYUN.
85. WỌNNIYẸN TI WÀ LOYUN,
86. WỌN MÁ JẸ̀KÍ FÀWÁ.
87. WỌN (ÀWỌN ẸNIA IMUNIBINI),
88. WỌN BA LỌ BÈRÈ ÀWỌN ỌMỌ NI ÒRÚNMÍLÀ.
89. WỌN WÍ, KI ÀWỌN ỌMỌ ÒRÚNMÍLÀ GBÁ À,
90. TI WỌN GBÁ WỌNNIYẸN TI BA WÀ LOYUN.
91. IFISÍLẸ̀ TI ÒRÚNMÍLÀ BA SỌ ỌMỌ YIN,
92. LÁTI BA TI ṢE WỌNNIYẸN ỌJỌ́, ỌMỌ YIN Ẹ ṢE O.
93. WỌN WÍ TI BI ÀWỌN ỌMỌ ÒRÚNMÍLÀ,

94. WỌN BA FẸ́ NPÈ WỌN,
95. WỌN WÍ LÁTI PÈ WỌN PẸ̀LÚ AHỌ̀N IBANUJẸ.
96. NÍGBÀ WỌN BA TI NÍ NṢE ẸBỌ,
97. TI ÀWỌN ỌMỌ ÒRÚNMÍLÀ YIO NÍ TI NPÈ,
98. WỌN GBÈSÈ GBÉ Ó SÓRÍ EBÈ KERE NI ILẸ̀.
99. WỌN YIO GBÈSÈ KỌRIN BẸ́Ẹ̀BẸ́Ẹ̀.
100. WỌN WÍ TI WỌN YIO GBÈSÈ KỌRIN PẸ̀LÚ AHỌ̀N IBANUJẸ.
101. WỌN WÍ, TI WỌN YIO DÁHÙN.
102. WỌN GBÈSÈ KỌRIN BẸ́ẸBẸ́Ẹ̀:
103. "ÌYÁ KEKERE, ẸYIN MỌ̀ AHỌ̀N MI.
104. ÍYÀMÍ ỌṢÓRONGA, ẸYIN MỌ̀ AHỌ̀N MI.
105. ÍYÀMÍ ỌṢÓRONGA, GBOGBO AHỌ̀N TI ÈMI SỌ,
106. ÈWÉ ỌGBỌ́ WÍ TI ẸYIN GBỌ́, O DAJU.
107. ÍYÀMÍ ỌṢÓRONGA, ẸYIN MỌ AHỌ̀N MI.
108. ÍYÀMÍ ỌṢÓRONGA, NI IGBÁ,
109. Ó WÍ TI ẸYIN GBÀ.
110. ÍYÀMÍ ỌṢÓRONGA, ẸYIN MỌ̀ LERA MI.
111. ÍYÀMÍ ỌṢÓRONGA, NI ỌRỌ TI ẸKUN ÒKÉTÉ WÍ LAIYE,
112. NI AIYE JẸ́ RÍ, Ó DAJU.
113. ÍYÀMÍ ỌṢÓRONGA, ẸYIN MỌ̀ AHỌ̀N MI.
114. ÍYÀMÍ ỌṢÓRONGA, GBOGBO OHUNJ TI ÈMI SỌ, YIO ṢE È.
115. ÍYÀMÍ ỌṢÓRONGA, ẸYIN MỌ̀ LERA MI.
116. WỌN BÈRÈ NKỌRIN.
117. NÍGBÀ ṢÉTÀN NKỌRIN,
118. GBOGBO ẸLẸIYẸ WỌN WÀ ORERE.
119. ÀWỌN ỌMỌ ÒRÚNMÍLÀ YIO ṢE FÚN WỌN,
120. (ÒRÚNMÍLÀ) WÍ TI BI WỌN ṢÀJỌ ÈWÉ TI ÒFIN,
121. ÒUN WÍ, TI BI WÀ JADE NI ORÍSÙN TI ÒFIN.

122. ÒUN WÍ, TI YIO TOJU LÁTI ẸNIA LOYUN,
123. Ó DÚRÒ LOYUN.
124. WỌNNIYẸN TI BA WÀ LOYUN,
125. WỌN YIO BOJUTO LÁTI TI JÌN IBIMỌ.
126. WON WÍ, TI WỌNNIYẸN TI BA WÀ ÒJOJO,
127. WỌN YIO ITỌJUM OUN YIO GBÉ RERE,
128. WỌN WÍ, TI O YIO ṢAWÒTÁN.
129. WỌN WÍ, TI WỌNNIYẸN TI BA NÍ ORÍ NFỌ,
130. WỌN YIO DÁDÙRO ÈWÉ TI ÒFIN.
131. BI ẸDỌ BA ṢE BURU ẸNIKAN,
132. WỌN YIO WÀ JADE, LÁTI ÒUN, NI ORÍSÙN KI ÒFIN.
133. BÁWÒ ÍYÀMÍ BA FÚN LÁGBARÀ ÀWỌN ỌMỌ ÒRÚNMÍLÀ WỌNNIYẸN ỌJỌ́,
134. GBOGBO OHUN TI WỌN BA ṢE, YIO ÒFIN;
135. ṢÙGBỌ́N WỌN YIO NPÈ WỌNNIYẸN ỌJỌ́ PẸ̀LÚ AHÒN IBANUJẸ,
136. LÓRIN APẸRẸ,
137. LÁTI ỌLỌ́RUN JẸ́KÍ ÀWỌN ẸNIA ṢÉTÀN
138. ÈYÍ RERE IPINNU.

Em português:

1. Grande amontoado de terra na extremidade de rua.
2. Muita poeira.
3. **Ifá** é consultado para as **Íyàmí Ọṣọ́ronga**,
4. que vieram do além para a Terra.
5. Elas dizem que querem escutar a voz do **Bàbáláwò**.
6. Quando as **Íyàmí Ọṣọ́ronga** vêm,
7. elas dizem, elas vêm para a Terra.
8. Elas chamam, então, **Òrúnmílà** no além.
9. **Òlódùmárè** diz que **Òrúnmílà** vem.

10. Ọrúnmílà partiu.
11. No lugar onde ele partiu, ele chegou no muro de pedra de Orixalá.
12. Ele encontra as Íyàmí no caminho.
13. Ọrúnmílà diz, aonde vão vocês?
14. Elas dizem que vão para a Terra.
15. Ele diz, o que é que vão fazer?
16. Elas dizem, que os que não serão seus partidários,
17. elas estragarão.
18. Elas trarão doenças para seus corpos.
19. Elas trarão a fraqueza para seus corpos.
20. Elas levarão os intestinos das pessoas.
21. Elas comerão os olhos das pessoas.
22. Elas comerão o fígado das pessoas.
23. Elas beberão o sangue das pessoas.
24. Elas não ouvirão a voz de ninguém.
25. Ọrúnmílà diz Ah! Ela diz que seus filhos estão na Terra.
26. Elas dizem, elas não conhecem os filhos de ninguém.
27. Quando elas disseram, elas não conhecem os filhos de ninguém,
28. Ọrúnmílà diz, seus filhos estão na Terra!
29. Elas dizem, muito bem então.
30. Elas dizem, Ọrúnmílà fala a seus filhos,
31. Que eles tenham a folha de Ọgbọ́,
32. que tenham uma cabaça.
33. que tenham a ponta do rabo de um rato Òkété,
34. que tenham o corpo do rato Òkété também,
35. que tenham ovos de galinha,
36. que tenham massa de milho misturada com óleo,
37. que tenham óleo,
38. que tenham quatro Shillings.
39. Ọrúnmílà envia um mensageiro à sua gente.

40. Ele lhes disse para preparar tudo aquilo.
41. Assim as Íyàmí chegam à Terra,
42. elas se empoleiraram primeiramente no topo de
43. uma árvore de Orógbó.
44. Quando elas ficam sobre o Orógbó,
45. elas procuram sua sorte.
46. Elas não a veem, elas deixam este lugar.
47. Elas chegam sobre o topo da árvore de Àjánrèré.
48. Quando elas chegam sobre a árvore Àjánrèré,
49. elas não têm sorte.
50. Elas vão sobre o topo de um Ìrókò.
51. A carga de frutos do Ìrókó
52. não é suficiente para elas.
53. Elas vão sobre a árvore de Òro,
54. elas não têm sorte lá.
55. Elas vão sobre uma árvore de Ògun Bèrèkè,
56. elas não têm sorte lá.
57. Elas vão sobre uma árvore de Arere (silêncio),
58. elas não encontram um lugar onde ficar.
59. Elas vão sobre o topo de uma árvore,
60. que elas chamam de Ọpẹ Ségisési,
61. no Rio Awìnrìnmògún.
62. Quando elas chegam lá, elas ficam.
63. Elas ficam sobre seu topo (da árvore de Ségisési).
64. Elas constroem um pátio.
65. Elas dizem, é lá que elas se reunirão.
66. Elas amontoam uma grande quantidade de terra.
67. lá onde todas as Donas de Pássaros se reúnem.
68. Quando elas estão reunidas,

69. quando elas chegaram na Terra,
70. elas trazem dor de barriga para as crianças.
71. Elas trazem doenças para as crianças.
72. Elas levam os intestinos das pessoas.
73. Elas levam os pulmões das pessoas.
74. Elas bebem o sangue das pessoas.
75. Elas dão dor de cabeça aos filhos de um outro,
76. Elas dão doenças aos filhos de um outro.
77. Elas dão reumatismo aos filhos de um outro.
78. Elas dão dor de cabeça, febre, dor de estômago,
79. aos filhos de um outro.
80. Elas fazem sair a gravidez,
81. do ventre de quem está prenha.
82. Elas levam para fora o feto,
83. de quem não é estéril.
84. Elas não deixam que uma mulher fique grávida.
85. Aquela que estiver grávida,
86. elas não deixam parir.
87. Eles (as pessoas perseguidas),
88. vêm suplicar aos filhos de Òrúnmílà.
89. Eles dizem, que os filhos de Òrúnmílà os ajudarão,
90. que eles ajudarão aquela que estiver grávida.
91. O sacrifício que Òrúnmílà disse a seus Filhos,
92. para fazerem naquele dia, seus filhos o fizeram.
93. Elas dizem que se os filhos de Òrúnmílà,
94. querem chamá-las,
95. elas dizem para chamá-las com voz triste.
96. Quando eles tiverem feito a oferenda.
97. que os filhos de Òrúnmílà terão já chamado,
98. eles deverão levá-la sobre seu montinho de terra.

99. Eles deverão cantar assim.
100. Elas dizem que eles deverão cantar com voz triste.
101. Elas dizem, que elas responderão.
102. Eles deverão cantar assim:
103. "Mãe pequena, vós conheceis minha voz.
104. ÍyàmíỌṣọ́ronga, vós conheceis a minha voz.
105. Íyàmí Ọṣọ́ronga, toda coisa que eu digo,
106. a folha Ọgbọ́ disse que vós compreendereis (Gbọ́), certamente.
107. Íyàmí Ọṣọ́ronga, vós conheceis a minha voz.
108. Íyàmí Ọṣọ́ronga, a cabaça (Igbá).
109. diz que vós pegais (Gbà).
110. Íyàmí Ọṣọ́ronga. vós conheceis a minha voz.
111. Íyàmí Ọṣọ́ronga, a palavra que o rato Òkété diz à terra,
112. a terra a compreende, certamente.
113. Íyàmí Ọṣọ́ronga, vós conheceis a minha voz.
114. Íyàmí Ọṣọ́ronga, toda coisa que eu disser, a fareis.
115. Íyàmí Ọṣọ́ronga, vós conheceis a minha voz".
116. Eles começam a cantar.
117. Quando acabaram de cantar,
118. todas as Donas de Pássaros estão silenciosas.
119. Os filhos de Òrúnmílà o farão para eles.
120. (Òrúnmílà) diz que se eles colhem a folha que age,
121. ele diz, que se desenterrem a raiz que age.
122. Eles dizem que cuidarão para que a pessoa grávida,
123. permaneça grávida.
124. Aquela que estiver grávida,
125. eles cuidarão para que dê a Luz.
126. Ele diz, que aquela que estiver doente,
127. eles cuidarão, ele ficará bom,

128. ele diz, que ele sarará.
129. Ele diz, que aquele que tiver dor de cabeça,
130. eles colherão a folha que age.
131. Se o fígado fizer mal a alguém,
132. eles desenterrarão, para ele, a raiz que age.
133. Como as Ìyàmí autorizaram os filhos de Òrúnmílà naquele dia,
134. todas as coisas que eles fizerem, agirão;
135. mas eles chamarão aquele dia com uma voz triste,
136. o canto indicado,
137. para que Ọlọ́run deixe as pessoas terminarem
138. esta boa incumbência.

06 - ẸSẸ ODÙ OGBÈ ÒSÁ

Em yorùbá:

1. OGBÈ ÒSA GOKÈ IGI.
2. OGBÈ ÒSA GUN NI ÀJALÉ.
3. IFÁ Ó BẸ̀RẸ̀ LÁTI GBOGBO ẸLẸIYẸ.
4. NÍGBÀ WỌN BA TI LỌ NIWAJU SÍ AIYE.
5. NÍGBÀ WỌN BA NDẸ̀ SÓRÍ AIYE,
6. WỌN WÍ TI WỌN BA FÉ NÍ IBUGBÉ KAN.
7. WỌN WÍ, IBUGKÉ KEJẸ̀ NÌ AROPODOGIRI KÉJẸ̀ LAIYE.
8. WỌN WÍ, ÈYÍ NÌ IBI KEJẸ̀,
9. NIBO YIO ṢE IBUGBÈ WỌN.
10. WỌN WÍ TI WỌN YIO NÍ IBUGBÉ KAN KÍNÍ.
11. WỌN WÍ, WỌN YIO DÚRÒ SÓRÍ IGI ÌWỌ́ (ORÓGBÓ);
12. TI ÀWA NPẸ̀ ORÓGBÓ.
13. WỌN WÍ, NÍGBÀ WỌN LỌ KURO SÓRÍ IGI ORÓGBÓ,

14. WỌN WÍ, WỌN YIO DÚRÒ SÓRÍ IGI ARÈRE,
15. WỌN WÍ, WỌN YIO DÚRÒ SÓRÍ IGI OṢÈ.
16. WỌN WÍ, NÍGBÀ WỌN BA JẸ́KÍ IGI OṢÈ,
17. WỌN WÍ, WỌN YIO DÚRÒ SÓRÍ IGI ÌRÓKÓ.
18. WỌN WÍ, NÍGBÀ WỌN BA JẸ́KÍ IGI ÌRÓKÓ,
19. WỌN WÍ, WỌN YIO LỌ SÓRÍ IGI IYÁ.
20. WỌN WÍ, NÍGBÀ WỌN BA JẸ́KÍ IGI IYÁ,
21. WỌN WÍ, WỌN YIO DÚRÒ SÓRÍ IGI ÀSÙRÌN.
22. WỌN WÍ, NÍGBÀ WỌN BA JẸ́KÍ IGI ÀSÙRÌN,
23. WỌN WÍ, WỌN YIO DÙRÓ SÓRÍ IGI ÒBÒBÒ,
24. Ó TI NÌ ÒGÁ ÀWỌN IGI OKO.
25. WỌN WÍ, ẸYIN NÍGBÀ ẸYIN GBÀMÚ YIN SÓRÍ ÀWỌN IGI KÉJÈ,
26. WỌN WÍ, KINI IṢẸ ẸYIN ṢE SÓRÍ OLÚKULÙKU IGI KAN?
27. ẸYIN WÍ, BI WỌN GÙN SÓRÍ IGI IWỌ́, (ORÓGBÓ),
28. BI WỌN GBÈRÒ NI ẸNIKAN,
29. ẸYIN WÍ, NI INUDIDUN RẸ, ẸYIN RÒ,
30. BI ẸYIN JÌNDÈ SÓRÍ IGI ÌWỌ́ (IGI ORÓGBÓ).
31. ẸYIN WÍ, ÒUN YIO DÚRÒ ÌGBÀ PUPỌ NI AIYE,
32. ÒUN YIO NÌ TÀRA (IDAJỌ́) SÓRÍ LAIYE.
33. ẸYIN WÍ, WỌNNYÍ A TI YIN NRÒ,
34. (NÍGBÀ WÀ) SÓRÍ IGI ARÈRE,
35. GBOGBO OHUN TI NI Ó GBỌLỌFẸ,
36. ẸYIN PARÚN ÙN,
37. ẸYIN WÍ, BI JÌNDÈ SÓKÉ IGI OṢÈ,
38. GBOGBO OHUN BA TI LỌ ITẸLỌ́RÙN,
39. ÈYÍ ẸNIA, ẸYIN YIO JÌN ÍN.
40. ẸYIN WÍ, BI GOKÈ SÓRÍ ÌRÓKÒ, ẸYIN YIO DURÒ

GBIRO.
41. ẸYIN YIO WÀ GBẸKẸLẸ LÒDÌ ẸNIKAN,
42. ẸYIN YIO FITINÁ ÀWỌN JÀMBÁ SÍ Ọ;
43. ẸYIN GBÀMÚ YIN GBỌNINGBỌNIN.
44. ẸYIN WÍ, BI JÌNDÈ SÓRÍ IGI IYÁ,
45. KÍAKÍA, ẸYIN YIO IRÁNLỌ ẸNIKAN,
46. LÁTI SIWAJU (ẸYIN YIO PA Ọ).
47. ẸYIN WÍ, BI JÌNDÈ SÓRÍ IGI ÀSÙRÌN,
48. GBOGBO OHUN TI YIN BA ṢE ẸYIN BA ṢE È.
49. BI ẸYIN BA FẸ́ ṢẸ LÁTI LAYỌ̀.
50. ẸYIN BA FẸ́ LÁTI IRỌRA.
51. BI ẸYIN BA FẸ́ ṢẸ LÁTI LAINUDIDUN,
52. ẸYIN BA ṢẸ LÁTI LAIRỌRA.
53. GBOGBO IṢẸ TI ẸYIN GBỌLỌFẸ NṢE
54. SÓKÈ IGI ÀSÙRÌN, ẸYIN MÚṢE È.
55. ẸYIN WÍ, TI BI BA JẸ́KÌ IGI ÀSÙRÌN,
56. ẸYIN YIO DÚRÒ SÓKE IGI ÒBÒBÒ.
57. ẸYIN WÍ, BI YIN BA JAGUN PẸ̀LÚ ẸNIKAN,
58. BI ÒUN BA TI LỌ BẸ́RẸ́ WA,
59. BI ẸYIN BA WÀ SÓRÍ IGI ÒBÒBÒ,
60. ẸYIN DARIJI I.
61. ẸYIN WÍ, BI IGI ÒBÒBÒ NÌ ỌGÁ ÀWỌN IGI OKO.
62. BI Ẹ NÌ JINNA IGI NIBO ẸYIN YIO BA ṢE,
63. ẸYIN GBARAJỌ LỌ́RUN,
64. ẸYIN WÍ NI IGI ÀSÙRÌN,
65. ÒUN NÌ GBARA YIN.
66. ẸYIN WÍ, BI YIN JÌNDÈ SÓKÈ IGI ÀSÙRÌN,
67. NIBẸ ẸYIN BA NÍ LAGBARA.
68. GBOGBO OHUN YIN BA TI FẸ́ NṢE FÚN ẸNIKAN,
69. ÀTI GBOGBO IRÉ YIN BA TI FẸ́ NṢE SI ẸNIKAN,

70. ẸYIN WÍ, BI ẸYIN JÌNDÈ SÓKÈ IGI ÀSÙRÌN,
71. ẸYIN WÍ, IGI YIN NÌ, MÁ JẸ́KÍ Ì.
72. ẸYIN WÍ, SÓRI GBOGBO OMIRAN IGI, ẸYIN BA LỌ,
73. ṢÙGBỌ́N SÓRÍ IGI ÀSÙRÌN,
74. ẸYIN YIO NṢE ỌGÁ ILÉ YIN.
75. NÍGBÀ ẸYIN BA ṢE ILÉ YIN
76. SÓKÈ IGI ÀSÙRÌN,
77. NÍGBÀ ẸYIN BA ṢE NIBẸ,
78. ẸYIN NIBI KỌRIN NÍGBÀBANA,
79. PẸ̀LÚ ỌRÚNMÍLÀ, TI Ẹ DÀ ORIN YIN.
80. "GBOGBO ỌLẸIYẸ JÌNDÈ SÓRÍ IGI
81. ÀSÙRÌN (TUNSỌ LẸ̀ẸKẸ́TÀ).
82. ỌRÚNMÍLÀ YIO NÍ NKỌRIN BẸ́ẸBẸ́Ẹ̀.
83. NÍGBÀ YIN KỌRIN BẸ́ẸBẸ́Ẹ̀,
84. BI BA TI FẸ́ JẸ́KÍ Ọ,
85. BI BA TI WÍ, TI ẸYIN LỌ NI OKUN,
86. BẸ́ẸBẸ́Ẹ̀ ẸYIN BA LỌ NI OKUN,
87. BI BA TI WÍ, TI ẸYIN LỌ NI ỌSA,
88. BẸ́ẸBẸ́Ẹ̀ ẸYIN BA LỌ NI ỌSA,
89. KÍAKÍA ẸYIN YIO LỌ NIBẸ.
90. BI ẸYIN BA WÍ TI YIN BA TI LỌ SÓRÍ GBOGBO LAIYE,
91. BI ẸYIN BA WÍ GANGAN, YIN BA TI LỌ SIWAJU,
92. KÍAKÍA ẸYIN YIO LỌ NIBẸ,
93. NÍGBÀ ẸYIN DÚRÒ SÓKÈ IGI ÀSÙRÌN.
94. IGI ÀSÙRÌN IBI NÌ NIGBANO,
95. ẸLẸIYẸ RÍGBÀ AGBARA YIN.
96. KÍ ÌṢE ẸNINKANKAN BA TI LẸ́ TẸ̀NUMỌ́ Ọ NIBẸ.

Em português:
1. Ogbẹ̀ Ọ̀sa sobe na árvore.

2. **Ogbẹ̀ Ọ̀sa** sobe no teto.
3. **Ifá** é consultado para todas as Donas de Pássaros,
4. quando elas vieram do além para a Terra.
5. Quando elas chegarem sobre a Terra,
6. elas dizem que elas queriam ter uma residência.
7. Elas dizem, sete residências são os sete pilares da Terra.
8. Elas dizem, estes sete são os lugares,
9. onde farão suas residências.
10. Elas dizem que elas terão uma primeira residência.
11. Elas dizem, elas ficarão sobre a árvore de **Ìwọ́**;
12. que nós chamamos de **Orógbó**.
13. Elas dizem, quando elas partirem de cima do **Orógbó**,
14. elas dizem, elas ficarão sobe a árvore **Arère**,
15. elas dizem, elas ficarão sobre a árvore **Oṣè**.
16. Elas dizem, quando elas deixarem a **Oṣè**,
17. elas dizem, elas ficarão sobre a árvore **Ìrókò**.
18. Elas dizem, quando elas deixarem o **Ìrókò**,
19. elas dizem, elas irão sobre a árvore **Iyá**.
20. Elas dizem, quando elas deixarem a **Iyá**,
21. elas dizem, elas ficarão sobre a árvore **Àsùrìn**.
22. Elas dizem, quando elas deixarem a **Àsùrìn**,
23. elas dizem, elas ficarão sobre a árvore **Òbòbò**,
24. que é o chefe das árvores dos campos.
25. Elas dizem, quando vós agarrardes sobre as sete árvores,
26. elas dizem, que um trabalho fazeis e sobre cada uma das árvores?
27. Vós dizeis, se elas sobem sobre a árvore **Ìwọ́** (**Orógbó**),
28. se elas pensam em alguém,
29. vós dizeis, à sua felicidade, vós pensais,
30. se vós subis sobre o **Ìwọ́** (**Orógbó**).
31. Vós dizeis, ele ficará muito tempo na Terra,

32. ele será direito (justo) sobre a Terra.
33. Vós dizeis, aquele em que pensais,
34. (quando estiverdes) sobre o **Arère**,
35. Todas as coisas que a ele agradem,
36. vós a destruireis.
37. Vós dizeis, se subis sobre a árvore **Oṣè**,
38. todas as coisas que forem do agrado,
39. desta pessoa, vós a dareis.
40. Vós dizeis, se subis sobre o **Ìrókò**, vós ficareis meditando.
41. Vós sereis duro contra alguém,
42. vós provocareis acidentes para ele;
43. vós o agarrareis firmemente.
44. Vós dizeis, se subis sobre a **Iyá**,
45. rapidamente, vós mandareis alguém
46. para o além (vós o matareis).
47. Vós dizeis, se subis sobre a árvore **Àsùrìn**,
48. toda coisa que queiram fazer, a fareis.
49. Se vós quiserdes trabalhar para a felicidade,
50. vós trabalhareis para a felicidade.
51. Se vós quiserdes trabalhar para a infelicidade,
52. vós trabalhareis para a infelicidade.
53. Todo trabalho que vos agradar fazer
54. sobre a **Àsùrìn**, vós o realizareis.
55. Vós dizeis, que se deixardes a árvore **Àsùrìn**,
56. vós ficareis sobre a árvore **Òbòbò**.
57. Vós dizeis, se vós brigais com alguém,
58. se ele vem vos suplicar,
59. se vós estiverdes sobre a árvore **Òbòbò**,
60. vós o perdoareis.

61. Vós dizeis, se o Òbòbò é o chefe das árvores dos campos.
62. Se é a última árvore onde vós fareis,
63. vossa assembleia do mundo,
64. vós dizeis à árvore Àsùrìn,
65. ele é vosso poder.
66. Vós dizeis, se vós subirdes sobre a árvore Àsùrìn,
67. lá vós tereis o poder.
68. Toda coisa que vós quiserdes fazer para alguém,
69. e todo o bem que vós quiserdes fazer a alguém,
70. vós dizeis, se vós subirdes sobre árvore Àsùrìn,
71. vós dizeis, é vossa árvore, não a deixarão.
72. Vós dizeis, sobre todas as outras árvores, vós chegastes,
73. mas sobre a árvore Àsùrìn,
74. vós fareis vossa principal casa.
75. Quando fizerdes vossa casa
76. sobre a árvore Àsùrìn,
77. quando vós chegardes lá,
78. vós aí cantareis então,
79. como Ọ̀rúnmìlà, que criou esta canção.
80. "Todas as Donas de Pássaros sobem sobre a árvore
81. Àsùrìn" (repetir três vezes).
82. Vós tereis cantado assim.
83. Quando vós cantastes assim,
84. se quiserdes deixá-lo,
85. se disserdes, que ireis ao mar,
86. assim vós ireis ao mar,
87. se disserdes, que ireis à lagoa,
88. assim vós ireis à lagoa,
89. rapidamente vós chegareis lá.
90. Se disserdes que ireis sobre a terra,

91. se disserdes mesmo, vós ireis ao além,
92. rapidamente vós chegareis lá,
93. quando ficais sobre a Àsùrìn.
94. A árvore Àsùrìn é o lugar onde,
95. as Donas de Pássaros obtêm seu poder.
96. Não é qualquer um que pode matar-se lá.

07 - ẸSẸ ODÙ ỌSÁ MÉJÌ

Em yorùbá:
1. ỌSÁ MÉJÌ LỌLÁ.
2. KÍGBÈ AGBARA
3. OKIKI AJIJA NDE SIWAJU.
4. IFÁ Ó BÈRÈ FÚN ODÙ.
5. NI ỌJỌ TI ÒUN WÁ NIWAJU SÍ AIYE.
6. IFÁ Ó BÈRÈ FÚN ỌBARIṢA,
7. NI ỌJỌ TI ÒUN WÁ NIWAJU SÍ AIYE.
8. IFÁ Ó BÈRÈ FÚN ÒGÚN,
9. NI ỌJỌ TI ÒUN WÁ NIWAJU SÍ AIYE.
10. ÈYÍ ẸTÀ NDÈ NIBI.
11. ODÙ KIKI ỌBINRIN NÌ ÀÁRIN WỌN.
12. ODÙ WÍ, ÌWỌ ÒLÓDÙMÁRÈ.
13. ÒUN WÍ, WỌN YIO LỌ BẸ̀ẸBẸ́Ẹ SÍ AIYE.
14. ÒUN WÍ, NÍGBÀ WỌN BA TI NÍ NDÈ NIBẸ, NÍGBÀNA KINI?
15. ÒLÓDÙMÁRÈ WÍ, WỌN YIO LỌ SÍ AIYE,
16. AIYE YIO WÀ RERE.
17. ÒUN WÍ, GBOGBO OHUN TI WỌN BA FẸ́ ṢE,
18. NÍGBÀNA, ÒUN WÍ, ÒUN YIO JÌN TIYIN LAGBARA,

19. NÍGBANA ÈYÍ YIO WÀ RERE.
20. ÒGÚN LỌ NI IWAJU TIWỌN.
21. NÌGBÁ ÒGÚN LỌ NI IWAJU TIWỌN ỌBARIṢA TẸ̀LẸ́.
22. NÍGBÀ ỌBARIṢA TẸ̀LẸ́ ODÙ TỌ̀LẸ́HÌN,
23. NÍGBÀ ODÙ TẸ̀LẸ́ ẸYIN, ÒUN ITÙNDÈ.
24. ÒUN WÍ, ÌWỌ ÒLÓDÙMÁRÈ.
25. ÒUN WÍ, NI AIYE NIBO WỌN YIO LỌ BẸ́Ẹ̀BẸ́Ẹ̀.
26. ÒUN WÍ, ÒGÚN,
27. ÒUN WÍ, ÒUN NÍ LAGBARA ÀWỌN DODUJAKỌ,
28. ÒUN WÍ, ÒUN NÍ IDÀ,
29. ÒUN NÍ IBỌ́N,
30. ÒUN WÍ, ÒUN NÍ GBOGBO OHUN LÁTI SE ADELỌ̀NA.
31. ÒUN WÍ, ỌBARIṢA,
32. ÒUN WÍ, ÒUN NÁÀ NÍ LAGBARA.
33. ÒUN WÍ, PẸ̀LÚ LAGBARA TI Ó NÍ,
34. ÒUN ṢE GBOGBO OHUN TI Ó FẸ́,
35. ÒUN WÍ, ÒUN NÌ ỌBINRIN ÀÁRIN WỌN, ÒUN ODÙ NÌ.
36. ÒUN WÍ, KINI LAGBARA TÓUN NÌ?
37. ÒLÓDÙMÁRÈ WÍ, ÌWỌ YIO WÀ NPÈ, LÁTI NÍGBÀ GBOGBO, "ÌYÁ WỌN".
38. ÒUN WÍ, NITORI KINI NÍGBÀ ẸYIN JADE LỌ, GBOGBO ẸTÀ,
39. ÒUN WÍ, ÌWỌ, NIKAN ỌBINRIN BA PADÀ.
40. ÒUN WÍ, NI ÌWỌ, ÈYÍ ỌBINRIN, NFÚN NÌ LAGBARA,
41. TI ṢE TÓUN NI "ÌYÁ WỌN".
42. ÒUN WÍ, ÌWỌ, ÌWỌ YIO IRÀNLỌ́WỌ́ NI AIYE.
43. ÒLÓDÙMÁRÈ FÚN TIRẸ LAGBARA.
44. NÍGBÀ ÒUN FÚN TIRẸ LAGBARA,
45. ÒUN FÚN TIRẸ LAGBARA NI ẸIYẸ,
46. ÒUN GBÉ TIRẸ LAGBARA NI ẸLẸIYẸ.

47. NÍGBÀ ÒUN GBÉ TIRẸ LAGBARA NI ẸLẸIYẸ,
48. ÒLÓDÙMÁRÈ WÍ, Ẹ WÀ RERE O.
49. ÒUN WÍ, IGBÁ YÍ NI ẸLẸIYẸ TI Ó GBÉ TIRẸ,
50. ÒUN WÍ, YIO MỌ̀, ÒUN, FÍ RẸ SÓRÍ AIYE BI?
51. ÒUN WÍ, TI Ó BA MỌ̀ FÍ RẸ SÓRÍ AIYE.
52. ODÙ WÍ, ÒUN YIO MỌ̀ ỌN.
53. ÒUN GBÀ ẸIYẸ NÍ ÒLÓDÙMÁRÈ.
54. ÒUN GBÀ, NÍGBÀNA, LAGBARA TI Ó YIO FÍ PẸ̀LÚ Ọ.
55. ÒUN JADE LỌ.
56. ÒUN WÀ ÀMI OJÚ NI JADE LỌ.
57. ÒLÓDÙMÁRÈ PÈ Ẹ LÁTI TI Ó PADÀ TITUN.
58. ÒUN WÍ, Ẹ WÀ RERE O.
59. ÒUN WÍ, ITÙNDÈ.
60. ÒUN WÍ, ÌWỌ ODÙ.
61. ÒUN WÍ, YÍPADÀ.
62. ÒUN WÍ, NÍGBÀ ÒUN BA DÈ SÓRÍ LAIYE,
63. ÒUN WÍ, BÁWÒ ÌWỌ BA LỌ WÚLÒ ÀWỌN ẸIYẸ,
64. ÀTI ÀWỌN GBARA TI Ó JÌN TIRẸ?
65. ÒUN WÍ, BÁWÒ ÒUN BA LỌ WÚLÒ Ó?
66. ODÙ WÍ, GBOGBO ẸNIA TI KÒ NÍ NGBỌ́ O,
67. ÒUN WÍ, ÒUN IDELỌ̀NA WỌN.
68. ÒUN WÍ, WỌNNIYẸN BA TI KÒ NÍ NLỌ
69. BÈRÈ TIWỌN ENI APEJUWE,
70. (WỌNNIYẸN) BA TI NÍ SE Ẹ́,
71. BA TI KÒ GBỌ́ GBOGBO OHUN TI Ó WÍ FÚN WỌN,
72. ÒUN WÍ, WỌN DOJUJAKỌ TIWỌN.
73. ÒUN WÍ, WỌNNYÍ TI BI WÍNRÌN TIRẸ,
74. LÁTI RÈRÈ TIRẸ LÁTI LÓWÓ,
75. ÒUN WÍ, ÒUN JÌN TIRẸ.

76. ÒUN WÍ, WỌNNYÍ TI BÈRÈ TIRẸ LÁTI LOYUN,
77. ÒUN WÍ, TI Ó YIO JẸ̀WỌ́ TIRẸ.
78. ÒUN WÍ, BI Ó BA TI NÍ NJÌN NI ẸNIKAN, OWÓ,
79. BI ÒUN BI YỌJU, NITẸ̀LẸ́, ABẸBẸLUBẸ PẸ̀LÚ Ọ,
80. ÒUN WÍ, TI YIO GBÀTÚN ÙN.
81. ÒUN WÍ, BI BA TI NI NJÍN ẸNIKAN ỌMỌ,
82. BI ÒUN, NITẸ̀LẸ́, BI FARAHÀN YÁJÚ PẸ̀LÚ O,
83. ÒUN WÍ, TI YIO GBÀTÚN ÙN.
84. ÒUN WÍ, GBOGBO OHUN TI Ó ṢE LÁTI WỌNNYÍ KA,
85. BI ÒUN BI YỌ́JÚ, NITẸ̀LẸ́, IKANRA PẸ̀LÚ O,
86. ÒUN WÍ TI Ó GBÀTÚN ÙN.
87. ÒLÓDÙMÁRÈ WÍ, Ẹ WÀ RERE O.
88. ÒUN WÍ, KÍ ÌṢE BURU.
89. ÒUN WÍ, LÉRÈ PẸ̀LÚ DAKẸJẸ AGBARA TI ÈMI YIO BA FÚN.
90. BI ÒUN WÚLÒ Ó PẸ̀LÚ IPAṢE, ÒUN YIO GBÀTÚN ÙN,
91. ÀTI GBOGBO ỌKUNRIN YIO SARELE TIRẸ,
92. ÈMI BA ṢE TIWỌ NI ÌYÁ WỌN.
93. GBOGBO OHUN TI JARE TIWỌN NṢE,
94. OHUN NÌ TI WỌN YIO GBÈSÈ KEDE NI ÌWỌ ODÙ.
95. LẸ́HIN WỌNNYÍ ATIJỌ́, ÒLÓDÙMÁRÈ, Ó JÌN LAGBARA LỌBINRIN,
96. NITORI KINI WỌNNYÍ TI GBÀ, NÍGBÀNA, LAGBARA, BI BA PÈ ODÙ.
97. ÒUN YIO JÌN LAGBARA ÀWỌN ỌBINRIN TI BA WÍ
98. GBOGBO OHUN TI JARE TIWỌN.
99. ỌKUNRUN YIO BA LÈ ṢE, NIKAN, KÒSÍ NKAN OHUN
100. NI KÒ SÍ LỌBINRIN.
101. ODÙ NDÈ NI AIYE.
102. NÍGBÀ WỌN NDÈ JUMỌ LAIYE,

103. GBOGBO IGBÓ KI WỌN RÍ,
104. WỌN BA PỆ NI IGBÓ ẼGUN, LỌBINRIN DÉ TIWỌN.
105. NI TÍ WỌN PÈ NI IGBÓ ORÒ, LỌBINRIN DÉ TÓUN.
106. KÓ SÍ NKAN IDINA, WỌNNYÍ ỌTỆ,
107. LỌBINRIN GBỌ́DỌ̀ PÉ NI ÈYÍTI IGBÓ.
108. TÀBÍ TI ÈYÍTI ỌBINRIN BA KÒ GBỌ́DỌ̀
109. NDÈ NI ÈYÍTI ÀGBÀLÁ.
110. BI WỌN BA FỆ MBỌ̀ ẼGUN,
111. BI WỌN BA FỆ MBỌ̀ ORÒ,
112. BI WỌN BA FỆ MBỌ̀ ÈYÍTI ÒRÌṢÀ,
113. LỌBINRIN BA MBỌ̀ WỌN, WỌNNYÍ ATIJỌ́.
114. NÍGBÀ WỌN BA ṢE BỆ̀ỆBỆ́Ệ NI ISIN.
115. AH! LÀGBÀ ASỌLÈKÈ, ÒUN SỌKALỆ̀ NI ÀJÁLÙ.
116. IFÁ Ó BÈRÈ FÚN ODÚ,
117. NÍGBÀ ODÙ NDÈ SÓRÍ AIYE.
118. HEIN! WỌN WÍ, IWỌ ODÙ,
119. WỌN WÍ, ÒUN GBÈSÈ ÒFIN PỆLÚ IDAKỆ,
120. TI ÒUN BA NÍ ONISURU,
121. TI ÒUN MÁ IJỆWỌ́ AFOJUDI.
122. ODÙ WÍ, NITORI PE?
123. WỌN WÍ, NITORI KINI LAGBARA TI ÒLÓDÚMÁRÈ JÌN TIRỆ,
124. WỌN WÍ, LÁTI TI ÀWỌN ỆNIA KÓ MỌ̀ NI IDI.
125. ODÙ WÍ, AH! AI, AI, AI!
126. ÒUN WÍ, KÒ SÍ NKANKAN.
127. ÒUN WÍ, WỌN KÒ IJỆWÓ LÁGBARA NIMỌ̀ DADI.
128. ÒUN WÍ, NIKAN ÒUN BA LỌ TI ÒLÓDÚMÁRÈ,
129. RÍGBÀ LAGBARA, KỌ́ LỌDỌ OMÍRÀN,
130. TIABA LỌ LAIYE PỆLÚ Ọ,

131. KÍ ÌŞE, ÌWA KÒ SÍ NKAN, LỌDỌ TIWỌN.
132. NÍGBÀ WỌN BA WÍ BẸ̀Ẹ̀BẸ̀Ẹ̀ NI ODÙ.
133. WỌN BA WÍ TI ÒUN BA RÙ ẸBỌ.
134. ODÙ WÍ, NI ÌWA KÒ SÍ NKAN!
135. ÒUN WÍ, TI ÒUN KÒ TIO ŞE ẸBỌ.
136. ẸBỌ LÁTI ỌBINRIN RÍGBÀ AGBARA TI ÒLÓDÙMÁRÈ,
137. Ẹ ŞE O.
138. ŞÙGBỌ́N ÒUN KỌ̀ GBỌ́DÓ ITẸ̀LỌ́RÙN ASỌDUN.
139. ÒUN NÌ LÁGBARA WÚLỌ̀ ÈYÍ OHUN, LÁTIGBÀ AKOKO PÚPỌ̀.
140. ÀWỌN ẸNIA KÒ LÈ BÀJẸ́ KIL'Ó NÍ LỌ́WỌ́.
141. ÀWỌN ẸNIA KỌ̀ LÈ MỌ̀ LIWA GBARA RẸ.
142. ÒUN KỌ̀ YIO ẸBỌ.
143. ÒUN JADE LỌ.
144. ÒUN TANJẸ (AŞỌ WIWUN NI) ẼGUN LOJUDE.
145. ÒUN TANJẸ ORÒ LOKUDE.
146. GBOGBO OHUN; KÒ SÍ OHUN TI ÒUN MÁŞE,
147. WỌNNUÍ ỌTẸ̀.
148. ỌBARIŞA Ẹ WÁ, ÒUN WÍ HUM!
149. WỌNNYÍ NÌ TIYÍ ÒLÓDÚMÁRÈ GBẸ́KẸ̀LÉ LAIYE.
150. ÈYÍ ỌBINRIN TÀGUN LO RÍGBÀ LAIYE,
151. ÀTI Ẹ́HINKUNLẸ̀ (IBI ISIN) NI ẼGUN,
152. ÀTI Ẹ́HINKUNLẸ̀ NI ORÒ,
153. ÀTI Ẹ́HINKUNLẸ̀ GBOGBO LÓRÌŞÀ.
154. (ÒUN) KÒ GBỌ́DỌ̀ NDÉ NI KÒSINKAN.
155. AH! ÈYÍ ỌBINRIN LỌ RÍGBÀ LAIYE.
156. ỌBARIŞA LO IBÈRÈ (ENI) BÀBÁLÁWÒ.
157. BÀBÁLÁWÒ TI Ó LỌ IBÈRÈ,
158. ỌRÚNMÍLÀ NÌ TI Ó NBÈRÈ NÌ PẸ̀LÚ Ẹ,
159. WỌNNYÍ ỌJỌ.

160. ÒRÚNMÍLÀ, GBAKỌ ÒUN, BA LỌ NBÈRÈ.
161. ÒUN WÍ, TI ÒRÚNMÍLÀ YẸ̀WÒ, TANI IRÉ?
162. NI OJIṢẸ PẸ̀LÚ ṢERERE.
163. "BA TI NÍ ÒUN LAIYE NI ỌWỌ́ WỌN?"
164. ÒUN JÌN OJIṢẸ PẸ̀LÚ ṢERERE.
165. ẸNIKAN LÈ RÍGBA LAIYE NI ỌWỌ́ WỌN.
166. LAIYE KÍ ÌṢE IWÀKUWÀ.
167. BÁWÒ BA WÀ ÒUN LÁGBARA NÌ IBORI ỌTA BI?
168. ÒUN BÈRÈ IFÁ.
169. WỌN WÍ TI ÒRÌṢÀ GBÈSÈ RÙ ẸBỌ.
170. WỌN WÍ TI NÍGBÀNA, ÒUN GBÈSÈ ONISURU.
171. ÒRÚNMÍLÀ ṢÀYÀN ẸBỌ NI IGBIM, WỌNNYÍ ỌTẸ̀.
172. ÒUN ṢÀYÀN ABILA KAN.
173. ÒUN ṢÀYÀN ṢILẸ ÉJÒ.
174. ÒRÌṢÀ RÙ ẸBỌ.
175. NÍGBÀ ÒRÌṢÀ BA ṢE ẸBỌ.
176. ÒRÚNMÍLÀ IBÈRÈ IFÁ FÚN ÒRÌṢÀ.
177. ÒUN WÍ, ÈYÍ AIYE BI YIO PADÀ TIRẸ,
178. ÒUN WÍ, ṢÙGBỌ́N IGBẸ̀SẸ̀ MNÍ ONISURU.
179. ÒUN WÍ, BI ÒUN NÍ ALAISÀN,
180. ÒUN WÍ, NI BỌ̀ BI PADÀ TIRẸ.
181. ÒUN WÍ, WỌNNYÍ TI BÁ LAGBARA LỌBINRIN,
182. ÒUN WÍ, ÒUN LỌ ABÙMỌ́.
183. NÍGBÀ ÒUN BA TI NÍ SASỌDUN,
184. ÒUN WÍ, ÒUN BI YIO PADÀ ẸRÚ TIRẸ, ÒRÌṢÀ,
185. ÒUN IYO LỌ TẸRIBA Á ÌWỌ.
186. ÒRÌṢÀ GBEDẸ̀, YIO NÍ ONISURU.
187. GBOGBO ÀṢÀ, ÒÓRE, BURUKU,
188. TI ODÙ YỌJÚDÈ NI AIYE,

189. PẸ̀LÚ AGBARA TI ÒLÓDÚMÁRÈ JÌN TIRẸ.
190. BI ÒUN WÍ NI ẸNIKAN LÁTI KÒ RÍ OJU RẸ,
191. BI ÒUN RÍ LOJU, ÒUN PADÀ Á FỌ́JÚ.
192. BI ÒUN WÍ TI NI WÒ ẸNIKAN BURU NÌ SÓRÍ Ọ,
193. BI ÒUN WÍ, TI Ó YIO NÍ ORÍ NFỌ,
194. ÒUN NÍ ORÍ NFỌ.
195. BI ÒUN WÍ, TI Ó YIO IPỌNJU APOLUKÚ,
196. ÒUN NÍ IPỌNJU APOLUKÚ.
197. GBOGBO OHUN TI ODÙ BA WÍ, WỌNNYÍ ATIJỌ́, BI AṢEPÉ.
198. NÍGBÀ NDÈ ỌTẸ̀, ODÙ WÍ, ÌWỌ ÒRÌṢÀ,
199. ÒUN WÍ, NÍGBÀ WỌN BA DÈ JUMỌ NI AIYE,
200. ÒUN WÍ, TI Ó ÀTI Ọ YIO LỌ NI ENI ÀMÁ IBI.
201. ÒUN WÍ, BI ÀWA WÀ NI GADAMU IBI,
202. ÒUN WÍ, GBOGBO OHUN TI Ó BA FẸ́ NṢE,
203. ÒUN WÍ, ÒUN YIO NÍ ALABAPADE JẸ́KÍ TIRẸ,
204. ÌWỌ ÒRÌṢÀ, O YIO RÍ GBOGBO OHUN TI Ó BA ṢE.
205. ÒUN WÍ, NITORI KINI PẸ̀LÚ Ọ,
206. ÀTI ÒGÚN, WỌN BA DÈ JUMỌ NIWAJU.
207. ÒUN WÍ, ṢÙGBỌ̀N WỌN BA ṢÀYÀN ÒGÚN LÁTI ṢE JAGUN.
208. WỌNNYÍ TI BA FẸ́ ṢE TIWỌN NI IJA,
209. ÒGÚN BA WÀ IBORI ỌTA.
210. ODÙ PẸ̀LÚ ÒRÌṢÀ WỌN GBÈSÈ NGBÉ NI ENI GADAMU IBI.
211. NIBI NIBO WỌN BA DÈ JUMỌ,
212. WỌN IBUGBÉ NI GANGAN IBI.
213. IGBIM TI ÒRÌṢÀ RÙ ẸBỌ,
214. ÒRÌṢÀ GBÀ Á, ÒUN BỌ ORÍ RẸ PẸ̀LÚ Ọ.
215. ÒRÌṢÀ BỌ ORÍ RẸ PẸ̀LÚ IGBIN,

216. NIBI NIBO ÒUN GBÉ.
217. NÍGBÀ ÒRÌṢÀ ṢÉTÀN IBỌ̀,
218. ÒUN BA MU NÍGBÀNA, OMI (PAMỌRA KAWARUN) NI IGBIN.
219. NÍGBÀ ÒUN MU OMI IGBIN,
220. ÒUN WÍ, ÌWỌ ODÙ, FẸ́ NÁÀ MU BI?
221. ODÙ WÍ, ÈYÍ MÁ ṢE AISI.
222. ODÙ GBÀ OMI IGBIN LÁTI BIMU.
223. NÍGBÀ ODÙ BA BIMU OMI IGBIN,
224. NI IKUM (IWÀ INÚ) NI ODÙ IDÁKẸ̀ Ẹ́.
225. NIBI NI TI ÈFẸ RẸ IDÁKẸ̀ Ẹ́,
226. ÒUN WÍ, AH! ÒUN WÍ, ÌWỌ ÒRÌṢÀ,
227. ÒUN WÍ, ÒUN BA MÒ ỌPÓN TIRẸ,
228. OHUNKAN DADA LÁTI JẸ.
229. ÒUN WÍ, OMI IGBIN PÒN NÌ,
230. IGBIN NÁÀ FANIMORA NÌ NJẸ́?
231. NÍGBÀ ÒUN ṢÉTÀN NI JẸ,
232. ÒUN WÍ, ÈYÍ NÌ RERE.
233. WỌN KÒ BA JÌN TIRẸ BẸ̀ẸKO LÁI ÈYÍNA ERÈ.
234. LÁTI JẸ PẸ̀LÚ IGBIN.
235. ÒUN WÍ, IGBIN NÌ KINI WỌN BA GBÈSÈ FÚN TIRẸ TI JẸ.
236. ÒUN WÍ, IGBIN, GẸGẸ, TI ÌWỌ ÒRÌṢÀ, JẸ.
237. ÒUN WÍ, WỌN BA GBÈSÈ JÌN TIRẸ.
238. ÒRÌṢÀ WÍ, TI BA JÌN ÀWỌN IGBIN.
239. ÒUN WÍ, ṢÙGBỌ́N AGBARA RẸ, TI ÌWỌ KÒ BA YỌJU MI,
240. ÒUN WÍ, ỌKANṢOṢO OHUN TI NIBANUJẸ MI.
241. ÒUN WÍ, GBOGBO OHUN, GBOGBO OMIRAN OHUNTI ÌWỌ NÍ,

242. ÒUN NÍ, ÌWO GBỌ́DỌ̀ YỌJU WỌN, ÌWỌ ODÙ,
243. ÒRÌṢÀ BA ṢO Bẹ́ẹBẹ́ẹ̀.
244. NÍGBÀ ÒRÌṢÀ BA SỌ Bẹ́ẹBẹ́ẹ̀,
245. ODÙ WÍ, NÍGBÀ ÒUN BA LỌ DÚRÒ PẸ̀LÚ O NI EMI KIKI IBI,
246. ÒUN WI, GBOGBO OHUN TÍ Ó ṢE,
247. ÒUN KÒ BA TIRẸ KÓ SÍ NKAN.
248. ÒUN WI, GBOGBO OHUN TI Ó ṢE,
249. ÒU KÒ BA KÒ SÍ NKAN.
250. ÒUN WI, ÒUN LÈ RÍ GBOGBO IṢẸ TIWỌN
251. ÀTI GBOGBO ÀṢÀ TIWỌN.
252. ÒUN WI, ÒUN IBUGBÉ PẸ̀LÚ Ọ NI ENI KIKI IBI.
253. OBARIṢA WÍ, KÍ ÌṢẸ BURU.
254. NÍGBÀ ÒRÌṢÀ BA WÍ KÍ ÌṢE BURU, WỌN WÀ JUMỌ.
255. ÀWỌN WÀ JUMỌ, WỌN FẸ́ MBỌ̀ EGUN.
256. ODÙ WÁ ÀWỌN OHUN PẸ̀LÚ ÈYÍTI ÒUN BỌ̀ EGUN,
257. ÒUN MÚ ÙN LÁTI Ẹ́HINKUNLẸ̀ NI ẼGUN.
258. ÒUN WÍ, TI ỌBARIṢA SARELÉ È.
259. AH! ỌBARIṢA, WÍ, TI ÒUN WÀ YÀLẸ́NU.
260. ÒUN WÍ, TI Ó DUROPẸ Ẹ́.
261. ỌBARIṢA SARELÉ È.
262. NÍGBÀ ỌBARIṢA SARELÉ (ÀTI) DÉ NI IGBÓ ẼGUN.
263. WỌN BỌ̀ ẼGUN.
264. NÍGBÀ WỌN BỌ̀ ẼGUN,
265. ODÙ BỌ Ó PẸ̀LÚ AṢỌ WIWUN ẼGUN.
266. ṢÙGBỌ́N ÒUN KÒ MỌ̀ NṢE IRÚKÈRÚDÒ NI AHỌ̀N ẼGUN,
267. BÁWÒ BI ṢE NI AHỌ̀N ẼGUN, ODÙ KÒ MỌ̀.
268. ÒUN MỌ̀, PÈSÈ, BỌ Ó PẸ̀LÚ AṢỌ WIWUN,
269. ÒUN MỌ̀ NṢE ÀWỌN GBADÚRÀ PÈSÈ; BÁWÒ ÀWỌN

ẸNIA.
270. ṢÙGBỌ́N ÀWỌN KÒ MỌ̀ BÁWÒ BI SỌ PẸ̀LÚ AHỌ̀N ÀWỌN ẸNIA NIWAJU.
271. NÍGBÀ WỌN BỌ̀ Ẽ̄GUN,
272. ODÙ GBÀ AṢỌ WIWUN, ÒUN BI BÒ.
273. ÒUN SE ÀWỌN DIBO FÚN ẸNIA TI MÚ ONJẸ.
274. NÍGBÀ ÒUN PARI ÀWỌN YÍYÀN, ÒUN BA JADE.
275. NÍGBÀ ÒUN JADE LỌ, ÒUN ÀTI ỌBARIṢA,
276. BA DÉ AGOGO TIWỌN BA LỌ SÍLÉ.
277. ỌBARIṢA BA LỌ NIBI NIBO WÀ AṢỌ WIWUN.
278. ASO WIWUN NI Ẽ̄GUM KÒ NÍ IBỌ̀PỌ̀ LOJU.
279. ỌBARIṢA DÀGBÀ NI DẸGUN.
280. NI PANPẸ PẸ̀LÚ Ẽ̄GUM BA LÈ RÍ,
281. LAISI TI ẸNIKẸNI BA LÈ RÍ Ì.
282. Ẽ̄GUN BA NÍ ENI AṢỌ WIWUN WỌPỌ, WỌNNYÍ AKOKO.
283. NÍGBÀ ÀWỌN ỌBINRIN BA ṢE, AṢỌ WIWUN Ẽ̄GUN;
284. AṢỌ WIWUN FÚN ẸGUN BA WÀ BÁKÀNNA.
285. WỌN BA DANILAGARA NIWAJU FÚN TI WỌN BA LÈ RÍ DIẸ̀ KAN.
286. KÒ BA NÍ IBỌ̀PỌ̀, WỌN BA WỌLU NIWAJU Ẽ̄GUN, WỌNNYÍ ỌTẸ̀.
287. ṢÙGBỌ́N NÍGBÀ ỌBARIṢA BA DÈ,
288. ỌBARIṢA LỌ DÀGBÀ NI TÀKÚTE.
289. NILOJU TI WỌN DÈ NÍLÉ.
290. ỌBARIṢA LỌ TITUN, NI ÉHINKUNLẸ̀ Ẽ̄GUN.
291. ÒUN GBÀMÚ AṢỌ WIWUN Ẽ̄GUN,
292. KÉ NI IWAJU, ÀTI FÍ NI IBỌ̀PỌ̀.
293. NÍGBÀ ÒUN FÍ NI DẸKUN,

294. ÒUN BÒ Ó PẸ̀LÚ AṢỌ WIWUN ẼGUN.
295. NÍGBÀ ÒUN WÀ MBÒ PẸ̀LÚ AṢỌ WIWUN ẼGUN,
296. ÒUN BÁ LỌ́WỌ́ NI ABILA.
297. MBÁ ABILA LỌ́WỌ́.
298. (ÒUN KÒ WÍ DÍGBÀ LỌDỌ̀,
299. AISI WÍ TI Ó BA LỌ NI ẸHINKUNLẸ̀ ẼGUN;
300. NIBI NIBO ÒUN JADE).
301. ỌBARIṢA SỌ PẸ̀LÚ NI AHỌ̀N ẼGUN.
302. ÒUN SỌ PẸ̀LÚ NI AHỌ̀N ẼGUN,
303. ÀWỌN KÒ SE YATO OHÙN RE.
304. ÒUN ṢE DIBÒ, ÀWỌN KÒ SÀMI AHỌ̀N RẸ.
305. WỌNNYÍ TI FẸ́ MBÒ ẼGUN WÍ, HEIN!
306. ÒUN WÍ, AH!
307. ÒUN WÍ, ẼGUN TI Ó BỌ, NÌ PẸ̀LÚ ÈTÉ, ÒÓTỌ.
308. ÒUN WÍ, ENI ÀWỌN ẸNIA SIWAJU BA LỌ SÓRÍ LAIYE.
309. ÒUN MÚ NI ABILA LỌ́WỌ́.
310. ABILA TI Ó BA MÚ, ÒUN FÀLẸ̀ Ẹ́ NI ERUPẸ.
311. ÒUN ṢO NÍGBÀNA PẸ̀LÚ AHỌ̀N ẼGUN.
312. NIBI NIBO ÒUN GBÉ, ÒUN SỌ PẸ̀LÚ AHỌ̀N ẼGUN.
313. ÒUN PADÀ Á OHUNKAN TI DÀNIJÌ ODÙ.
314. AH! AH! AH! NÍGBÀ ÒUN LÒ NI AṢỌ WIWUN,
315. ÒUN KÒ MỌ̀ ÈYÍ IRÚ NI NWÍ.
316. AH AH AH TANI BA DÈ KÍAKÍA NI AṢỌ WIWUN NJẸ́?
317. TANI BA SỌ NITẸ̀LẸ́, KÍAKÍA, PẸ̀LÚ ÈYÍTI AHỌ̀N?
318. PẸ̀LÚ ỌGBỌ́N NI OKO GBÀ LAGBARA.
319. ÀTI GBOGBO IMỌ̀ LỌBINRIN BI?
320. PẸ̀LÚ LOYÈ, LỌKỌ GBÀ LAGBARA ÀWỌN LỌ́WỌ́ ỌBINRIN.
321. ÒLÓDÚMÁRÈ GBÉ KÍNÍ LỌGBỌ́N.

322. ÀTI LAGBARA ẸLẸIYẸ LỌBINRIN.
323. ṢÙGBỌ́N PẸ̀LÚ AREKERE, LỌKỌ BA GBÀ LÓGBÓN ÀWỌN LỌ́WỌ́ ỌBINRIN,
324. NÍGBÀ ODÙ RÍ TI ÈYÍ ẼGUN, Ó NÍ ABILA KAN LỌ́WỌ́,
325. ÒUN SÁLỌ NÁÀ, ÒUN NÁÀ MÚPADÀ Á OHUNKAN NDẸRUBA.
326. AH! NÍGBÀ ÒUN PADÀ Á OHUNKAN DÀNIJI,
327. ỌBARIṢA BA FỌ̀NAHÀN ÈYÍ ẼGUN NI KÀ GBOGBO ILÚ.
328. ODÙ BA RÍ NÍGBÀNA, TI LAṢỌ WIWUN NÍ TIRẸ̀.
329. NÍGBÀ ÒUN BA RÍ TI LAṢỌ WIWUN NI TIRẸ̀,
330. ÒUN WÍ, TANI WỌNNYÍ NIBẸ?
331. ÒUN KÒ RÍ ỌBARIṢA NÍLÉ.
332. ÒUN WÍ, YIO WÀ TI NÌ ỌBARIṢA WỌNNYÍ NIBẸ NJẸ́?
333. ODÙ IBUGBÉ NÍLÉ.
334. ÒUN RÀN ẸIYẸ RẸ ÀRÀGÀMÁGÒ.
335. ÒUN WÍ, TI ÒUN BA LỌ IBUWỌ Ọ́ SÓRÍ ÉJÌKÁ ẼGUN.
336. WỌN BA GBÈSÈ LỌ JUMỌ.
337. GBOGBO OHUN TI ẼGUN BA WÍ,
338. ÒUN ÒFIN PẸ̀LÚ AGBARA LẸIYẸ ÀRÀGÀMÁGÒ,
339. IBUWỌ SÓRÍ ÉJÌKÁ RẸ.
340. NÍGBÀ GBOGBO OHUN TI Ó BA WÍ Ó NÌ TẸRAMỌ́,
341. TI Ó PADÀ SÍLÉ.
342. ÒUN PADÀ LÁTI ÉHINKULẸ̀ ẼGUN.
343. ÒUN BỌ́ṢỌ NI ERUPẸ.
344. ÒUN GBIN NI ABILA NI ERUPẸ.
345. ÒUN WỌLAṢỌ RẸ.
346. ÒUN JADE LỌ LOJUDE (NI ẸHINKUNLẸ̀ ẼGUN).
347. LẸIYẸ ÀRÀGÀMÁGÒ LỌ NÍTÒSÍ NI OLÚ RẸ (ODÙ).

348. NÍGBÀ ỌBARIṢA YÍPADÀ SÍLÉ, ODÙ NÍGBÀNA IKÍNI.
349. ÒUN WÍ, Ẹ WỌ̀LÉ!
350. ÒUN WÍ, NINIBO ÒUN BA WÁ?
351. ỌBARIṢA WÍ, TI BA WÁ NI LOJUDE.
352. ODÙ WÍ, KÍ ÌṢE BURUKU.
353. ÒUN WÍ, Ẹ WỌ̀LÉ!
354. ỌBARIṢA PALẸ̀MỌ́ NÍGBÀNA, NI ERUPẸ,
355. GBOGBO OHUN TI Ó GBÀ.
356. NÍGBÀ ÒUN MỌ́LẸ̀ WỌN NI ERUPẸ,
357. ODÙ WÍ, ÈYÍ MÁ KÍ ÌṢẸ ÒÓRE.
358. ÒUN WÍ, NITORI NÌ ASO WIWUN RẸ NI ẼGUN,
359. TI Ó BA GBÁ SÍ LOJUDE BI?
360. ỌBARIṢA WÍ, BẸ́Ẹ̀BẸ́Ẹ̀ NÌ.
361. ODÙ WÍ, ÈYÍ Ẹ WÁ RERE.
362. ÒUN WÍ, AṢỌ WIWUN BÁRẸ JÙLỌ TI Ọ,
363. ÀTI TI Ó GBÈSÈ FỌ̀NAHÀN HÁN SÍ LOJUDE; ṢE É JADE LỌ.
364. ÒUN WÍ, GBOGBO ẸNIKẸNI,
365. ÒUN WÍ, WỌN KÍGBÈ NIBẸ LOJUDE, NITORINA ẼGUN
366. ÒUN WÍ, WỌN KÍGBÈ NITORI TIRẸ.
367. ÒUN WÍ, ÒUN FÀLẸ̀ ABILA RẸ NI ERUPẸ.
368. ÒUN WÍ, LÓLA NÌ SÍ Ọ.
369. ÒUN WÍ, NIJADE LÓJÓ̩.
370. ÒUN WÍ, ÒUN JẸ̀WỌ́ ẼGUN LỌKỌ.
371. ÒUN WÍ NITORI TIRẸ; ỌBARIṢA.
372. ÒUN WÍ, KÒ SÍ NKAN ỌBINRIN, BẸ̀ẸKỌ LÁI JÙLỌ,
373. ÒUN IYO GBỌ́DỌ̀ TIDÉ NÍNÚ AṢỌ WIWUN ẼGUN.
374. ÒUN WÍ, NITORI NI ORÍṢÀLÀ,
375. ÒUN WÍ, ÒUN JẸ̀WỌ́ ẼGUN LỌKỌ.
376. ÒUN WÍ, ṢÙGBỌ́N ÒUN GBÈSÈ NLỌ LOJUDE,

377. ÒUN WÍ, ÒUN NÍ LAGBARA TI Ó NLÒ.
378. NI ỌGBỌ́N NÌ ỌRẸ́ ÀÁRIN ẼGUN ÀTI ẸLẸIYẸ.
379. NIBI NINIBO BA WÁ ẼGUN, NINIBẸ (NÁÀ) BA WÁ ẸLẸIYẸ.
380. GBOGBO AGBARA MÚṢE FÚN ẼGUN AGBARA NÌ ẸLẸIYẸ.
381. ODÙ WÍ, KÒ SÍ NKAN ỌBINRIN YIO DÉ BẸ̀ẸKỌ LÁI LÁI,
382. NÍNÚ AṢỌ WIWUN ẼGUN,
383. ṢÙGBỌ́N NSỌ BI ẼGUN BA LỌ SÍ LOJUDE,
384. FẸ́ NSỌ BI ẼGUN BA LỌ SÍ LOJUDE,
385. ÒUN YIO JÒ NI IWAJU TIRẸ,
386. ÒUN YIO JÒ NI MBÁ ẼGUN LỌNA.
387. ÒUN WÍ, LỌBINRIN YIO ṢE BỌRỌ WỌNNYÍ,
388. ÒUN WÍ, LỌBINRIN KÒ GBÓDỌ̀ BẸ̀ẸKỌ LÁILÁI,
389. NDÉ NI ÉHINKUNLẸ̀ ẼGUN.
390. ÒUN WÍ, NILỌ LÓJỌ́, ỌKUNRIN NÌ.
391. TI Ó YIO GBÀMÚ ẼGUN SÍ LOJUDE.
392. ÒUN WÍ, ṢÙGBỌ́N KÒ SÍ NKAN LÁI ÀWỌN ỌMỌDÈ, LÁI ÀWỌN ARUGBO,
393. WỌN YIO LÈ NSINJẸ LỌBINRIN,
394. ÒUN WÍ, LỌBINRIN NÍ AGBARA JULỌ SÓRÍ LAIYE.
395. ÒUN WÍ, MỌ́, LỌBINRIN TANJẸ WA LAIYE.
396. ÒUN WÍ, GBOGBO ẸNIA Ẹ WÀ MBÌ LỌBINRIN.
397. ÒUN WÍ, GBOGBO OHUN TI ÀWỌN ẸNIA BA FẸ NṢE,
398. ÀTI WỌN KÍ IṢE BA IRÀNLỌ́WỌ́ PẸ̀LÚ ÀWỌN ỌBINRIN,
399. ÒUN WÍ, WỌN KÒ YIO LÈ NṢE WỌN.
400. (Ó NÌ) IDI PẸ̀LÚ ÈYÍTI ÀWỌN ỌKUNRIN,
401. WỌN KÒ LẸ̀ NṢE LÁILÁI SÓRÍ LAIYE,

402. BI WỌN KÒ BA RÍGBÀ LỌ́WỌ́ ÀWỌN ỌBINRIN.
403. ÀWỌN KỌRIN.
404. ỌBARIṢA KỌRIN NÁÀ.
405. NÍGBÀ DÈ NI KÁRÙN ỌJỌ́,
406. WỌN BA ṢE ṢIRE NI ỌSẸ.
407. ÒUN WÍ, TI GBOGBO KAIYE NI TI YIO KỌRIN, YIO À WỌNNIYEN;
408. BA WÁ (NI ODÙ-IFÁ) ỌSA MÉJÌ.
409. ÒUN WÍ, WỌN KÍ ÀWỌN ỌBINRIN,
410. ÒUN WÍ, BI WỌN KÍ ÀWỌN ỌBINRIN,
411. LAIYE YIO WÀ IDÁKẸ̀,
412. WỌN KỌRIN BẸ́Ẹ̀BẸ́Ẹ̀.
413. "Ẹ̀YIN KUNLẸ̀, Ẹ KÚNLẸ̀ ÀWỌN ỌBINRIN.
414. LỌBINRIN TANJẸ YIN LAIYE, BẸ́Ẹ̀BẸ́Ẹ̀ ÀWA WÀ ARAẸNIA.
415. LỌBINRIN NÌ LÓGBỌ́ LAIYE,
416. Ẹ KÚNLẸ̀ FÚN LỌBINRIN.
417. LỌBINRIN TANJẸ YIN LAIYE, BẸ́Ẹ̀BẸ́Ẹ̀ ÀWA WÀ ARAẸNIA".

Em português:
1. Ọsá Méjì é rico.
2. Grito poderoso.
3. Barulho de sino (**Ajija**) chega do além.
4. Ifá é consultado para **Odù** (o Destino).
5. no dia em que ela vem do além para a Terra.
6. Ifá é consultado para **Òbarixá**,
7. no dia em que ele vem do além para a Terra.
8. Ifá é consultado para **Ògún**,
9. no dia em que ele vem do além para a Terra.

10. Estes três chegam aqui.
11. **Odù** somente é mulher entre eles.
12. **Odù** diz, você **Òlódùmarè**.
13. Ela diz, eles vão assim para a Terra.
14. Ela diz, quando eles tiverem chegado lá, então o que?
15. **Òlódùmarè** diz, eles irão para a Terra,
16. a Terra será boa.
17. Ele diz, todas as coisas boas que eles queiram fazer,
18. então, ele diz, ela lhes dará o poder,
19. então isto será bom.
20. **Ògún** marcha à frente deles.
21. Quando **Ògún** marcha à frente deles, **Ọbarişá** segue.
22. Quando **Ọbarişá** segue, **Odù** segue atrás.
23. quando **Odù** segue atrás, ela volta.
24. Ela diz, você **Òlódùmarè**.
25. Ela diz, a Terra aonde eles vão assim.
26. Ela diz, **Ògún**,
27. Ela diz, tem o poder dos combates,
28. Ela diz, ele tem o sabre,
29. Ele tem o fuzil,
30. Ela diz, ele tem todas as coisas para fazer a guerra.
31. Ela diz, **Ọbarişá**,
32. Ela diz, ele também tem o poder.
33. Ela diz, com o poder que ele tem,
34. Ele faz toda coisa que quer,
35. Ela diz, ela é mulher entre eles, ela é **Odù**.
36. Ela diz, qual poder é o dela?
37. **Òlódùmarè** diz, você será chamada para sempre, "**Ìyá Wọn**".
38. Ele diz, porque quando vocês partem, todos os três,

39. Ele diz, você, a única mulher voltou.
40. Ele diz, a você, esta mulher, é dado o poder,
41. que faz dela a "mãe deles".
42. Ele diz, você, você sustentará a Terra.
43. **Òlódùmarè** lhe dá o poder.
44. Quando ele lhe dá o poder,
45. Ele lhe dá o poder do pássaro,
46. Ele lhe traz o poder de **Ẹlẹiyẹ** (Donas de Pássaros).
47. Quando ele trouxe o poder de Donas de Pássaros,
48. **Òlódùmarè** diz, está bem.
49. Ele diz, esta cabaça das Donas de Pássaros que ele lhe trouxe,
50. Ele diz, conhecerá, ela, seu uso sobre a Terra?
51. Ele diz, que ela conheça seu uso sobre a Terra.
52. **Odù** diz, ela o conhecerá.
53. Ela recebe o pássaro de **Òlódùmarè**.
54. Ela recebe, então, o poder que ela utilizará com ele.
55. Ela parte.
56. Ela está no ponto de partir.
57. **Òlódùmarè** a chama para que ele volte de novo.
58. Ele diz, está bom.
59. Ele diz, volte.
60. Ele diz, você **Odù**,
61. ele diz, volte.
62. Ele diz, quando ela chegar sobre a Terra,
63. ela diz, como você vai utilizar os Pássaros,
64. e as forças que ele lhe deu?
65. Ele diz, como ela vai utilizá-las?
66. **Odù** diz, todas as pessoas que não a terão escutado,
67. ela diz, ela as combaterá.
68. Ela diz, aqueles que não tiverem vindo

69. lhes pedir uma indicação,
70. (aqueles) que o tiverem feito,
71. que não ouviram todas as coisas que ela diga para eles,
72. ela diz, ela os combaterá.
73. Ela diz, aquele que se aproximar dela,
74. para lhe pedir para ter dinheiro,
75. ela diz, ela lhe dará.
76. Ela diz, aquela que lhe pedir para parir,
77. ela diz, que ela lhe concederá.
78. Ela diz, se ela tiver dado a alguém, dinheiro,
79. se ele se mostrar, em seguida, impertinente com ela,
80. ela diz que retornará.
81. Ela diz, se tiver dado à uma pessoa um filho,
82. se ela, em seguida, se mostrar Impertinente com ela,
83. ela diz, que o retomará.
84. Ela diz, toda coisa que fizer para qualquer um,
85. se ele se mostrar, em seguida, impertinente com ela,
86. ela diz que o retomará.
87. **Òlódùmarè** diz, está bom.
88. Ele diz, não está mal.
89. Ele diz, utilize com calma o poder que eu te dei.
90. Se ela o utilizar com violência, ele o retomará,
91. e todos os homens te seguirão,
92. Eu fiz de você a mãe deles.
93. Toda coisa que lhes agrade fazer,
94. é coisa que eles deverão anunciar a você **Odù**.
95. Depois daquele tempo, **Òlódùmarè** deu o poder à mulher,
96. porque aquela que recebeu, então, o poder, se chamava **Odù**.
97. Ele dá o poder às mulheres de dizerem

98. toda coisa que lhes agrade.
99. O homem não poderá fazer, sozinho, nenhuma coisa
100. na ausência da mulher.
101. **Odù** chega à Terra.
102. Quando eles chegam juntos na Terra,
103. todas as florestas que veem,
104. chamam de floresta de **Ẽgun**, a mulher entra nelas.
105. A que eles chamam de Floresta de **Orò**, a mulher entra nela.
106. Não havia nenhuma proibição, naquele tempo,
107. da mulher ousar entrar em qualquer floresta.
108. ou que qualquer mulher não ousasse
109. entrar em qualquer pátio.
110. Se elas quiserem adorar **Ẽgun**,
111. se elas quiserem adorar **Orò**,
112. se elas quiserem adorar qualquer **Òrìṣà**,
113. a mulher os adorava, naquele tempo.
114. Quando elas faziam assim o culto.
115. Ah! A anciã (**Àgbà**) exagerou, ela caiu em desgraça.
116. Ifá é consultado para **Odù**,
117. quando **Odù** chega sobre a Terra.
118. Hein! Eles dizem, você **Odù**,
119. Eles dizem, ela deve agir com calma,
120. que ela tenha paciência,
121. que ela não seja imprudente.
122. **Odù** diz, por quê?
123. Eles dizem, por causa do poder que **Òlódùmarè** te deu,
124. Eles dizem, para que as pessoas não saibam a razão.
125. **Odù** diz, ah! Ai, Ai, Ai!
126. Ela diz, não tem nada.
127. Ela diz, eles não são capazes de saber a razão.

128. Ela diz, somente ela, foi à Òlódùmarè,
129. receber o poder, não estava na presença dos outros,
130. que vieram à Terra com ela,
131. não estava, de jeito nenhum, na presença deles.
132. Quando eles falaram assim à Odù,
133. Eles disseram que ela fizesse oferendas.
134. Odù diz, de maneira nenhuma!
135. Ela diz, que ela não fará oferendas.
136. A oferenda para que a mulher receba o poder de Òlódùmarè,
137. Ela a fez.
138. Mas ela não deve alegrar-se exageradamente.
139. Ela é capaz de utilizar estas coisas, durante muito tempo.
140. As pessoas não podem estragar o que ela tem em mãos.
141. As pessoas não podem conhecer a razão de sua força.
142. Ela não fará oferendas.
143. Ela parte.
144. Ela tira (o pano de) Ẽgun fora.
145. Ela tira Orò fora.
146. Todas as coisas; não há coisas que ela não faça,
147. Naquele tempo.
148. Ọbarişá vem, ele diz Hum!
149. É aquele ao qual Òlódùmarè confiou a Terra.
150. Esta mulher energética vem tomar a Terra,
151. e o quintal (lugar de culto) de Ẽgun,
152. e o quintal de Orò,
153. e o quintal de todos os Òrìşà.
154. (Ele) não ousa entrar em nenhum.
155. Ah! Esta mulher vem tomar a Terra.
156. Ọbarişá vai consultar (um) Bàbáláwò.

157. O **Bàbáláwò** que ele vai consultar,
158. é **Ọrúnmílà** que é consultado por ele,
159. naquele dia.
160. **Ọrúnmílà**, exatamente ele, foi consultado.
161. Ele diz, que **Ọrúnmílà** examine, qual é a sorte?
162. A mensagem enviada por **Òlódùmárè** é esta!
163. "Teria ele o mundo em suas mãos"?
164. Ele entrega a mensagem com sucesso.
165. Nenhuma pessoa pode tomar o mundo de suas mãos.
166. O mundo não estará perdido.
167. como seria ele capaz de ser vitorioso?
168. Ele consulta Ifá.
169. Eles dizem que **Òrìṣà** deve fazer oferendas.
170. Eles dizem que então, ele deve ser paciente.
171. **Ọrúnmílà** escolhe a oferenda de caracóis, naquele tempo.
172. Ele escolhe um chicote (**abila**).
173. Ele escolhe oito Shillings.
174. **Òrìṣà** faz a oferenda.
175. Quando **Òrìṣà** fez a oferenda,
176. **Ọrúnmílà** consulta Ifá para **Òrìṣà**.
177. Ele diz, esta terra se tornará sua,
178. ele diz, mas deve ter paciência.
179. Ele diz, se ele tem paciência,
180. ele diz, a adoração se tornará sua.
181. Ele diz, aquele que carrega o poder da mulher,
182. ele diz, vai exagerar.
183. Quando ela tiver exagerado,
184. ele diz, ela se tornará sua serva, **Òrìṣà**,
185. ela virá submeter-se a você.
186. **Òrìṣà** compreende, terá paciência.

187. Todos os hábitos, os bons, os maus,
188. que Odù mostra na Terra.
189. com o poder que Òlódùmárè lhe deu.
190. Se ela diz a alguém para não ver seu rosto,
191. se ele vê o rosto, ela o torna cego.
192. Se ela diz que o olhar de alguém é mau sobre ela,
193. se ela diz, que ela terá dor de cabeça,
194. ela tem dor de cabeça.
195. Se ela diz, que ela terá dor de barriga,
196. ela tem dor de barriga.
197. Toda coisa que Odù dizia, naquele tempo, se realizava.
198. Quando chegar o tempo, Odù diz, você Òrìṣà,
199. Ela diz, quando eles chegarem juntos à Terra,
200. ela diz, que ela e ele vão à um só lugar.
201. Ela diz, se nós estamos em um só lugar,
202. ela diz, toda a coisa que ela queria fazer,
203. ela diz, ela terá a oportunidade de lhe deixar,
204. você Òrìṣà, verá toda coisa que ela fizer;
205. ela diz, porque com ele,
206. e Ògún, Eles chegaram juntos do além.
207. Ela diz, mas eles escolheram Ògún para ser guerreiro.
208. Aquele que queria lhes fazer a guerra,
209. Ògún seria vitorioso.
210. Òdú com Òrìṣà, devem morar em um só lugar.
211. No lugar aonde eles chegaram juntos,
212. eles habitam no mesmo lugar.
213. O caracol que Òrìṣà ofertou,
214. Òrìṣà o toma, ele adora sua cabeça com ele (Ìgbín).
215. Òrìṣà adora sua cabeça com o caracol;

216. no lugar onde ele mora.
217. Quando Òrìṣà terminou a adoração,
218. ele bebeu então, a água (contida na concha) do caracol.
219. Quando ele bebeu a água do caracol,
220. Ele diz, você Odù, quer também beber?
221. Odù diz, isto não faz nada.
222. Odù recebe a água do caracol para beber.
223. Quando Odù recebe a água do caracol,
224. a barriga (o humor) de Odù acalmou-se,
225. no lugar em que seu humor se acalma,
226. ela diz, ah! Ela diz, você Òrìṣà,
227. ela diz, ela conheceu através dele,
228. uma coisa deliciosa para comer.
229. Ela diz, a água do caracol é suave,
230. o caracol também é suave?
231. Quando ela terminou de comer,
232. ela diz, isto é bom.
233. Não lhe deram nunca coisa tão boa
234. para comer como o caracol.
235. Ela diz, o caracol é o que devem lhe dar de comer.
236. Ela diz, o caracol, exatamente, que você Òrìṣà, come.
237. Ela diz, devem lhe dar.
238. Òrìṣà diz, que lhe deem caracóis.
239. Ela diz, mas seu poder, que você não me mostrou,
240. ele diz, é a única coisa que me entristece.
241. Ele diz, toda coisa toda outra coisa que você possui,
242. ele diz, você ousa mostrá-las, você Odù,
243. Òrìṣà falou assim.
244. Quando Òrìṣà falou assim,
245. Odù diz, quando ela veio ficar com ele em um só lugar,

246. ela diz, toda coisa que ele faz,
247. ele não lhe esconde nada.
248. Ela diz, toda coisa que ela faz,
249. ela não esconde nada.
250. Ela diz, ele pode ver todos seus trabalhos
251. e todos seus costumes.
252. Ela diz, ela mora com ele em um só lugar.
253. **Ọ̀bàrìṣà** diz, não está mal
254. Quando **Òrìṣà** disse não está mal, eles estão juntos.
255. Eles estão juntos, eles querem adorar **Ẽgun**.
256. **Odù** traz as coisas com as quais ela adora **Ẽgun**,
257. ela as traz para o quintal de **Ẽgun**.
258. Ela diz, que **Ọ̀bàrìṣà** a siga.
259. Ah! **Ọ̀bàrìṣà** diz, que ele está espantado.
260. Ela diz, que ele a siga.
261. **Ọ̀bàrìṣà** a segue.
262. Quando **Ọ̀bàrìṣà** segue (e) entra na floresta de **Ẽgun**,
263. eles adoram **Ẽgun**.
264. Quando eles adoram **Ẽgun**,
265. **Odù** cobre-se com o pano de **Ẽgun**;
266. mas ela não sabe fazer o som (da voz) de **Ẽgun**.
267. Como se faz a voz de **Ẽgun**, **Odù** não sabe.
268. Ela sabe, somente, cobrir-se com o pano,
269. ela sabe fazer as orações somente; como as pessoas.
270. Mas ela não sabe como se fala com a voz das pessoas do além.
271. Quando eles adoram **Ẽgun**,
272. **Odù** toma o pano, ela se cobre.
273. Ela faz os votos para uma pessoa que trouxe comida.
274. Quando ela terminou os votos, saiu.

275. Quando ela saiu, ela e Ọ̀bàrìṣà,
276. chegou a hora de eles irem para casa.
277. Ọ̀bàrìṣà vai no lugar onde está o pano.
278. O pano de Ẽgun não tinha rede antes.
279. Ọ̀bàrìṣà acrescentou a rede.
280. A rede com que Ẽgun pode ver,
281. sem que ninguém possa vê-lo.
282. Ẽgun tinha um pano comum, naquele tempo.
283. Quando as mulheres faziam, o pano de Ẽgun;
284. o pano para Ẽgun era comum.
285. Elas furavam a frente para que elas pudessem ver um pouco.
286. Não tinha rede. Elas furavam a frente de Ẽgun, naquele tempo.
287. Mas quando Ọ̀bàrìṣà chega,
288. Ọ̀bàrìṣà vem acrescentar a rede.
289. Depois que eles chegam em casa.
290. Ọ̀bàrìṣà vai de novo, ao quintal de Ẽgun.
291. Ele segura o pano de Ẽgun,
292. corta na frente, e coloca a rede.
293. Quando ele coloca a rede,
294. ele se cobre com o pano de Ẽgun.
295. Quando ele está coberto com o pano de Ẽgun,
296. ele toma na mão o chicote.
297. Tomando o chicote na mão,
298. (ele não disse adeus à Odù,
299. nem disse que ele vai ao quintal de Ẽgun;
300. no lugar de onde ele sai).
301. Ọ̀bàrìṣà fala com voz de Ẽgun.
302. Ele fala com a voz de Ẽgun,
303. Eles não distinguem sua voz.
304. Ele faz votos, eles não distinguem sua voz.

305. Aquele que quer adorar Ẽgun diz, hein!
306. Ele diz, ah!
307. Ele diz, Ẽgun que ele adora, é com efeito, verdadeiro.
308. Ele diz, uma das pessoas do além veio sobre a Terra.
309. Ele pega o chicote na mão.
310. O chicote que ele tomou, ele o arrasta no solo.
311. Ele fala então com a voz de Ẽgun.
312. No lugar onde ele mora, ele fala com a voz de Ẽgun.
313. Ele se torna uma coisa que assusta Odù.
314. Ah! Ah! Ah! Quando ele usa o pano,
315. Ela não conhece esta maneira de falar.
316. Ah! Ah! Ah! Quem entrou rapidamente no pano?
317. Quem falou em seguida, rapidamente, com uma tal voz?
318. Com inteligência o homem toma o poder,
319. e toda Inteligência da mulher?
320. Com a inteligência, o homem toma o poder das mães das mulheres.
321. Òlódùmárè trouxe primeiramente a inteligência
322. e o poder das Donas de Pássaros à mulher.
323. Mas com astúcia, o homem tomou a inteligência das mães das mulheres.
324. Quando Odù viu que este Ẽgun, tem um chicote na mão,
325. ela foge também, ela também se torna uma coisa Assustada.
326. Ah! Quando ela se tornou uma coisa assustada,
327. Òbàrìṣà conduziu este Ẽgun ao redor de toda cidade.
328. Odù viu então, que o pano é seu,
329. Quando ela viu que o pano é seu,
330. ela diz, quem é aquele lá?
331. Ela não vê Òbàrìṣà em casa.
332. Ela diz, será que é Òbàrìṣà aquele lá?

333. **Odù** fica em casa.
334. Ela manda seu pássaro **Àràgàmágò**.
335. Ela diz, que ele vá se empoleirar sobre o ombro de **Ẽgun**.
336. Eles devem ir juntos.
337. Toda coisa que **Ẽgun** disser,
338. age pelo poder do pássaro **Àràgàmágò**,
339. Empoleirado sobre seu ombro.
340. Quando todas as coisas que ele disse são cumpridas.
341. que volte para casa.
342. Ele volta para o quintal de **Ẽgun**.
343. Ele despe a roupa no solo.
344. Ele coloca o chicote no solo.
345. Ele veste sua roupa.
346. Ele sai fora (do quintal de **Ẽgun**).
347. O pássaro **Àràgàmágò** vai perto de sua dona (**Odù**).
348. Quando **Ọ̀bàrìṣà** volta para casa, **Odù** então o saúda.
349. Ela diz, seja bem-vindo!
350. Ela diz, donde ele vem?
351. **Ọ̀bàrìṣà** diz que vem de fora.
352. **Odù** diz, não está mal.
353. Ela diz, bem-vindo!
354. **Ọ̀bàrìṣà** despeja então, no chão,
355. todas as coisas que ele recebeu.
356. Quando ele as despejou no chão,
357. **Odù** diz, isto não está bem.
358. Ela diz, é, pois, seu o pano de **Ẽgun**,
359. que ele conduziu para fora?
360. **Ọ̀bàrìṣà** diz, é assim.
361. **Odù** diz, isto está bem.
362. Ela diz, o pano lhe convém muito mais que a ela,

363. e que ele deve conduzi-lo para fora; fazê-lo sair.
364. Ela diz, todas as pessoas,
365. ela diz, eles gritam lá fora, eis Ẽgun! Eis Ẽgun!
366. Ela diz, eles gritam por causa dele.
367. Ela diz, ele arrasta seu chicote no solo.
368. Ela diz, a honra é para ele.
369. Ela diz, a partir de hoje.
370. Ela diz, ela concede Ẽgun ao homem.
371. Ela diz, por causa dele; Òbàrìṣà.
372. Ela diz, nenhuma mulher, nunca mais,
373. ousará entrar dentro do pano de Ẽgun.
374. Ela diz, por causa de Òrìṣàlá,
375. ela diz, ela dá Ẽgun ao homem.
376. Ela diz, mas ele deve ir para fora,
377. ela diz, ela tem o poder que ele utiliza.
378. A razão é a amizade entre Ẽgun e Ẹlẹiyẹ.
379. No lugar de onde vem os Ẽgun, de lá (também) vem as Ẹlẹiyẹ.
380. Todo poder utilizado por Ẽgun é o poder de Ẹlẹiyẹ.
381. Odù diz, nenhuma mulher entrará jamais,
382. dentro do pano de Ẽgun,
383. mas poderá dançar, ir ao encontro de Ẽgun.
384. Quer dizer se Ẽgun vai para fora,
385. ela dançará em frente dele,
386. ela dançará ao encontro de Ẽgun no caminho.
387. Ela diz, a mulher fará somente isso,
388. ela diz, a mulher não ousará jamais,
389. entrar no quintal de Ẽgun.
390. Ela diz, a partir de hoje, é o homem,
391. que levará Ẽgun para fora.

392. Ela diz, mais ninguém, nem criança, nem velhos,
393. poderão zombar da mulher,
394. Ela diz, a mulher tem poder demais sobre a Terra.
395. Ela diz mais, a mulher pôs no mundo.
396. Ela diz, todas as pessoas são nascidas da mulher.
397. Ela diz, todas as coisas que as pessoas queiram fazer,
398. e elas não são ajudadas pelas mulheres,
399. ela diz, não poderão fazê-las.
400. (É a) razão pela qual os homens,
401. não podem fazer nada sobre a Terra,
402. se eles não obtiverem das mãos das mulheres.
403. Eles cantam.
404. **Ọbàrìṣà** canta também.
405. Quando chega o quinto dia,
406. Eles fazem a festa da semana.
407. Ele diz, que todos os cantos a que cantarão, serão estes;
408. vindos (do **Odù** de Ifá **Ọsá Méjì**).
409. Ele diz, eles saúdam as mulheres,
410. ele diz, se eles saúdam as mulheres,
411. a Terra estará tranquila.
412. Eles cantam assim:
413. "Vós dobrais o joelho, dobrai o joelho para as mulheres.
414. A mulher vos pôs no mundo, assim somos seres humanos.
415. A mulher é a inteligência da Terra,
416. dobrai o joelho para a mulher.
417. A mulher vos pôs no mundo, assim somos seres humanos".

08 – ẸSẸ ODÙ ỌSÁ MÉJÌ

Em yorùbá:

1. ÒUN DÚRO Ó PẸ̀LÚ YIN.
2. ÒUN DÚRO Ó PẸ̀LÚ YIN.
3. ÒUN DÚRO Ó PẸ̀LÚ YIN. (LẸ̀ẸKẸ́TÀ).
4. ÀWỌN BURU ỌYỌ TI WỌN GÚN PẸ̀LÚ ỌGỌ KAN.
5. ỌRỌ BURU ÒGBÍGBÍ TI WỌN LÚ PẸ̀LÚ OKUTA KAN.
6. ONJẸ BURU, ADAN BÍ PẸ̀LÚ ẸNU,
7. GBẸ́ PẸ̀LÚ ẸNU.
8. IFÁ NBÈRÈ SÍ OṢÀLÀ ÒSẸ̀RẸ̀MÁGBÒ,
9. NI ỌJỌ́ TI O BÁ LỌ NYỌ NI ODÒ ẸLẸIYẸ.
10. IFÁ Ó MBÈRÈ FÚN ẸLẸIYẸ,
11. NI ỌJỌ́ TI WỌN KÒ JẸ MỌ́
12. NI ÈFEWÚ LÓRÌṢÀ.
13. NÍGBÀ BA DÈ AGOGO LÓRÌṢÀ GBÌN ẸFẸWÚ RẸ,
14. ÒUN BÁ ẸLẸIYẸ TI GBÌN OWU YÍ ÀTI JẸ Ẹ́.
15. ÒUN ṢAJÚ Ù LÁTI KÒ GBÌN GBẸ́ẸKỌ LÁI MỌ́
16. ÈYÍ ẸFẸWÚ ÀTI JẸ Ẹ́.
17. ÀWỌN KÒ YIO OLÈ MỌ́ KÒ SÍ NKAN OHUN.
18. NÍGBÀ WỌN BA NDÈ NI AIYE,
19. ÀWỌN ỌBINRIN KÒ GBÁJỌ KÒ SI NKAN OHUN
20. JUMỌ SÍ ÒLÓDÙMÁRÈ.
21. NI BÈRÈ LAIYE,
22. NIBO WỌN YIO LỌ LÁTI NṢE GBOGBO OHUN,
23. ÀWỌN ỌBINRIN BẸ́RẸ́ TI WỌN LÁTI MỌ́,
24. KINI LAGBARA TI WỌN YIO NÍ?
25. ÒLÓDÙMÁRÈ WÍ, ÀWỌN ỌKUNRIN BA YỌ GBOGBO AGBARA.
26. KÒ SÍ MỌ́ AGBARA FÚN WỌN.

27. NÍGBÀ WỌN BA DÈ NI AIYE,
28. ÀWỌN ỌKUNRIN BA GÚN ÀWỌN ỌBINRIN,
29. ÀWỌN BA GBÌRÒ TIWỌN LÁI IDÁKẸJẸ,
30. ÀWỌN KÒ WÍ TIWỌN NI ÒÓTỌ.
31. ÀWỌN BA LỌ JUMỌ ÒLÓDÙMÁRÈ,
32. NWÍ ÀWỌN IBANUJẸ, TIWỌN,
33. ÀWỌN KÒ GBÀ KÓ SÍ NKAN IPÍN,
34. ÒLÓDÙMÁRÈ WÍ, ÒUN YIO ṢE TIWỌN JINKI KAN.
35. ÒUN FÚN TIWỌN LAGBARA,
36. TI IYO NÌ LÓRÍ WỌNNYÍ ÀWỌN ỌKUNRIN,
37. ÀTI NI AGBARA RẸ ÀTI NI IṢẸ WỌN.
38. ÒUN YIO JÌN ÈYÍ AGBARA NI WỌN, LỌ́WỌ́ WỌN.
39. ÀJẸ ATẸNINWÁ NI GBOGBO IWÁ.
40. NÍGBÀ WỌN BA DÈ NI AIYE, KÒ SÍ ODÒ.
41. GBOGBO WỌNNIYẸN TI BA MÚPADÀ Á ÀWỌN ODÒ,
42. BA KỌ́ ÀWỌN ODÒ WỌNNYÍ ATIJỌ́.
43. OMI NI ẸRỌ̀FỌ̀ NIBO BA ṢAYE ÀWỌN ÌJÀ,
44. OMI BIKIRITI PẸ̀LÚ NI ORÍSUN.
45. WỌN BA WÚLÒ OMI KANGA WỌNNYÍ ATIJỌ́.
46. ÌYÁMÌ BA NÍ NÍGBÀNI ODÒ KAN.
47. ÀWỌN BA PÈ É NI OLÓNTÓKÌ.
48. ÈYÍ OMI KÒ BA GBÍGBÈ BẸ́Ẹ̀KỌ LÁI.
49. NITORI KINI WỌN BA ITỌJU.
50. ÓRÌṢÀ BA WÀ NI ẸJỌ TẸ̀LẸ́:
51. ÒUN BA DÁ ÀWỌN ẸNIA PẸ̀LÚ OMI TUTU.
52. LÁTI DÁ ÀWỌN ẸNIA,
53. ÓRÌṢÀ BA LỌ OLÈ OMI NI ODÒ TIWỌN.
54. NÍGBÀ WỌN BA BÈRÈ NI KÍYÉSÍ
55. TI BA OLÈ É OMI.
56. ÀWỌN BA BÈRÈ NI SỌ́ LÓMI.

57. LAKOKO TI WỌN BA ṢE YÍKÀ,
58. WỌN BA PÈJỌ ÒRÌṢÀ.
59. NÍGBÀ WỌN BÁ ÒRÌṢÀ,
60. WỌN WÍ, ILERA NI ÌWỌ, ÒRÌṢÀ.
61. ÒRÌṢÀ WÍ, ARIKU.
62. WỌN BA WÍ, IWỌ NÌ TANI BA LỌ OLÈ OMI WA,
63. GBOGBO ỌJỌ́ BẸ̀ẸBẸ̀Ẹ NJẸ́?
64. WỌN BA BÈRÈ NI BÀ ÒRÌṢÀ JINNA.
65. ÀWỌN BÀ Ó TITI ILÉ ẼGUN.
66. ẼGUN WÍ, FIPAMỌ́ ỌN, IDARIJI Í.
67. WỌN WÍ, WỌN NI LAGBARA NI MÚ IWỌ, ẼGUN.
68. ÀWỌN WÍ, GBOGBO AṢỌ WIWUN TIWỌN (NI ẼGUN),
69. WỌN BA LỌ NYỌ ÀTI NGBÉMI.
70. WỌN WÍ, GBOGBO AGBARA RẸ, WỌN YIO LỌ NDÁMI.
71. ẼGUN, KÍAKÍA, SỌ́ (ÓRÌṢÀ) SÍ LOJUDE.
72. ÒUN SALỌ, ÒUN DÈ NÍLÉ ÒGÚN.
73. ÒGÚN WÍ, BÍKÒṢE É.
74. WỌN BA WÍ, OWÓ TIRẸ, ÀWA YIO LỌ YỌ Ọ́ ÀTI GBÉMI.
75. GBOGBO ERỌ TIYIN NI IRIN, TITÈNUMỌ́ TIYN,
76. ÀWA BA LỌ MÚ WỌN ÀTI DÁMI WỌN.
77. GBOGBO IṢE TIRẸ, ÀWA BA LỌ MÚ ÙN ÀTI GBÉMI Í.
78. ÒGÚN, GBẸGẸBI, SỌ́ (ÓRÌṢÀ) SÍ LOJUDE.
79. ÒUN YẸRA Á.
80. ÒUN DÈ NÍLÉ ỌRÚNMILÀ.
81. WỌN WÍ, ÌWỌ IFÁ,
82. WỌN WÍ, WỌN YIO NÌ LAGBARA NI MÚ
83. GBOGBO IKIN TIRẸ̀ ÀTI GBÉMI WỌN.
84. WỌN WÍ, ỌPẸ̀LẸ̀ TIRẸ, WỌN BA LỌ MÚ WỌN

85. ÀTI DÁMI WỌN.
86. ÒUN WÍ, OTANKÒSÍ BURU.
87. ÒUN WÍ, TI WỌN WÓ NÍLÉ.
88. ÒRÚNMÍLÀ WÁ ẸRÌNDÌLÓGÚN ÀWO NI ẸKURU (ẸWA TIRỌ).
89. ÒUN WÁ SÍ WỌN.
90. ÒUN WÁ ÒPÒLÓPÒ IRÚ ẸJẸ..
91. ẸJẸ ẸWURẸ, ẸJẸ ADIẸ,
92. ẸJẸ AGBO.
93. ÒUN PÈJỌ́ GBOGBO WỌNNIYẸN ẸJẸ JUMỌ.
94. ÒUN WÁ TIWỌN ẸJẸ MALÙÚ AKỌ.
95. ÒUN FÚN TIWỌN NI MU.
96. IRÉ! BI WỌN NÍ EKUKAKA PÚPÒ,
97. NÍGBÀ WỌN BA MU OMI,
98. ẸJẸ NÌ TI WỌN BA MU,
99. KINI TIWỌN BA NÌ WÁ, ÀTI WỌN BA MU.
100. WỌN WÍ, ÒRÚNMÍLÀ ṢE TIWỌN ENI GBÍGBÀ BẸ́ẸBẸ́Ẹ,
101. WỌN DARIJI SỌTỌ.
102. ṢÙGBỌ́N GBOGBO OHUN TI WỌN BA FẸ́ NÍ,
103. ÀWỌN YIO WÁ BẸ́RẸ́ Ẹ.
104. ÒRÚNMÍLÀ WÍ, BI ENI OMIRAN RÙ ẸBỌ,
105. BI ẸNIKẸNI RÙ ẸBỌ,
106. BI ENI OMIRAN ẸNIA RÙ ẸBỌ,
107. GBOGBO OHUN TI ẸYIN (ÌÁMÌ) GBÀ LỌ́WỌ́.
108. ÒUN WÍ, BA WÁ BẸ́RẸ́ Ẹ,
109. ÒUN, ÒRÚNMÍLÀ, GBÀ Á PẸ̀LÚ YIN.
110. ÓRÌŸÀ WÁ PẸ̀LÚ ENI ỌKAN IDÁKÈ.
111. ÒUN WÍ, IWỌ ÒRÚNMÍLÀ, ADÚPẸ̀ PÚPÒ PẸ̀LÚ JINKI.
112. KINI OHUN ÈMI BA LÈ FÚN TIRẸ BẸ́ẸBẸ́Ẹ GẸGẸBI?
113. ÒUN KÒ NÍ AISIKAN LỌ́WỌ́,

114. NI KÍ ÌṢE ÒBẸ NLÁ TI Ó WÁ NIBI.
115. KI GBÀ ÒBẸ TÓBI.
116. ÒUN JI ÍN ÒRÚNMÍLÀ.
117. ÒBẸ NLÁ NÌ TI ÀWỌN BÀBÁLÁWÒ PÈ NI ÀDÁṢÀ.
118. ÀWỌN WÚLÒ Ó JUMỌ IFÁ PẸ̀LÚ IRÓKẸ́.
119. ÀWỌN PÈ ÈYÍ ÒBẸ NLÁ NI ÀDÁṢÀ.
120. ÒRÚNMÍLÀ BÈRÈ NI LÚ LÓBẸ NLÁ LẸSẸ IFÁ.
121. ÒRÚNMÍLÀ GBÒ GBOGBO OHUN TI Ó WÍ:
122. "ÈYÍ ÒBẸ TÓBI NÌ LÓRÌṢÀ, ÈYÍ NÌ ÒBẸ NLÁ LÓRÌṢÀ.
123. ÒBẸ GBORIN WÁ LỌ́WỌ́ MI,
124. ÈYÍ NÌ ÒBẸ GBORIN LÓRÌṢÀ".

Em português:

1. Ele se mantém de pé por vós.
2. Ele se mantém de pé por vós.
3. Ele se mantém de pé por vós (três vezes).
4. Maus ruídos Ọyọ que eles batem com um bastão.
5. Má palavra Ògbígbí que eles batem com uma pedra.
6. Má comida, o morcego vomita pela boca.
7. Excreta pela boca.
8. **Ifá** é consultado por Òṣálà Òṣèrẹ̀mágbò (semana habitual do comércio),
9. No dia que ele vai tirar água no rio das Donas de Pássaros.
10. **Ifá** é consultado para as Donas de Pássaros,
11. no dia que elas não comem mais
12. o algodão do Órìṣà.
13. Quando chegou a hora do Órìṣà plantar seu algodão,
14. ele encontra as Donas de Pássaros que colhem este algodão e o comem.
15. Ele as previne para não colherem nunca mais

16. este algodão e comê-lo.
17. Elas não roubarão mais nenhuma coisa.
18. Quando elas chegarem na Terra,
19. as mulheres não recolheram nenhuma coisa
20. junto à Òlódùmárè.
21. No início da Terra,
22. aonde elas vão para fazer todas as coisas,
23. as mulheres lhe pedem, para saber,
24. qual é o poder que elas terão?
25. Òlódùmárè diz, os homens tomaram o poder.
26. Não há mais poder para elas.
27. Quando eles chegaram na Terra,
28. os homens enganaram as mulheres,
29. eles as tratavam sem seriedade,
30. eles não lhe diziam a verdade.
31. Elas vão junto de Òlódùmárè,
32. dizer seus sofrimentos,
33. elas não recebem nenhum quinhão,
34. Òlódùmárè diz, ele lhes fará um favor.
35. Ele lhes dará a força,
36. que será acima daquela dos homens,
37. e de seu poder e de seus trabalhos.
38. Ele entregará este poder a elas, em suas mãos.
39. As Feiticeiras (Àjẹ́) o utilizarão de todas as maneiras.
40. Quando elas chegaram à Terra, não havia rios.
41. Todos aqueles que se tornariam rios,
42. não eram rios naquele tempo.
43. A água do pântano onde viviam os caranguejos,
44. água redonda como o poço.
45. Eles utilizavam a água do poço naquele tempo.

46. As Ìyámì tinham então um rio.
47. Elas o chamavam de Olónókì;
48. esta água não secava nunca.
49. Porque elas tomavam conta.
50. Òrìṣà estava no caso seguinte:
51. Ele criava as pessoas com água fresca.
52. Para criar as pessoas,
53. Òrìṣà ia roubar a água do rio delas.
54. Quando elas começaram a perceber
55. que roubavam a água.
56. Elas começaram a vigiar a água.
57. No Tempo que elas faziam a ronda,
58. elas encontraram Òrìṣà.
59. Quando elas encontraram Òrìṣà,
60. elas dizem, saúde a você, Òrìṣà.
61. Òrìṣà diz, saúde;
62. Elas dizem, é você quem vai roubar nossa água,
63. todos os dias assim?
64. Elas começaram a perseguir Òrìṣà de longe.
65. Elas o perseguiram até a casa de Ẽgun.
66. Ẽgun diz, poupai-o, perdoai-o.
67. Elas dizem, somos capazes de pegar você, Ẽgun.
68. Elas dizem, todos os seus planos (de Ẽgun),
69. elas vão tomar e engolir.
70. Elas dizem, todo seu poder, iremos engolir
71. Ẽgun, rápido, empurra (Òrìṣà) para fora.
72. Ele foge, ele chega na casa de Ògún.
73. Ògún diz, poupai-o.
74. Elas dizem, teu dinheiro, nós iremos tomá-lo e engoli-lo.

75. Todos os teus instrumentos de ferro, teus tenazes,
76. iremos pegá-los e engoli-los.
77. Todo teu trabalho, nós iremos pegá-lo e engoli-lo.
78. Ògún, rápido, empurra (Òrìṣà) para fora.
79. Ele se afasta.
80. Ele chega na casa de Òrúnmílà.
81. Elas dizem, você Ifá,
82. elas dizem, elas são capazes de pegar
83. todas suas nozes e engoli-las.
84. Elas dizem, teu Òpèlè, elas vão pegá-los
85. e engoli-los.
86. Ele diz, nada mal.
87. Ele diz, que elas entrem na casa.
88. Òrúnmílà traz dezesseis pratos de Èkuru (feijão cozido).
89. Ele traz para elas.
90. Ele traz diversos tipos de sangue,
91. sangue de cabra, sangue de galinha,
92. sangue de carneiro.
93. Ele reúne todos esses sangues juntos.
94. Ele lhe traz sangue de touro.
95. Ele lhes dá de beber.
96. Bem! Se elas têm muitas dificuldades,
97. quando bebem água,
98. o sangue é o que elas bebem,
99. é o que lhes foi trazido, e elas beberam.
100. Elas dizem, Òrúnmílà lhes fez uma recepção assim,
101. elas o perdoam sinceramente.
102. Mas todas as coisas que elas queiram ter,
103. elas virão pedi-lo.
104. Òrúnmílà diz, se um outro oferece,

105. se alguém oferece,
106. se uma outra pessoa oferece,
107. toda coisa que vós (Ìyámì) recebeis em mãos.
108. Ele diz, vinde pedi-la,
109. ele, Òrúnmílà, a receberá por vós.
110. Órìṣà vem com o coração calmo.
111. Ele diz, você Òrúnmílà, muito obrigado pelo favor.
112. Que coisa posso te dar assim rapidamente?
113. Ele não tem nada na mão,
114. a não ser o facão que ele trouxe aqui.
115. Que tome o facão.
116. Ele o dá a Òrúnmílà.
117. É o facão que os Bàbáláwòs chamam de Àdáṣà.
118. Eles o utilizam junto à Ifá como Iróké.
119. Eles chamam este facão de Àdáṣà.
120. Òrúnmílà começa a bater o facão aos pés de Ifá.
121. Òrúnmílà escuta toda coisa que ele diz:
122. "Este é o facão de Òrìṣà, este é o facão de Òrìṣà.
123. O facão está em minha mão,
124. este é o facão do Òrìṣà".

09 - ẸSẸ ODÙ ÌRÉTÉ OGBÈ

Em yorùbá:

1. TI ÌWỌ TÈMÓLÈ NI IJU.
2. TI ÈMI TÈRÉ NI IGBÓ.
3. TI ÀWA PALÁRIA NI AGINJU JUMỌ.
4. IFÁ Ó MBÈRÈ PẸLÚ ODÙ.
5. ÀWỌN WÍ, ODÙ DÉ SIWAJU SÍ AIYE.

6. NÍGBÀ ÒUN BA DÉ NI AIYE,
7. WỌN WÍ, ÌWỌ, ODÙ, ÈYÍ NÌ NJADE LỌ RẸ.
8. ÒLÓDÙMÁRÈ JÌN TIRẸ ẸIYẸ KAN.
9. ÒUN GBÁ ÈYÍ ẸIYẸ LÁTI LỌ SÍ AIYE.
10. 010 - ÀRÀGÀMÁGÒ ORÚKỌ́ NÌ TI ÒLÓDÙMÁRÈ
11. Ó JÌN NI ÈYÍ ẸIYẸ.
12. ÀRÀGÀMÁGÒ ORÚKỌ NÌ TI NÍ ẸIYẸ YÍ NI ODÙ.
13. ÒUN WÍ, ÌWỌ ODÙ,
14. ÒUN WÍ, GBOGBO IṢẸLAIN NIBO ÒUN YIO IRÀNLỌ́WỌ́ Ọ̀,
15. ÒUN YIO ṢE É.
16. ÒUN WÍ, LÁTI IBI NIBO ÒUN BA GBÀDÚN IRÀNLỌ Ọ́,
17. ÒUN BA LỌ.
18. ÒUN WÍ, BI BA WÀ LÁTI ṢE BURUKU,
19. ÒUN WÍ, BI BA WÀ LÁTI ṢE NI IRÉ.
20. ÒUN WÍ, GBOGBO OHUN TI Ó BA FẸRAN
21. NI SỌ LÁTI ṢE, ÒUN YIO ṢE É.
22. ODÙ GBÉ ÈYÍ ẸIYẸ SÍ AIYE.
23. ODÙ WÍ TI KÒṢẸNI BA LÈ RÍ Ì.
24. ÒUN WÍ LÁTI LÓ WÒ Ó.
25. BI ENI ỌTÁ NI ODÙ WÒ Ó,
26. ÒUN DÁLÁGARA TI Ọ ÀWỌN OJU,
27. (ÒUN FOJU Ú),
28. PẸ̀LÚ NI GBARA WỌNNYÍ ẸIYẸ, ÒUN FỌ́ TIRẸ ÀWỌN OJU.
29. BI ENI OMIRAN NI ỌTÁ TIYIN,
30. BI ÒUN BA FẸ́ WÒ NÍNÚ NI IGBÁ ÈYÍ ẸIYẸ,
31. ÈYÍ ẸIYẸ, ÀRÀGÀMÁGÒ, IHÒṢE TIRẸ ÀWỌN OJU.
32. ÒUN GÒ ÈYÍ ẸIYẸ BẸ́ẸBẸ́Ẹ̀.
33. ÒUN LERE TIRẸ TITI DÉ NÍLÉ NI ỌRÚNMÍLÀ.

34. ÒRÚNMÍLÀ BA LỌ BÈRÈ BÀBÁLÁWÒ TIYIN.
35. ÒUN BA LỌ BÈRÈ:
36. "BIA ÀWA IYO KỌ́ IMỌ́ NI ẸNIKẸNI,
37. ỌGBỌ́N RẸ YIO WÀ IMỌ́".
38. "BI ÀWA YIO KỌ́ NI ẸGỌ̀ NI ẸNIKẸNI,
39. ONGỌ̀ TIRẸ YIO WÀ LỌRA".
40. ÀWỌN BÀBÁLÁWÒ NILÉ ÒRÚNMÍLÀ,
41. WỌN BÈRÈ IFÁ LÁTI MỌ̀ LỌ́JỌ́
42. ÈYÍTI ÒUN YIO GBÉ ODÙ PẸ̀LÚ AYA.
43. ÒRÚNMÍLÀ NÍ BẸ́Ẹ̀BẸ́Ẹ̀, Ó IYO NÍ ODÙ PẸ̀LÚ AYA.
44. ÀWỌN BÀBÁLÁWÒ NI ÒRÚNMÍLÀ BA WÍ, AH!
45. WỌN WÍ, ODÙ, TANI IWỌ FẸ́ NÍ FÚN ỌKỌ,
46. WỌN WÍ, ENI GBARA WÀ ÀÁRIN LỌ́WỌ́ TIRẸ.
47. WỌN WÍ, LÁTI ÈYÍ GBARA, ÒRÚNMÍLÀ,
48. ÒUN YIO ṢE ENI ẸBỌ NI ERUPẸ,
49. NITORI GBOGBO ÈYÍ ÀWỌN ẸNIA.
50. WỌN WÍ, TI PẸ̀LÚ AGBARA RẸ,
51. TI ÒUN KÒ PA Á ÀTI LÁI JẸ ẸNIKẸNI,
52. NITORI KINI LÁGBARA WỌNNYÍ ỌBINRIN NÌ GBORIN PÚPỌ̀
53. TI NI GBARA ÒRÚNMÍLÀ.
54. WỌN WÍ TI ÒRÚNMÍLÀ MAṢE, KÍAKÍA,
55. ÈYÍ ẸBỌ NI ERUPẸ.
56. WỌN WÍ ÀWỌN OHUN TI ÒRÚNMÍLÀ
57. ÒUN YIO PALẸ̀MỌ́ SÓRÍ ILẸ̀.
58. WỌN WÍ, TI ÒRÚNMÍLÀ BA NÍ ENI ẸKUN ÒKÈTÉ.
59. WỌN WÍ, TI Ó BA NÍ ENI ẸKUN.
60. WỌN WÍ, TI Ó BA NÍ ẸJA KAN.
61. WỌN WÍ, TI Ó BA NÍ ENI ÌGBÍN.

62. WỌN WÍ, TI Ó BA NÍ EPÒ PÚPÀ.
63. WỌN WÍ, TI Ó A NÍ ÉJÒ ṢILẸ.
64. ÒRÚNMÍLÀ ṢE ẸBỌ.
65. NÍGBÀ ÒRÚNMÍLÀ ṢE ẸBỌ,
66. WỌN BA YIO BÈRÈ IFÁ FÚN Ọ.
67. ÒRÚNMÍLÀ GBÀ ẸBỌ SÍ LOJUDE, JINNA.
68. NI NDÈ ODÙ, ÒUN BÁ ẸBỌ NI ITÁ.
69. AH! TANI BA WÁ NṢE ÈYÍ ẸBỌ SÓRÍ ERUPẸ?
70. AH! ÈṢÙ WÍ, ÒRÚNMÍLÀ BA ṢE ÈYÍ ẸBỌ NI ILẸ,
71. NITORI KINI FẸ ISOYIGI PÈLÚTIRẸ, ÌWỌ ODÙ.
72. ODÙ WÍ, AISI BURU.
73. GBOGBO WỌNNIYẸN TI ODÙ GBÉ LẸHÌN TIRẸ,
74. WỌN YIO WÀ ÀWỌN ẸNIA (NKAN) BURU.
75. ÒUN WÍ, TI WỌN GBOGBO BA JẸ.
76. ODÙ ṢI BẸ̀ẸBẸ̀Ẹ IGBÁ NI ÀRÀGÀMÁGÒ,
77. ẸIYẸ RẸ, NI ERUPẸ.
78. ÒUN WÍ TI Ó BA JẸ.
79. ODÙ WỌN NÍLÉ.
80. NÍGBÀ ÒUN BA WỌ́ NÍLÉ, ODÙ PÈ ÒRÚNMÍLÀ.
81. ÒUN WÍ, ÌWỌ ÒRÚNMÍLÀ.
82. ÒUN WÍ, ÒUN BA DÈ.
83. ÒUN WÍ, AGBARA YIN WÀ ỌPỌ̀LỌ́PỌ̀,
84. ÒUN WÍ, ṢÙGBÓN ÒUN KÒ YIO JẸ́KÍ JOWERE TIRẸ.
85. ÒUN WÍ, TI ÒUN KÒ FẸ́ IJA PẸ̀LÚ Ọ, ÒRÚNMÍLÀ.
86. ÒUN WÍ, GANGAN BI ẸNIKAN BA BÈRÈ IRÀNLỌ́WỌ́ RẸ
87. LÁTI IJAKADI ÌWỌ,
88. ÒUN WÍ, ÒUN KÒ IYO DOJUJAKỌ ÌWỌ,
89. NITORI KINI, ODÙ WÍ. ÀWỌN KÒ YIO ṢE JÌYÀ; ÒRÚNMÍLÀ.

90. NITORI KINI, BI WỌN BA FẸ NṢE ÒRÚNMÍLÀ FARADA.
91. ÒUN MÁ BA JẸ́KÍ.
92. ODÙ BA YỌJUDE AGBARA RẸ PẸ̀LÚ ẸIYẸ RẸ.
93. ODÙ, PẸ̀LÚ AGBARA RẸ ÀTI LÁGBARA NI ẸIYẸ RẸ,
94. ÒUN BA DOJUKAKỌ WỌNNIYẸN ẸNIA.
95. NÍGBÀ ODÙ ṢÉTÀN NSỌ BẸ́Ẹ̀BẸ́Ẹ̀,
96. ÒRÚNMÍLÀ WÍ, AISI BURUKU.
97. WỌN YIO LỌ, NÍGBÀNA, DÈ.
98. NI IṢẸJU NI NDÈ, ODÙ WÍ, ÌWỌ ÒRÚNMÍLÀ,
99. ÒUN WÍ, KỌ́ GẸGẸBI NI ÈWỌ́ MI.
100. ÒUN WÍ, ÒUN FẸ́ ṢO TIRẸ ÈWỌ́ EẸ.
101. ÒUN WÍ, ÒUN KÒ FẸ́ TI OMIRAN TIYIN ỌBINRIN,
102. RÍ TIRẸ LÓJÚ.
103. ÒUN WÍ, TI Ó BA WÍ NI GBOGBO ỌBINRIN OMIRAN TIYIN,
104. ÒUN WÍ, TI ÀWỌN KÒ RÍ TIRẸ LÓJÚ.
105. WỌNNYÍ TI BA RÍ OJÚ RẸ, Ó BA RI DOJUJAKỌ RẸ.
106. ÒUN WÍ, TI ÒUN KÒ FẸ́ TI ẸNIKANKAN
107. Ó BA RÍ TIRẸ LÓJÚ.
108. ÒRÚNMÍLÀ WÍ, AISI BURU.
109. ÒUN PÈ, NÍGBÀNA, GBOGBO ỌBINRIN OMIRAN TIYIN.
110. ÒUN ṢAJU Ú.
111. ÀWỌN ỌBINRIN NI ÒRÚNMÍLÀ KÒ YIO RÍ TIRẸ LÓJÚ.
112. ODÙ WÍ NI ÒRÚNMÍLÀ TI
113. ÒUN WÍ, ÒUN DÉ PẸ̀LÚ O, ṢE ẸRU RẸ
114. ÀBÒDÈ LÁÀNU.
115. ÒUN WÍ, TI Ó BA LỌ TÚNṢE GBOGBO OHUN.
116. ÒUN WÍ, GBOGBO OHUN TI Ó BA FẸ́ BÀJẸ́,

117. ÒUN KÒ YIO TÚNṢE É.
118. ÒUN WÍ, BI Ó MỌ̀ ẸWÓ RẸ,
119. ÒUN WÍ, GBOGBO OHUN TIYIN YIO WÀ IPARI RERE.
120. WỌNNYÍ TI BA FẸ́, NÍGBÀNA, BÀJẸ́ Ẹ̀,
121. ÒUN KÒ YIO JẸ́KÍ TI AISI BA WÀ MBÀJẸ́.
122. BI ÒṢÓ, Ó BA FẸ́ BÀJẸ́,
123. ÒUN WÍ, ÒUN KÒ JẸ́KÍ Ì ṢE.
124. TI Ó GANGAN, YIO WÀ NÍGBÀNA, BÀJẸ́.
125. ÒUN WÍ, KÒṢENI ÀJẸ́, NÌ LÁGBARA
126. NI BÀJẸ́ NKANKAN NI ỌRÚNMÍLÀ.
127. ÒUN WÍ, TI ỌRÚNMÍLÀ KÒ IRÈ PẸ̀LÚ Ẹ.
128. ÒUN WÍ, GBOGBO OHUN, IPARI, YIO WÀ RERE.
129. ÒUN WÍ, TI ÒUN KÒ IDELỌ̀NA PẸ̀LÚ ỌRÚNMÍLÀ.
130. ÒUN, NÁÀ, KÒ YIO DOJUKAKỌ LÒDÌSÍ ỌRÚNMÍLÀ ÀWỌN ẸNIA.
131. ÒUN WÍ, TI ỌRÚNMÍLÀ MỌ̀ ÀWỌN IPINNU,
132. TI Ó FẸ IRÀNLỌ NI ṢE.
133. ÒUN WÍ, BI Ó RÀN JIṢẸ KAN,
134. LÁTI ṢE ẸNIKAN ÌJÌYÀ,
135. BI Ó FẸ́ RÀN ÁN, ÒUN YIO IBỌ́LỌ́WỌ́ (NI JIṢẸ).
136. LÁTI LÁGBARA NI ẸIYẸ RẸ,
137. BI ẸNIKAN BA FẸ́ ṢE ỌRÚNMÍLÀ ÌJÌYÀ,
138. PÈSÈ BUṢAN ÁN, ODÙ BA JADE LỌ LÁTI NIBẸ JÀGÚN.
139. ỌRÚNMÍLÀ WÍ, HEIN! IWỌ, ODÙ.
140. ÒUN MỌ̀ TI ODÙ, NÌ IYÈ.
141. ÒUN MỌ̀ TI O ODÙ, NÌ GAJU
142. NI GBOGBO ỌBINRIN LAIYE.
143. ÒUN KÒ ṢẸ́FẸ PẸ̀LÚ O, BẸ́ẸKỌ LÁI.
144. GBOGBO ỌMỌ YIN TI WÀ BÀBÁLÁWÒ,

145. ÒUN ŞÀFÍYÈSÍ Ì LÁTI TI KÒ GBỌ́DỌ̀
146. BẸ́ẸKỌ LÁI, LẸ̀FẸ PẸ̀LÚ Ọ;
147. NITORI KINI ODÙ NÌ LAGBARA ÀWỌN BÀBÁLÁWÒ.
148. ÒUN WÍ, BI BÀBÁLÁWÒ JOGUN IFÁ.
149. ÒUN WÍ, ÒUN NÍ ODÙ NÁÀ.
150. ÒUN WÍ, LAGBARA, TI NÍGBÀNA, ODÙ JÌN TIRẸ,
151. ÒUN WÍ TI GBOGBO ỌBINRIN JUMỌ TIRẸ,
152. WỌN KÒ YIO GBỌ́DỌ̀ WÒ LÓJÚ TIRẸ.
153. TẸ̀LẸ́ WỌNNYÍ ỌJỌ́, GBOGBO BÀBÁLÁWÒ WÀ IPARI,
154. KÒ SÍ NKAN TI KÒ BA GBÀ ÈYÍ, ODÙ.
155. WỌNNYÍ TI KÒ JOGUN ÈYÍ, ODÙ;
156. ÒUN KÒ YIO GBÀ BÈRÈ IFÁ,
157. LỌ́JỌ́ TI Ó NÍ ODÙ.
158. WỌNNYÍ ỌJỌ́, ÒUN BI YIO TÙNDÈ ẸNIKAN TI,
159. ODÙ MÁ YIO JẸ́KÍ BÙKÙ ÚN NI ÌJÌYÀ.

Em português:
1. Que você pisoteie a mata.
2. Que eu pisoteie a mata.
3. Que nós pisoteemos a mata, juntos.
4. **Ifá** é consultado por **Odù**.
5. Eles dizem, **Odù** veio do além para a Terra.
6. Quando ela chegou à Terra,
7. eles dizem, você, **Odù**, esta é sua partida.
8. **Òlódùmárè** lhe dá um pássaro.
9. Ela pega este pássaro para ir para a Terra.
10. **Àràgàmágò** é o nome que **Òlódùmárè**
11. dá a este pássaro.
12. **Àràgàmágò** é o nome que tem este pássaro de **Odù**.
13. Ele diz, você **Odù**,

14. ele diz, toda incumbência onde ela o enviará,
15. ele a fará.
16. Ele diz, para o lugar onde ela gostaria de enviá-lo,
17. ele iria.
18. Ele diz, se era para fazer o mal,
19. ele diz, se era para fazer o bem.
20. ele diz, toda coisa que ela gostaria
21. de dizer este pássaro para a Terra.
22. **Odù** traz este pássaro para a Terra.
23. **Odù** disse que nenhuma pessoa podia vê-la,
24. ela diz para não a olhar.
25. Se um inimigo de **Odù** a olhasse,
26. ela lhe furaria os olhos,
27. (ela o cegaria),
28. com o poder deste pássaro, ela lhe estouraria os olhos.
29. Se um outro de seus inimigos,
30. quisesse olhar dentro da cabaça deste pássaro,
31. esse pássaro, **Àrágàmágò**, lhe furaria os olhos.
32. Ela utiliza este pássaro assim.
33. Ela o utiliza até chegar na casa de **Ọrúnmìlà**.
34. **Ọrúnmìlà** vai consultar seus **Bàbáláwò**.
35. Ele vai consultar:
36. "Se nós ensinarmos a inteligência a alguém,
37. sua inteligência será inteligente".
38. "Se nós ensinarmos a estupidez a alguém,
39. sua estupidez será estúpida".
40. Os **Bàbáláwò** da casa de **Ọrúnmìlà**,
41. consultam **Ifá** para saber o dia
42. em que ele tomará **Odù** como esposa.
43. **Ọrúnmìlà** é assim, terá **Odù** por esposa.

44. Os **Bàbáláwò** de **Òrúnmílà** dizem, AH!
45. Eles dizem, **Odù**, quem você quer ter para esposo,
46. eles dizem, um poder está entre as mãos dela.
47. Eles dizem, para este poder, **Òrúnmílà**,
48. fará uma oferenda no chão,
49. por causa de todas estas pessoas.
50. Eles dizem, que com seu poder,
51. que ela não o mate e nem coma ninguém,
52. porque o poder desta mulher é muito maior
53. que o poder de **Òrúnmílà**.
54. Eles dizem que **Òrúnmílà** faça, rapidamente,
55. esta oferenda no chão.
56. Eles dizem as coisas que **Òrúnmílà**
57. preparará sobre o chão.
58. Eles dizem, que **Òrúnmílà** tenha um rato **Òkèté**.
59. Eles dizem, que ele tenha um rato.
60. Eles dizem, que ele tenha um peixe.
61. Eles dizem, que ele tenha um caracol.
62. Eles dizem, que ele tenha óleo vermelho.
63. Eles dizem, que ele tenha oito Shillings.
64. **Òrúnmílà** faz a oferenda.
65. Quando **Òrúnmílà** fez a oferenda,
66. eles consultaram **Ifá** para ele.
67. **Òrúnmílà** leva a oferenda para fora, longe.
68. Na chegada de **Odù**, ela encontra a oferenda na rua.
69. AH! Quem veio fazer esta oferenda sobre o chão?
70. AH! **Èṣù** diz, **Òrúnmílà** fez esta oferenda no chão,
71. porque quer casar contigo, você **Odù**.
72. **Odù** diz, nada mal.

73. Todos aqueles que Odù traz atrás dela,
74. são pessoas (coisas) más.
75. Ela diz, que eles todos comam.
76. Odù abre assim a cabaça de Àràgàmágò,
77. seu pássaro, no chão.
78. Ela diz que ele coma.
79. Odù entra na casa.
80. Quando ela entrou na casa, Odù chama Òrúnmílà.
81. Ela diz, você Òrúnmílà.
82. Ela diz, ela chegou.
83. Ela diz, seus poderes são numerosos,
84. Ela diz, mas ela não deixará que lhe combatam.
85. Ela diz, que ela não quer brigar com você, Òrúnmílà.
86. Ela diz, mesmo se alguém pedisse sua ajuda
87. para combater você,
88. Ela diz, ela não combaterá você,
89. Porque, Odù diz, eles não farão sofrer; Òrúnmílà.
90. Porque, se eles quisessem fazer Òrúnmílà sofrer.
91. Ela não deixaria.
92. Odù mostraria seu poder com seu pássaro.
93. Odù, com seu poder e o poder de seu pássaro,
94. combateria aquelas pessoas.
95. Quando Odù terminou de falar assim,
96. Òrúnmílà diz, nada mal.
97. Eles vão, então, chegar.
98. No momento da chegada, Odù diz, você Òrúnmílà,
99. Ela diz, aprenda rápido a minha proibição.
100. Ela diz, ela quer dizer sua proibição.
101. Ela diz, ela não quer que suas outras mulheres,
102. lhe vejam o rosto.

103. Ela diz, que ele diga à todas as suas outras mulheres,
104. ela diz, que elas não lhe olhem o rosto.
105. Aquela que olhasse seu rosto, veria sua batalha.
106. Ela diz, que ela não quer que ninguém
107. lhe veja o rosto.
108. **Ọ̀rúnmílà** diz, nada mal.
109. Ele chama, então, todas as suas outras mulheres.
110. Ele as previne.
111. As mulheres de **Ọ̀rúnmílà** não lhe olharão o rosto.
112. **Odù** diz à **Ọ̀rúnmílà** que
113. ela diz, ela vem com você, fazer seu fardo
114. tornar-se benfazejo.
115. Ela diz, que ela vai consertar toda coisa.
116. Ela diz, toda coisa que ele queira estragar,
117. ela não o consertará.
118. Ela diz, se ele conhece sua proibição,
119. ela diz, todas as suas coisas serão completamente boas.
120. Aquela que queira, então, estragá-las,
121. ela não deixará que nada seja estragado.
122. se o Bruxo (Òṣó), quiser estragar,
123. ela diz, ela não o deixará fazer.
124. Que ele próprio, será então, estragado.
125. Ela diz, nenhuma felicidade (Àjẹ́), é capaz
126. de estragar algo de **Ọ̀rúnmílà**.
127. Ela diz, que **Ọ̀rúnmílà** não brinque com ela.
128. Ela diz, todas as coisas, completamente, serão boas.
129. Ela diz, que ela não lutará com **Ọ̀rúnmílà**.
130. Ela, também, não lutará contra as pessoas.
131. Ela diz, que **Ọ̀rúnmílà** sabe as incumbências,

132. que ele quer enviá-la a fazer.
133. Ela diz, se ele manda uma mensagem,
134. para fazer alguém sofrer,
135. se ele quer enviá-la, ela entregará (a mensagem);
136. com o poder de seu pássaro,
137. se alguém quiser fazer Ọrúnmílà sofrer,
138. somente beliscá-lo, Odù partiria para lá brigar.
139. Ọrúnmílà diz, hein! Você, Odù.
140. Ele sabe que você Odù, é importante.
141. Ele sabe que você Odù, é superior
142. a todas as mulheres do mundo.
143. Ele não gracejará com você, jamais.
144. Todos seus filhos que são Bàbáláwòs,
145. ele os previne para que não ousem
146. jamais, gracejar com você;
147. porque Odù é o poder dos Bàbáláwò.
148. Ele diz, se o Bàbáláwò possui Ifá,
149. ele diz, ele tem Odù também.
150. Ele diz, o poder, que então, Odù lhe dá,
151. diz que todas as mulheres perto dele,
152. não ousarão olhar o rosto dela.
153. Depois deste dia, todos os Bàbáláwò são completos,
154. nenhum que possua esta, Odù.
155. Aquela que não possuir esta, Odù;
156. não poderá consultar Ifá,
157. no dia que ele tem Odù.
158. Naquele dia, ele se tornará alguém que,
159. Odù não deixará abater-se no sofrimento.

10 - ẸSẸ ODÙ ÒṢÉ ÒYẸKÚ

Em yorùbá:

1. WỌNNYÍ TI ÒDÁRÀN, KÚ PẸLÚ IKÚ NI ẸBI.
2. ỌLÁ, ÒṢÉ ÒYẸKÚ.
3. IFÁ NÌ MBÈRÈ SÍ ODÙ,
4. ÒUN TI WÍ, TI BI JOKO SÓRÍ ÀPÈRÈ RẸ.
5. WỌN WÍ, ÌWỌ ODÙ, TI BI JOKO SÓRÍ ÀPÈRÈ RẸ,
6. WỌN WÍ, NITORI BA GBÈSÈ, ÒUN, NṢE ENI ẸBỌ NJẸ́?
7. WỌN WÍ, NITORI ÀWỌN ỌMỌ YIN,
8. ÌWỌ ṢE ENI ẸBỌ.
9. WỌN WÍ, TI ODÙ BA RÙ ẸBỌ ẸWÀ ẸYIN ADIẸ.
10. WỌN WÍ, TI Ó MÚRÀ ẸWÀ ÌGBÍN.
11. WỌN WÍ, TI Ó PÈSÈ ẸGBÉWÀ AMÒKÚN
12. ÀTI ÀRÚN ṢILẸ.
13. ODÙ ṢE ẸBỌ.
14. NÍGBÀ ODÙ BA ṢE ẸBỌ,
15. IFÁ BA LỌ MBÈRÈ FÚN Ọ́.
16. ODÙ TI BI JOKO SÓRÍ ÀPÈRÈ RẸ.
17. WỌN WÍ, ÌWỌ ODÙ,
18. WỌN WÍ, ÒUN YIO DÚRÒ ADUGBO;
19. ÒUN YIO BÁ ENI NKAN ÀGBÀ.
20. WỌN WÍ, BA LỌ WÀ NSỌ TI ORÍ RẸ
21. YIO WÀ GBOGBO FÚNFÚN (ORÍ NIHINYÍ),
22. TI Ó YIO DÚRÒ ADUGBO PÚPỌ̀.
23. WỌN WÍ, TI Ó YIO BÁ LAIYE,
24. TI ÒUN KÒ BA LỌ KÚ GẸGẸBI,
25. ÌWỌ, ODÙ.
26. NÍGBÀ ODÙ MÁ KÚ KÍAKÍA,
27. ODÙ WÁ PẸLÚ ILERA RERE.

28. NÍGBÀ NI AKOKO KỌJA ODÙ BI ITÙNDÉ ÀGBÀ PÚPỌ̀.
29. WỌN GBÈSÈ BẸ́RẸ́ ỌRỌ NI ODÙ.
30. TITI NÍGBÀ YIO LỌ DÀGBÀ RẸ TÁSÌ?
31. ODÙ KÒ MỌ̀ MỌ̀ AISI.
32. LÈ WÀ TI Ó BA NÍ NIGBỌ́
33. NI ỌRỌ TI WỌN BA WÍ BI?
34. LÈ WÀ TI ÒUN KÒ NÍ NGBỌ́
35. NI ỌRỌ TI WỌN BA WÍ BI?
36. LÈ WÀ TI ÒUN KÒ NÍ NGBỌ́
37. NI ỌRỌ TI WỌN BA WÍ BI?
38. NÍGBÀ BA DÉ LAGOGO, ODÙ PÈ GBOGBO ỌMỌ YIN.
39. ÒUN WÍ, LADUGBO NDÈ SÓRÍ Ẹ.
40. ÒUN WÍ, BI WỌN PẸ́ BẸ́RẸ́ TIRẸ NI ỌRỌ,
41. ÒUN WÍ, ÒUN BA LỌ NWADI OHUNKAN
42. TI SÀNPADÀ Á, ÈYÍTI WỌN BA LÈ TỌRỌ
43. NI ỌRỌ,
44. ODÙ BA LỌ.
45. ODÙ TÙNDÉ,
46. ÒUN BA LỌ LÁTI GBOGBO
47. ẸLẸGBẸ YIN JUMỌ.
48. WỌNNYÍ ASIKO ODÙ WÁ PẸ̀LÚ IGBÁ.
49. ÒLÚDÁMỌ̀RAN YIN BA RÒ JUMỌ
50. NI ỌRỌ TI NI IGBÁ YIO WÁ FÚN.
51. PẸ̀LÚ NÌ ẸRÌN (ÀWỌN OLÙKỌ́).
52. WỌNNYÍ TI WÁ ÈYÍ ỌJỌ NÌ ỌBARIṢA.
53. LẸ́HÌN NI NÍ MPÈ ỌBARIṢA, ÒUN PÈ ỌBALUWAIYE.
54. LẸ́HÌN NI NÍ MPÈ ỌBALUWAIYE, ÒUN PÈ NÁÀ ÒGÚN.
55. NÍGBÀ ÒUN PARI NI MPÈ ÒGÚN,
56. ÒUN PÈ NÁÀ ODÙDÙWÀ.
57. ODÙDÙWÀ NÌ NÍGBÀNI KẸ́RÌN LÁÀRIN WỌN.

58. ODÙ WÍ, TI Ó WÀ NJOKO SÓRÍ ÀPÈRÈ RẸ.
59. ODÙ WÍ, TI Ó PÁDÀ Á ADUGBO PÚPÒ.
60. ODÙ WÍ, TI Ó FẸ́ NLỌ NIBI,
61. NIBO BA LỌ ÀWỌN ÀGBÀ.
62. ÒUN WÍ, LOHUN TI Ó TỌRỌ TIWỌN.
63. ÒUN WÍ, BI ẸNIKAN FẸ́ JADE LỌ,
64. ÒUN GBÈSÈ NSỌ PẸ̀LÚ TẸ̀DOSÍ RẸ,
65. ÀTI NSỌ TI Ó FẸ́ JADE LỌ.
66. WỌN WÍ, AH!
67. WỌN WÍ, TI ÒUN Ò BI JADE LỌ.
68. WỌN WÍ, IBI NI NIBO WỌN BA SỌ,
69. WỌNNYẸN ẸRIN BA WÒ NÍGBÀNA LÁTI IGBÓ,
70. BẸ́Ẹ̀BẸ́Ẹ̀ WỌN BA RÍ NI IGBÁ, BÒ NI IGBẸ́.
71. ỌBARIṢA WÍ NI ÒGÚN LÁTI LỌ JÁ NI IGBÁ.
72. ÒGÚN JÁ, NÍGBÀNA, NI IGBÁ,
73. ÒUN JÁ ẸRIN.
74. ỌBARIṢA WÍ NI ÒGÚN LÁTI GÉ È.
75. ÒGÚN KÉ ÀWỌN IGBÁ.
76. ỌBARIṢA WÍ LÁTI JÌN ENI NI ODÙDÙWÀ,
77. TI ÒGÚN FÚN, NÁÁ, ENI NI ṢAPANA (ỌBALUWAIYE).
78. ÒGÚN WÍ, TI WÀ ÀWỌN IGBÁ TIWỌN, TI Ó KÉ.
79. NÍGBÀ ÒGÙN GÉ ÀWỌN IGBÁ,
80. ÒUN KÉ ÀWỌN IGBÁ YIN NI ẸRIN ÒNA.
81. ÒGÚN WÍ, TI BA GÉ.
82. ÒGÚN WÍ, JUMỌ GÚN NI ÀYÁ
83. PẸ̀LÚ ỌWỌ́ WA (NI IGBEPỌ̀ ṢE ẸKU LÍLE).
84. ÒUN WÍ, Ó FẸ́ TI GBOGBO TẸ́DOSI RẸ,
85. TI WỌN BA IDIMIMỌ̀ LỌ́WỌ́ (GBÀ) NI IJADE RẸ,
86. TI WỌN FIHÀN LỌ́WỌ́ (GBÀ) LOHUN IPINNU.

87. TI ÀWỌN ỌMỌ ÀTI ỌMỌDỌMỌ YIN,
88. TI WỌN BA BẸ̀BẸ̀ NI ỌRỌ,
89. TI Ó BA LỌ WÍ.
90. NÍGBÀ ÒUN BẸ̀ẸBẸ̀Ẹ̀ BA SỌ.
91. ỌBARIṢA FẸ́ NI ẸFUN (ẸTU FÚNFÚN).
92. ỌBALUWAIYE FẸ́ NI ỌSÚN (ẸTU PÚPÀ).
93. ÒGÚN FẸ́ NI ÈDÚ (ẸTU DUDU).
94. ODÙDÙWÀ FẸ́ NI Ọ̀DA ILẸ̀ (ẸTU Ọ̀DA ILẸ̀).
95. ỌBARIṢA GBÀMÚ IGBÁ ẸFUN.
96. ÒUN WÍ, IGBÁ ẸFUN.
97. ÒUN WÍ, Ó GBÉ È LÁTI Ọ, ODÙ.
98. ÒUN WÍ, TI Ó FÍ Ì PẸ̀LÚ ÀPÈRÈ RẸ.
99. ÒUN WÍ, BI ỌMỌ YIN BA ṢE TIRẸ NI ISIN,
100. TI WỌN BA JÚBÀ Ẹ.
101. ÒUN WÍ, BẸ́ẸBẸ́Ẹ̀ WỌN YIO ṢE NI ISIN IGBÁ ẸFUN.
102. ÒUN WÍ, Ó GBÉ È FÚN Ọ, ODÙ.
103. ÒUN WÍ, GBOGBO OHUN TI WỌN BA BẸ̀BẸ̀ NI ÈYÍ IGBÁ.
104. ÒUN WÍ, ÈYÍ IGBÁ YIO ṢE É PẸ̀LÚ WỌN,
105. ÒUN WÍ, ỌBARIṢA Ò YIO DOJUKAKỌ,
106. ÒUN WÍ, NITORI KINI ÒUN ÀTI ÒUN, ODÙ WÀ ENI KIKI OHUN.
107. ÒUN WÍ, ỌBARIṢA JÌN ÍN NI ODÙ.
108. ỌBALUAIYE GBÀMÚ NI ỌSÙN (ẸTU PÚPÀ),
109. NI ỌSÙN NIBO ÒUN KINRIN ARA RẸ.
110. ÒUN GBÁ À SÍ IGBÁ.
111. ÒUN WÍ, ÌWỌ WÀ NI IGBÁ,
112. ÒUN WÍ, Ó PADÀ NI IGBÁ TIRẸ (NI ODÙ) LÓNÍ.
113. ÒUN WÍ, GBOGBO OHUN TI ỌMỌ YIN YIO BẸ̀BẸ̀,
114. ÀWỌN ÀTI GBOGBO WỌN GBÀMÚ ÙN.

115. BI BA WÀ OWÓ TI WỌN BẸ́BẸ́,
116. TI NÍGBÀNA Ó ṢE É PẸ̀LÚ WỌN.
117. NI ÀWỌN ẸBẸ́ TI ỌMỌ YIN YIO ṢE,
118. ÒUN YIO DÁHÙN NẹNÚ ÈYÍ IGBÁ,
119. NITORI KINI ÒUN TÙNDÉ ARUGBO.
120. ÒUN SỌ BẸ́ẸBẸ́Ẹ.
121. ODÙ GBÀ, ÈYÍ PADÀ IGÁ ÉJÌ.
122. ÒGÚN GBÉ, NÁÀ, NI IGBÁ ÈDÚ.
123. ÒUN GBÁ IGBÁ FÚN ODÙ.
124. ÒUN WÍ, ÌWỌ, ODÙ,
125. ÒUN WÍ, NIHINKI NI IGBÁ ÈDÚ.
126. ÒUN WÍ, GBOGBO OHUN PẸ̀LÚ ÀWỌN ÈYÍTI
127. WỌN YIO ṢE ISIN NI IGBÁ RẸ,
128. ÒUN WÍ, WỌN YIO BỌ̀ NÁÀ ÈYÍ IGBÁ TI Ó JÌN TIRẸ.
129. ÒUN WÍ, ỌMỌ YIN Ò YIO WÁ KÚ NI IGBÀ ỌMỌDÉ.
130. ÒUN WÍ, ÀWỌN Ò YIO DÀGBÀ NI IJÌYÀ.
131. ODÙ GBÀ, ÈYÍ PADÀ IGBÁ Ẹ́TÀ.
132. ODÙDÙWÀ NÁÀ GBÉ IGBÁ NI Ọ̀DÁ ILẸ̀.
133. ÒUN GBÉ È FÚN Ọ.
134. ODÙDÙWÀ GBÉ TI WỌN BI BỌ̀ ÈYÍ IGBÁ NI Ọ̀DÁ ILẸ̀,
135. JUMỌ PẸ̀LÚ ÀPÈRÈ NI ODÙ;
136. PẸ̀LÚ ÀWỌN IGBÁ TI OMIRAN ÒRÌṢÀ BA GBÉ NI ODÙ.
137. ODÙ GBÀ, ÈYÍ PADÀ IGBÁ Ẹ́RÌN.
138. WỌNNIYẸN IGBÁ ẸRÌN WÀ ÀWỌN TI GBOGBO WỌN BỌ̀.
139. WỌN BA WÍ, ÀWỌN ẸRÌN KAIYE,
140. WỌN WÀ NI ÀWỌN IGBÁ ẸRÌN.
141. OLUKULUKU IGBÁ AṢOJU ENI KAN LAYE.
142. ODÙ WÍ, BI ỌMỌ YIN BA BỌ̀ NI ÀPÈRÈ TI NÌ RẸ,

143. WỌN BỌ Ọ BẸ̀ẸBẸ̀Ẹ̀.
144. NI IGBÁ NÌ IBUGBÉ ODÙ.
145. ÒUN WÍ, OHUNKAN TI WỌN SỌ TIRẸ LÁTI ṢE,
146. ÒUN YIO ṢE É NI IRÉ.
147. ÒUN WÍ, BI ÒUN WÍ WỌN BỌ IGBÁ ẸFUN (Ẹ̀TU FÚNFÚN),
148. TI NÌ NI ỌBARIṢA,
149. TI WỌN BA WÁ BỌ Ọ NÁÀ NIBẸ,
150. ÒUN YIO DÁHÙN.
151. ÒUN WÍ, BI WỌN BỌ IGBÁ NI ỌSÙN (Ẹ̀TU PÚPÀ),
152. ÒUN YIO DÁHÙN,
153. ÒUN WÍ, BI WỌN BỌ IGBÁ NI ÈDÚ (Ẹ̀TU DUDU).
154. ÒUN IYO DÁHÙN.
155. ÒUN WÍ, BI WỌN BỌ IGBÁ NI ỌDÁ ILẸ̀ (Ẹ̀TU ỌDÁ ILẸ̀),
156. ÒUN IYO DÁHÙN.
157. ÒUN WÍ, ṢÙGBỌ́N BI WỌN BA NÍ, NISISIYI,
158. NGBÉ NI ÀPÈRÈ,
159. ÒUN WÍ, ẸYIN, GBOGBO ỌMỌ YIN,
160. NÌ ÒUN TI ẸYIN BỌ,
161. TI BA FẸ WÁ NI BỌ ENI KIKI ARA,
162. TI ÒUN FI NÍNÚ ÈYÍ ÀPÈRÈ,
163. IPINLẸ̀ NI IGBÀ.
164. NI ỌJỌ́ LATIJỌ́, PẸ̀LÚ IRÚGBÌN NI OBI FÚNFÚN,
165. ÀTI IRÚGBÌN NI OBI PÚPÀ,
166. WỌN BỌ ODÙ.
167. BI WỌN BA MỌ̀ KINI WỌN BA FẸ́
168. NI WỌN NI IYARA RẸ,
169. WỌN YIO MỌ̀ TI WỌN YIO WÁ BỌ Ọ;
170. WỌN BA YỌ NI OMI ẸRỌ ("NI IDÁKẸ̀"),
171. WỌN BA KINRIN ÀWỌN OJÚ.

172. NI OMI "NI IDÁKẸ̀" PẸ̀LÚ TI WAKIRI
173. NI ÀWỌN OJÚ WỌNYÍ ỌJỌ́,
174. NÌ NI ÈWÉ ÒDÚNDÚN, ÈWÉ TẸ̀TẸ̀,
175. ÈWÉ RÍNRÍN (PEREGUN), ẸRẸ DUDU,
176. ÀTI ÀWỌN TOKOTO (TÀBÍ ÌGBÍN).
177. ÀWỌN TẸ̀MỌ́LẸ̀ Ẹ́ LOMI.
178. NÍGBÀ ẸNIKAN TI BA KINRIN ÀWỌN OJÚ PẸ̀LÚ YÍ,
179. ÒUN LÈ WỌ̀ NÍLÉ ODÙ,
180. ÒUN LÈ LỌ RÍ IGBÁDÙ.
181. WỌN PÈ ÀPÈRÈ, IGBÁ ODÙ.
182. WỌN PÈ ÀPÈRÈ, NI ILÉ ODÙ.
183. AH! ẸYIN BA YIO LỌ ṢI NI ÀPÈRÈ IGBÁDÙ, ẸYIN BA WÒ.
184. ODÙ BA FÍ OHUN YIN NIBẸ KÓTÓ NI KÚ.
185. ÒUN WÍ TI ỌMỌ YIN WÁ BỌ̀ Ọ́,
186. NI ARA IGBÁ TI Ó FÍ NI ÀPÈRÈ.
187. WỌN YIO LỌ BỌ ODÙ WỌNNYÍ IBI.
188. TẸ̀LẸ́ ÈYÍ ỌJỌ́, ÀWA BỌ ODÙ
189. NÍNÚ NI ÀPÈRÈ.
190. BI BÀBÁLÁWÒ FẸ́ BỌ IFÁ,
191. BI ÒUN BA LỌ AGINJÚ IFÁ,
192. BI ÒUN Ò BA BỌ̀ ṢAJU ODÙ NI ÀPÈRÈ,
193. MÁ ṢE AISIKAN.
194. IFÁ Ò YIO MỌ̀ TI ÒUN BA WÁ BỌ̀ Ọ́,
195. ÒUN Ò YIO MỌ̀ ÓUN PADÀ ỌMỌ RẸ.
196. ÒUN WÍ, TI GBOGBO ỌMỌ YIN
197. TI WỌN NÍ WÁ NI IGBÓ IFÁ,
198. ÀWỌN BỌ TITUN, ODÙ, ỌBINRIN RẸ, NI ÀPÈRÈ.

Em português:

1. Aquele que ofende, morre com morte do culpado.
2. Honrado, Òṣé Òyẹkú.
3. **Ifá** é consultado pra **Odù**,
4. que diz, que se senta em seu **Àpèrè**.
5. Eles dizem, você **Odù**, que se senta sobre seu **Àpèrè**,
6. eles dizem, porque deveria, ela, fazer uma oferenda?
7. Eles dizem, por causa de seus filhos,
8. Você faz uma oferenda.
9. Eles dizem, que **Odù** ofereça dez ovos de galinha.
10. Eles dizem, que ela prepare dez caracóis.
11. Eles dizem, que ela prepare dois mil búzios
12. e cinco Shillings.
13. **Odù** faz a oferenda.
14. Quando **Odù** fez a oferenda,
15. **Ifá** foi consultado para ela,
16. **Odù** que se senta sobre seu **Àpèrè**;
17. Eles dizem, você **Odù**,
18. eles dizem, ela ficará velha;
19. ela ficará uma pessoa velha.
20. Eles dizem, vai ser dito que sua cabeça
21. será toda branca (eis a cabeça),
22. que ela ficará muito velha.
23. Eles dizem, que ela ficará no mundo,
24. que ela não vai morrer rapidamente,
25. Você, **Odù**.
26. Quando **Odù** morre rapidamente,
27. **Odù** está com boa saúde.
28. Quando o tempo passa, **Odù** se torna muito velha.
29. Eles devem pedir a palavra à **Odù**.

30. Até quando irá sua idade avançada?
31. **Odù** não sabe mais nada.
32. Pode ser que elas tenham ouvido
33. a palavra que eles disseram?
34. Pode ser que ela não tenha ouvido
35. a palavra que eles disseram?
36. Poder ser que elas não tenham ouvido
37. a palavra que eles disseram?
38. Quando chegou a hora, **Odù** chama todos seus filhos.
39. Ela diz, a velhice chegou sobre ela.
40. Ela diz, se eles querem lhe pedir a palavra,
41. ela diz, ela vai procurar uma coisa
42. que a substitua, à qual eles possam pedir
43. a palavra,
44. **Odù** vai.
45. **Odù** retorna,
46. Ela vai para chamar todos
47. os seus companheiros juntos.
48. Naquele tempo **Odù** está com a cabeça.
49. Seus conselheiros pensam juntos
50. a palavra que a cabeça virá dar.
51. Eles são quatro (conselheiros).
52. Aquele que vem neste dia é **Ọbariṣa**.
53. Depois de ter chamado **Ọbariṣa**, ela chama **Ọbaluaiye**.
54. Depois de ter chamado **Ọbaluaiye**, ela chama também **Ògún**.
55. Quando ela terminou de chamar **Ògún**,
56. Ela chama também **Oduduwa**.
57. **Oduduwa** é então o quarto dentre eles.
58. **Odù** diz, que ela está sentada sobre seu **Àpèrè**.

59. **Odù** diz, que ela se tornou muito velha.
60. **Odù** diz, que ela deseja ir no lugar,
61. onde vão os velhos.
62. Ela diz, a coisa que ela lhes pede.
63. Ela diz, se alguém quer partir,
64. ele deve falar com sua gente,
65. e dizer que ela quer partir.
66. Eles dizem, ah!
67. Eles dizem, que ela não parta.
68. Eles dizem, o lugar de onde eles falaram,
69. estes quatro olharam então para a mata,
70. assim eles viram a cabaça, coberta de excremento.
71. **Ọbarişa** diz à **Ògún** para ir colher a cabaça.
72. **Ògún**, colhe, então, a cabaça,
73. ele colhe quatro.
74. **Ọbarişa** diz à **Ògún** para cortá-las.
75. **Ògún** corta as cabaças.
76. **Ọbarişa** diz para dar uma à **Oduduwá**.
77. Que **Ògún** dê, também, uma a **Şapanã** (**Ọbaluaiye**).
78. **Ògún** diz, que são as cabaças deles, que ele corta.
79. Quando **Ògún** cortou as cabaças,
80. Ele corta suas cabaças em quatro caminhos.
81. **Ògún** diz, que cortou.
82. **Ògún** diz, juntos batemos no peito
83. com nossas mãos (a união faz a força).
84. Ela diz, ela quer que toda sua gente,
85. que eles metam a mão (aceitem) em sua partida,
86. que eles metam a mão (aceitem) na coisa decidida.
87. Que os filhos e os filhos dos seus filhos,
88. que eles peçam a palavra,

89. que ela vai dizer.
90. Quando ela assim falou.
91. **Ọbarişa** ama o **Èfun** (pó branco).
92. **Ọbaluaiye** ama o **Ọsùn** (pó vermelho).
93. **Ògún** ama o carvão (pó preto).
94. **Oduduwá** ama a lama.
95. **Ọbarişa** pega a cabaça de **Èfun**.
96. Ele diz, a cabaça de **Èfun**.
97. Ele diz, ela a traz para ela, **Odù**.
98. Ele diz, que ela a coloque com seu **Àpèrè**.
99. Ele diz, se seus filhos lhe fazem o culto,
100. Que eles o invoquem.
101. Ele diz, assim eles farão o culto da cabaça de **Èfun**,
102. Ele diz, ele a traz para ela, **Odù**.
103. Ele diz, todas as coisas que eles pedirem à esta cabaça.
104. Ele diz, esta cabaça as fará por eles,
105. ele diz, **Ọbarişa** não os combaterá,
106. ele diz, porque ele e ela, **Odù** são uma só coisa.
107. Ele diz, **Ọbarişa** a dá à **Odù**.
108. **Ọbaluaiye** pega o **Ọsùn** (pó vermelho),
109. no **Ọsùn** onde ele esfrega no corpo.
110. Ele o leva à cabaça
111. Ele diz, você estará na cabaça,
112. Ele diz, ela tornou-se a cabaça dela (de **Odù**) hoje.
113. Ele diz, todas as coisas que seus filhos pedirão,
114. elas e todos eles a receberão.
115. Se for dinheiro que eles pedirem,
116. que então ele o fará por eles.
117. Aos apelos que seus filhos farão,

118. ela responderá do interior da cabaça,
119. porque ela tornou-se velha.
120. Ele fala assim.
121. **Odù** aceita, isto se torna duas cabaças.
122. **Ògún** traz, também, a cabaça de carvão.
123. Ele traz a cabaça para **Odù**.
124. Ele diz, você, **Odù**,
125. ele diz, eis a cabaça de carvão
126. Ele diz, todas as coisas com as quais
127. eles farão o culto de sua cabaça,
128. ele diz, eles adorarão também esta cabaça que ele te dá.
129. Ele diz, seus filhos não vão morrer na infância.
130. Ele diz, eles não envelhecerão no sofrimento.
131. **Odù** aceita, isto se torna três cabaças.
132. **Oduduwá** também traz a cabaça de lama.
133. Ele a traz para ela.
134. **Oduduwá** diz que eles adorem esta cabaça de lama,
135. junto com o **Àpèrè** de **Odù**.
136. com as cabaças que os outros **Òrìṣà** trouxeram à **Odù**.
137. **Odù** aceita, isto se torna quatro cabaças.
138. Estas quatro cabaças são as que todos eles adoram.
139. Eles dizem, os quatro cantos do mundo,
140. estão nas quatro cabaças.
141. Cada cabaça representa uma parte do mundo.
142. **Odù** diz, se seus filhos adorarem o **Àpèrè** que é seu,
143. elas a adoram assim.
144. A cabaça é a morada de **Odù**.
145. Ela diz, as coisas que eles lhe dizem para fazer,
146. ela as fará no bem.
147. Ela diz, se eles adorarem a cabaça de **Ẹ̀fun** (pó branco),

148. que é de **Ọbàrìṣà**,
149. que eles venham adorá-la também lá,
150. ela responderá.
151. Ela diz, se eles adorarem a cabaça de **Ọsùn** (pó vermelho),
152. ela responderá.
153. Ela diz, se eles adorarem a cabaça de carvão (pó preto),
154. ela responderá.
155. Ela diz, se eles adorarem a cabaça de lama (pó de terra),
156. ela responderá.
157. Ela diz, mas se eles tiverem, agora,
158. Trazido o **Àpèrè**,
159. ela diz, vocês, todos seus filhos,
160. é ela que adorais,
161. que queiram vir a adorar num só corpo,
162. que ela coloca dentro deste **Àpèrè**,
163. confinados na cabaça.
164. Desde aquele tempo, com sementes de obi branco,
165. E sementes de obi vermelho,
166. eles adoram **Odù**.
167. Se eles souberem o que eles querem
168. ao entrar no seu quarto.
169. saberão que eles vão adorá-la,
170. eles tiram a água que apazigua ("de calma"),
171. eles esfregam os olhos.
172. A Água "de calma" com que esfregam
173. nos olhos naquele dia,
174. é de folha de **Òdúndún** (Saião), folha **Tẹ̀tẹ̀** (Vassoura de Relógio),
175. folha **Rínrín** (Peregun), limo da costa (**Karitẹ́**),
176. e caracóis.

177. Eles os esmagam na água.
178. Quando alguém já esfregou os olhos com isso,
179. ele pode entrar na casa de **Odù**,
180. ele pode ir ver **Igbádù**.
181. Eles chamam **Àpèrè**, **Igbá Odù**.
182. Eles chamam **Àpèrè**, a casa de **Odù**.
183. Ah! Ireis abrir o **Àpèrè Igbádù**, olhai.
184. **Odù** colocou suas coisas lá antes de morrer.
185. Ela diz que seus filhos vêm adorá-la,
186. no corpo da cabaça que ela colocou no **Àpèrè**.
187. Eles vão adorar **Odù** naquele lugar.
188. Depois deste dia, nós adoramos **Odù**
189. no interior do **Àpèrè**.
190. Se o **Bàbáláwò** quer adorar **Ifá**,
191. se ele vai na floresta de **Ifá**,
192. se ele não adorou anteriormente **Odù** no **Àpèrè**,
193. não fez nada.
194. **Ifá** não saberá que ele veio adorá-lo,
195. ele não saberá que ele se tornou seu filho.
196. Ele diz, que todos seus filhos
197. que têm vindo na floresta de **Ifá**,
198. eles adoram de novo, **Odù**, sua mulher, no **Àpèrè**.

ÀDÚRÀ, ORÌKÍ, ỌFỌ̀, ÀTI ÌJÚBÀ ORIN ÌYÁMÍ

Toda e qualquer religião ou culto tem suas palavras de adoração, pedidos, agradecimentos e súplicas expressadas em rezas, cânticos, louvações. Na cultura yorùbá não poderia ser diferente, já que os yorùbá gostam de se expressar oralmente e através do movimento de seus corpos, que embalam as palavras mágicas que fazem parte dos versos de um orìkí, orin, àdúrà, ọfọ̀, ìjúbà etc. O povo yorùbá acredita que se não houver invocação e evocação dos Òrìṣà, fica muito difícil o êxito através de suas influências. Para isso, então, existem inúmeras àdúrà, orìkí, orin, ọfọ̀, ìjúbà que facilitam a comunicação entre homens e deuses. Normalmente, essas palavras mágicas, não importando em que estrutura se enquadrem, são passadas de pai para filho e com isso fica provado que não importa como o conhecimento é passado, mas sim que ele tem que ser transmitido, e que a memória de uma cultura deve ser mantida e avivada pelo povo que a divulga.

Incluímos nesse trabalho àdúrà, orìkí e orin dirigidos às Mães Ancestrais, porém lembramos ao leitor que estas são formularias, mas nada impede que o homem deixe brotar de seu íntimo um conjunto de palavras que chegará ao Òrìṣà devocional, propiciando um momento perfeito do homem com o divino. Quanto mais sinceridade, fé e amor as palavras contiverem, seja para pedir, suplicar ou agradar aos Òrìṣà, certamente, maior será o êxito.

Por serem oriundas de tradição oral, é obrigação de cada indivíduo que dela faz parte, mantê-las vivas, ardentes, e transmiti-las coletivamente.

ÀDÚRÀ = ORAÇÃO, REZA

Em princípio, a **àdúrà**, seja recitada ou cantada, é de suma importância em qualquer culto religioso, pois é meio de comunicação entre o divino e o ser humano. O homem, de modo geral, necessita adorar, louvar, suplicar e agradecer as divindades dentro do mundo teocrático yorùbá. Ao fazer suas orações, derrama sobre os deuses sua verdade e acredita que esses serão capazes de lhe conceder, através de seus poderes divinais, as realizações que almeja.

O povo yorùbá não impõe às divindades os seus desejos, mas crê que elas são inteiramente capazes de atendê-los, isto é, se o humano tiver capacidade e permissão para recebê-los. Observamos que o povo yorùbá realiza suas **àdúrà** conforme suas necessidades ou circunstâncias e que são, na realidade, pedidos às divindades que, acreditam, atendem mais rapidamente se forem acompanhados de oferendas. Essas orações podem ser individuais ou coletivas, formularias ou explicativas. Notamos que as orações têm como base suplicar proteção física, mental, psicológica ou astral, e são realizadas tanto nos momentos alegres quanto nos tristes. Quando as **àdúrà** são realizadas pelos Sacerdotes, em locais públicos ou privados, todos os presentes respondem àṣẹ, que literalmente significa: *"que seja do agrado de vossas divindades atenderem nossos pedidos"* (J. **Omoṣade Awoalu**).

01 – ÁDÙRÀ ÌYÁMÌ ỌṢỌ́RONGA

Em yorùbá:

1. ÌYÁMÌ ỌṢỌ́RONGA DAKUN MI O
2. KI O TÓ MI TÓ ỌMỌDE
3. O GBEGI NI ÒRÚN
4. ÀṢẸ O O O

Em português:

1. Minha mãe **Ọṣọ́ronga**, peço proteção para mim
2. para todos, para as crianças
3. já que estais no céu de cima
4. Assim seja, assim será

02 – ÁDÙRÀ ÀWÔN ÌYÁMÌ OMI

Em yorùbá:

1. NI ỌJỌ́ ÀTI JỌ́
2. ÒRÌṢÀ ÒDÒ L'A NPÈ
3. LÁTI KÍGBÉ PÈ ÒRÌṢÀ ỌNA
4. 04 —KI WÀ GBỌ́ ÒUN ÀWÚRE
5. NÍGBÀ TÓ DÁ LÓHÙN TAN
6. ÀWA BẸ̀RẸ́ SI WÚRE IPÈ
7. AGBÈ KI GBỌ́ ÒUN OLÓKUN
8. ÀLUKỌ̀ KÍ GBỌ́ ÒUN ỌLỌ́NA
9. NITORI LEKELEKE L'OFẸFUN
10. ÀWODI GBÁ L'ÓṢÚ
11. ṢÚGBỌ̀N KÍ IṢẸ IYẸ ADIYẸ
12. KÒ BÈ JẸ́ ADIYẸ̀ Ò FỌ̀
13. NI ỌJỌ́ ÒNÍ ÈMI (NOME DA PESSOA)
14. ỌMỌ T'ỌMỌDUN
15. MO KÍGBÉ PÈ KÍ GBOGBO ÀWỌN ÒRÌṢÀ
16. KI Ẹ GBỌ́ ÒUN OLÓKUN

ÌYÁMÌ OṢÓRONGA: O CULTO ÀS MÃES ANCESTRAIS

Em português:

1. Desde a antiguidade
2. Chamamos aos Òrìṣà dos nossos
3. Até que o grito do Òrìṣà deste caminho
4. venha ouvir nossas súplicas
5. Quando ele terminar de responder,
6. nesse exato momento nós começaremos a pedir,
7. Agbè traz a bondade quando se encontra com o dono de todas as águas
8. Àlukò traz boas notícias quando se encontra com o dono do caminho
9. O nosso pedido chega até Lekeleke para nos trazer paz e tranquilidade
10. Àwode, possuidor de penas na cabeça que voa alto, muito alto e leva nossas rezas ao Òrún,
11. porém suas penas não são iguais as da galinha,
12. e nem poderiam ser porque galinha não voa.
13. No dia de hoje eu (nome da pessoa).
14. Que sou filho da dona da festa,
15. Grito chamando todos os Òrìṣà.
16. Que o dono de todas as águas escute nossos pedidos.

03 – ÁDÙRÀ

Em yorùbá:

1. APAKI YẸYẸ WÁ
2. APAKI YẸYẸ WÁ
3. YẸYẸ MO PÈ O
4. YẸYẸ MO KI Ọ MÁ MÀ PANI
5. YẸYẸ WÁ MI LÀ GBÀ WA OO

Em português:

1. Nossa mamãezinha que possui asas esplendorosas
2. Nossa mamãezinha possui asas esplendorosas
3. Mamãezinha eu te chamo
4. Mamãezinha não me mate
5. Nossa mamãezinha nos será plenamente protetora

ORÍKÌ = EVOCAÇÕES

Sabemos da tradição oral da cultura yorùbá e, os oríkì não fogem a essa realidade. São formas evocacionais que os yorùbá têm de metafórica e simbolicamente mostrar a força divinal de seus Òrìşà, retratando a força e os elementos naturais dos deuses que o povo yorùbá recorre. Os oríkì são conjuntos de palavras sacro-mágicas usados pelos homens para louvar a divindade escolhida, que proporcionará o auxílio através da força que a move, pois cada deus afro-yorùbá domina um ou mais elementos da natureza.

01 – ORÍKÌ ÌYÁMÌ

Em yorùbá:

1. ÌYÁ WỌN!
2. ÌYÁ WỌN!
3. ÌYÁ WỌN!
4. OPIKI
5. ÒLÚ IGI ỌṢUN.
6. NWO NIBI,
7. NRÍ NIBẸ,
8. NTITAN NITORI KAIYE.
9. ÀWA BA ṢE RÙBỌ́ TIYIN.
10. ÀWA BOJUTO LẸBỌ TIYIN.

11. ẸYIN NÌ TI DOJUJAKỌ PẸ̀LÚ ẸNIKAN,
12. AINI LÉ KÓBẸ̀RẸ̀ ÀWỌN ỌWỌ.
13. ẸYIN NI TI WÀ ÀWỌN ORITA LỌ́NÃ,
14. NGBÒGÚNTÌ.
15. TI NRẸ́RÌN SÓRÍ ÀWỌN IGI, HEN-HEN-HEN.
16. BI AKALA JẸ NI ẸBỌ,
17. Ó JẸ LÁI ṢE É BURU NKAN.
18. BI ẸIYẸ AKALA JẸ LẸBỌ,
19. Ó JẸ ÀTI FARASIN.
20. WỌNNYẸN BA TI ṢE IRÚKẼRÚDÒ NITORI ORÚ.
21. ẸYIN NÌ AWỌN ÒLÚ ILÉ SÓRÍ IGI,
22. ÀTI ṢE ÀWỌN IPADE NI ORITA LỌ́NÃ.
23. ÈMI ṢAWÚRÈ TIYN ẸIYẸ ÀWỌN AJẸ.
24. ÈMI ṢAWÚRÈ TIYN ÀWỌN ẸIYẸ LỌ́RUN.
25. NITORI PE BI NSỌ NI ẸNIKAN AGBARA,
26. NTAYỌ NI IDA NÍLẸ̀.
27. ÈMI ṢAWÚRÈ TIYIN LÓNÍ.
28. TI GBORIN MI BA NÍ ÀṢẸ.

Em português:

1. Nossa mãe!
2. Nossa mãe!
3. Nossa mãe!
4. **Opiki** (Senhora das plumas suaves e elegantes).
5. A dona do pé de **Ọsun**.
6. Olhando aqui,
7. vendo lá,
8. espalhada pelo mundo inteiro.
9. Fizemos a oferenda a vocês.
10. Cuidaremos da oferenda de vocês.

11. São vocês que brigam com alguém,
12. sem precisar pôr as mãos.
13. São vocês que estão nas encruzilhadas,
14. guerreando.
15. Que choram em cima das árvores, hen-hen-hen.
16. Se o urubu comer a oferenda,
17. Come sem lhe fazer mal algum.
18. Se o pássaro **Akala** comer a oferenda,
19. Come e desaparece.
20. Aquelas que fazem barulho pela madrugada.
21. Vocês são as donas das casas em cima das árvores,
22. E fazem reuniões nas encruzilhadas.
23. Saúdo a vocês, pássaros das mães feiticeiras.
24. Saúdo a vocês, os pássaros do céu.
25. Porque se falamos de alguém poderoso,
26. Passamos a espada no chão.
27. Saúdo a vocês hoje.
28. Que minha saudação tenha **àṣẹ**.

02 – ORÍKÌ ÌYÁMÌ OṢÓRONGA

Em yorùbá:

1. KÍ IBA AIYE!
2. KÍ IBA NI WỌN ARAIYE!
3. KÍ BIA GBOGBO OBINRIN!
4. KÍ IBA ÌYÁMÌ OṢÓRONGA
5. OJIJI ÈRO,
6. ILỌPỌ IGBAṢO, MÁ DÈSẸ,
7. BẸRẸ ATORI JAPA (= BẸRẸ A TI ORI JẸ APA)
8. BẸRẸ ATIDI JỌKAN (= BẸRẸ A TI IDI JẸ OKAN)
9. BẸRẸ ATINFUN JẸ ORORO (= BẸRẸ TI NFUN JẸ ORO

ORO)
10. AFẸGẸGẸ NIYẸ,
11. ẸLẸYINJU ẸGẸ.
12. APANI MA YODA, MA IBỌN, OLOKIKI ORU,
13. O WE LOMI ṢALO ṢALO,
14. Ẹ KỌ́LÉ AIYE FI LỌ́WỌ́ SÍ WỌN
15. EYIN NI ẸBITI PẸKUN PẸIYẸ (= EYIN NI ẸBITI PA ẸKUN PA ẸIYẸ)
16. ÈYIN NI OLÓGBÒ DUDU TI NFI ORU RIN,
17. AKỌJA, A BORI GBONGBO,
18. ONIBANTẸ PẸLẸJA,
19. TI I BA NI NI JÀ PẸ̀LÚ ẸNI KẸNI,
20. LAI FỌ̀WỌ̀ KAN NI,
21. ÌYÁMÌ.
22. ÌYÁ NLÀ.
23. ÌYÁ WÁ
24. KÍ IBA YIN NI A LÓNÍ JẸ́,
25. NITORI BI A BA PÈ ORÍ AKỌNÍ, AGBARA,
26. A FIDA LALẸ́ GARA A GÁ,
27. KÍ IBA TO O, O, TO,
28. KÍ IBA KÍ IBA MI ṢẸ O!

Em português:

1. Saúdo o mundo!
2. Saúdo a vocês, seres humanos!
3. Saúdo a vocês, a todas as mulheres
4. Saúdo a vocês minhas Mães Feiticeiras,
5. sombra passageira,
6. Se enrolou com duzentos panos, sem chegar no pé,
7. começou a comer o braço pela cabeça,

8. começou a comer o coração pela bunda,
9. começou a comer o fígado pelo intestino
10. Voando de asa,
11. aquelas que têm os olhos saltados.
12. Aquelas que fazem barulho de madrugada
13. aquelas que tomam banho dentro d'água lentamente,
14. O mundo foi construído para vocês,
15. vocês são armadilhas que matam o rato e o pássaro.
16. Vocês são as gatas pretas que andam na madrugada,
17. aquelas que começam a brigar primeiro, de cabeça chata,
18. à dona do avental curto,
19. aquelas que brigam com alguém,
20. sem tocar nele,
21. minha Mãe,
22. grande Mãe.
23. Nossa Mãe,
24. saudamos a você hoje,
25. porque se a gente falar de alguém importante, poderoso,
26. passaremos a espada no chão,
27. saúdo, Saúdo,
28. que a nossa saudação tenha àṣẹ.

03 – ORÍKÌ ÌYÁMÌ

Em yorùbá:

1. ẸLẸIYẸ PẸ̀LÚ KAN RÓBỌ́TỌ́.
2. ẸIYẸ ÀTÍORO TI IBUWỌ̀ (RẸ̀SILẸ̀) ADEDOYN.
3. (WỌN PADÉ LÁTI UM ẸJẸ)
4. ÒUN FÒLỌ SÓRÍ AJÀLÉ NI ILÉ.
5. (NKỌJA NI ÌTÁ) ÒUN BA FÍ LAIYE
6. (JẸ TITIDI ORÍ, WỌN BA WÀ NITẸ̀LỌ́RÙN).

7. (JẸ TITIDI ORÍ, WỌN BA WÀ NITẸ̀LỌ́RÙN),
8. ÒUN A FÍ LAIYE (RẸ́RÌN PÈLÚ ENI OMODÉ IBÀJÉ).
9. (NGBỌ́N PẸ̀LÚ ENI ỌMỌDÉ IJÀLOLÈ)
10. ÒUN BA GBÉKALẸ̀ LAIYE ÀJẸ́.
11. NÍGBÀ ÀJẸ́ BA WÁ LAIYE,
12. ÒUN BA FÍSILẸ̀ (TANJẸ) LAIYE ỌMỌ ẸTÀ.
13. ÒUN BA GBÉKÁLẸ̀ LAIYE "IPAṢẸ̀",
14. ỌMỌ KÍNÍ.
15. ÒUN BA FÍSÍLẸ̀ (TANJẸ)LAIYE "YẸ NI IRÉ",
16. ỌMỌ KÉJÌ.
17. ÒUN BA GBÉKALẸ̀ (TANJẸ) LAIYE "FÀGÙN LÍLE ERU NKÚ",
18. ỌMỌ KẸ̀TÀ.
19. ÒUN BA FÍSÍLẸ̀ LAIYE WỌNNIYẸN ỌMỌ ẸRÌN,
20. BẸ́Ẹ̀BẸ́Ẹ̀, ÀWỌN KÒ NÍ IYẸ ẸIYẸ
21. ẸIYẸ AKÓ JÌN TIRẸ ÀWỌN IYẸ.
22. NI ỌJỌ́ LATIJỌ́,
23. ÀWỌN BA WÍ, TI ÀWỌN KÒ BA SÀNPADÀ NI BURU,
24. NI ỌMỌ TI NÍ NI IRÉ.
25. ÈMI NÌ ỌMỌ YIN TI NÍ NI IRÉ,
26. MÁ ẸSAN ÈRE MI PẸ̀LÚ BURUKU.
27. OFURUFU ABẸLẸ NI SIWAJU.
28. AFẸFẸ BOKẸLẸ NI SIWAJU.
29. OJIJI TÓBI NLÁ, ẸYIẸ GBẸ̀NBẸ̀,
30. TI FÒ NI GBOGBO IPÒ LAIYE.
31. IKIN NI ÀGỌN ỌPÁ IGI,
32. WỌN TI NÍ OJÚ ẸRÌN,
33. ẸLẸÀDAṢE NI ẸKÁ ÒGÚN.
34. NI ÒKÙNKÙN NI AKASI ÒGÓJÌ

35. (NÍ ṢÒRÓ TI ỌJỌ́ PADÀ ALẸ́).
36. ÒUN TÙNDÉ ẸIYẸ ỌLỌNGỌ,
37. TI JIGÌJIGÌ LÓRÍ.
38. ÒUN PADÀ ẸIYẸE TORÓROSÍ NI ỌSÙN, ÀWO PÚPÀ PÚPÒ.
39. ÒUN PADÀ ẸIYẸ,
40. BI TÙNDÉ ABÙRÓ NI IGI ÀKÒKÒ.
41. (ADE SÓKÉ LÓRÍ) ABẸLẸ NÍLÚ ÌDO.
42. ỌPỌLỌ KONKO BI BÀ NIBI TUTU.
43. ÒUN KÚ LAPAKAN, OKIKI LÁLẸ́.
44. ÒUN FÒ NÍGBÀNGBÀ LÁTI WỌ̀ NÍLÚ.
45. MA LỌ IROKIRO, RÌN NI IHÀGÚN,
46. RÌN TẸ̀BẸ́RẸ́ LÁTI WỌ̀ LỌ́JÀ.
47. (ṢE ÀWỌN OHUN NI ADÉHÙN PELÚ ÀDAṢE RẸ IHÀGÚN).
48. WIWỌṢỌ ẸIYẸ TI FÒ NI TỌ́NA TÁSÌ;
49. NI APOLUKÚ SÓKÈ.
50. ÒUN NÍ ẸNU ṢONṢO MUNA; PẸ̀LÚ NI ẸLẸKẸ ESUWU.
51. ÒUN NÍ ÀWỌN ẸSẸ GIGUN, BÀWÓ ÀWỌN ẸLẸKẸ SÈGI.
52. ÒUN JẸ ẸRAN ÀWỌN ẸNIA;
53. MBẸ̀RẸ̀ PẸ̀LÚ ORÍ.
54. ÒUN JẸ TITIDI NI ẸDỌ,
55. TITI NI ỌKAN.
56. OH! ỌDẸ NLÁ.
57. ÒUN JẸ TITIDI AGBẸ̀DÚ,
58. TITI SÓKÉ ÌWÈ.
59. ÒUN KÒ FÚN ADIẸ AKỌ KERE LÁTI ẸNIKẸENI DÁ;
60. ṢÙGBỌ́N OUN GBÉ NI AGBO,
61. LÁTI JUMỌ WỌNNYÍ NIBI.

ÌYÁMÌ OṢÓRONGA: O CULTO ÀS MÃES ANCESTRAIS

Em português:

1. Donas de Pássaros com uma boca redonda.
2. Pássaro **Àtíòro** que pousa (desce) docemente.
3. (eles se reúnem para beber o sangue),
4. voa sobre o teto da casa.
5. (Passando da rua) colocou no mundo
6. (come desde a cabeça, eles estão contentes).
7. (Come desde a cabeça, eles estão contentes),
8. colocou no mundo (chora como uma criança mimada).
9. (chora como uma criança mimada)
10. colocou no mundo as Feiticeiras (**Àjẹ́**).
11. Quando a Feiticeira veio ao mundo.
12. Ela colocou (pôs) no mundo três filhos.
13. Ela colocou no mundo "vertigem",
14. primeiro filho.
15. Ela colocou (pôs) no mundo "troca a sorte",
16. segundo filho.
17. Ela colocou (pôs) no mundo "esticou-se fortemente morrendo",
18. terceiro filho.
19. Ela colocou no mundo estes três filhos;
20. assim, eles não têm plumas.
21. O pássaro **Akó** lhes deus as plumas.
22. Nos tempos antigos,
23. Elas dizem, que elas não gratificam o mal,
24. no filho que tem o bem.
25. Eu sou vosso filho que tem o bem,
26. não me gratificai com o mal.
27. Vento secreto da Terra.
28. Vento secreto do além.

29. Sombra longa, grande pássaro,
30. que voa em todos os lugares do mundo.
31. Noz do coco de dendê,
32. que tem quatro olhos,
33. proprietária de vinte ramos,
34. obscuridade de quarenta flechas
35. (é difícil que o dia se torne noite).
36. Ela se torna o pássaro Ọlọngọ,
37. que sacode de cabeça.
38. Ela se torna o pássaro untado de Ọsùn, muito vermelho.
39. Ela se torna pássaro,
40. se torna a irmã caçula da árvore Àkòkò.
41. (A coroa sobe na cabeça) segredo em Ìdo.
42. A rã se esconde em lugar fresco.
43. Mata sem dividir, fama da noite.
44. Ela voa abertamente para entrar na cidade.
45. Vai à vontade, anda à vontade,
46. anda suavemente para entrar no mercado.
47. (Faz as coisas de acordo com sua própria vontade).
48. Elegante pássaro que voa no sentido invertido;
49. de barriga para cima.
50. Ele tem o bico pontudo, como a conta Esuwu.
51. Ele tem as pernas, como as contas Sègi.
52. Ele come a carne das pessoas;
53. começando pela cabeça.
54. Ele come desde o fígado,
55. até o coração.
56. Oh! Ó grande caçador.
57. Ele come desde o estômago,
58. até a vesícula biliar (suprarrenal).

59. Ele não dá o frango para ninguém criar;
60. mas ele toma o carneiro,
61. para junto desta aqui.

04 – ORÍKÌ ÌYÁMÌ

Em yorùbá:

1. IBA OLODUMARE
2. IBA AKODA
3. IBA AṢEDA
4. IBA ESU LALU OGIRI OKO
5. IBA ÒGÚN LAKAIYE
6. IBA ṢÀNGÓ OLOKOSO LALU
7. IBA OSUN RAMU OFIDE WEMO
8. IBA EIYN IYAMI O
9. EYIN LAPAJA JORI O
10. EYIN LATIFUN JORONRO OBATALA
11. OMI TUTU NI O TENU EJA BO
12. ORO TUTU NI O TENU MI BO
13. KI IRAWO MI MA RELE
14. GIGA-GIGA LAN BOJO
15. OKE OKE LOLAWA YIO MA RE.
16. OKE OKE LOLAWA YIO MA RE
17. EYIN ENI KI MA SU SEPO
18. MO SU SEPO E O BAMI WI RARA
19. ENI KIM TO SALA
20. MO TO SALE E O BA MI WI RARA
21. ENI KIM MAFI IKODIDE NUDI
22. MO FI IKODIDE NUDI E O BAMI WI RARA
23. EYIN IYA KE JE O JU MI SE

24. AṢẸ TI ELEDUMARE
25. OLODUNMARE AṢẸ

Em português:

1. Saudação ao Deus Supremo
2. Saudação ao Deus Supremo
3. Saudação ao primeiro da criação
4. Saudação ao **Èṣù Lalu** dono da pedra
5. Saudação ao **Ògún Lakaiye**
6. Saudação a **Ṣàngó Olukoso Lalu**
7. Saudação a **Osun Ramu**
8. Saudação a mãe **Iyami Ọṣọ́ronga**
9. Você que come a cabeça e braço juntos
10. Você que come intestinos **Obalanja**
11. Água fria que vai sair da boca, do peixe
12. Deixe que as palavras boas saírem de nossa boca
13. Não deixe que nossa estrela perca o brilho
14. Que o dia simples cresça
15. Deixe que nossa sorte volte
16. Deixe que nossa sorte cresça
17. Você que fala para eu não fazer
18. Faça no dendê
19. Eu faço para que você nunca fique triste comigo
20. Você que fala para eu não fazer xixi na fronteira, eu faço xixi na fronteira e você não fica triste comigo.
21. Você fala para eu não usar **ikodidẹ** para limpar o bumbum, eu uso **ikodidẹ** para limpar o bumbum e você não fica triste comigo
22. Você mãe **Ìyámì Ọṣọ́ronga**
23. Vem me adotar.
24. **Àṣẹ de Olódùmarè**

ORIN = CÂNTICOS

Dizemos que o **orin** é uma outra forma poética que o yorùbá tem para louvar seus deuses. O **orin** ressalta, com suavidade e doçura, os feitos sobrenaturais dos Òrìṣà. Tanto as àdúrà, os oríkì e os orin podem ser usados pelo homem a fim de reverter uma situação, atrair simpatia, vencer inimigos, abrir caminhos etc., seja através dos Òrìṣà ou das Ìyámì.

PRIMEIRO ORIN

Em yorùbá:

1. ÒṢÓ ILÉ,
2. Ẹ FÁ MI MÒRÁ.
3. ÀJẸ́ ILÉ O,
4. Ẹ FÁ MI MÒRÁ A.
5. NITORI, BONBINRIN BA RỌKA,
6. A FÁ MÁBẸ́ Ẹ̀,
7. ẸYIN ÒṢÓ O,
8. Ẹ FÁ MI MÒRÁ O,
9. BỌKỌ BÁ ROKO,
10. A PADA WÁLÉ.

Em português:

1. O Feiticeiro da casa,
2. me apoia.
3. A Feiticeira da casa,
4. me apoia.
5. Porque, se a mulher faz ọka (uma comida típica dos yorùbá)
6. puxa para si mesma.
7. Vocês Feiticeiros,
8. me apoiem.

9. Se a enxada for trabalhar
10. Voltará para casa

SEGUNDO ORIN

Em yorùbá:

1. BA LỌ RERE E.
2. MO BỌ́ Ọ̀ RERE E.
3. ÈMI BA SỌ RERE E.
4. MO TI BÍ RERE E.
5. ẸYIN ÒṢÓ,
6. Ẹ MÁÀ GBÀ ÓHÙN ẸNU MI O.
7. ÈMI BA TI LỌ RERE E, ÀTI,
8. MO TI BỌ́ RERE E.

Em português:

1. Fui bem.
2. Voltei bem.
3. Eu já falei bem.
4. Eu já voltei bem.
5. Vocês Feiticeiros,
6. não tomem e minha voz.
7. Eu já fui bem, e,
8. Voltei bem.

TERCEIRO ORIN

Em yorùbá:

1. AYE KÍ BA A NI,
2. KÒ RÍ WÀHÁLÀ.
3. AIYE KÍ BA A NI,
4. KÒ RÍ WÀHÁLÀ WA.

5. ṢOKOTO NÌ,
6. KI ARA ẸNIA FẸ́RÀN
7. LỌMỌ ARAIYE KÒ NRÍ,
8. AYE KÍ BA A NI.
9. KÒ RÍ WÀHÁLÀ WA.
10. ARA ẸNIA KÒ WÀHÁLÀ MI,
11. NI OHUNKAN MI.
12. Ẹ JÒWÓ, KÒ WÀHÁLÀ MI.
13. NIDI ERU MI O.
14. NITORÍ, TANI LAIDINI OHUNKAN RẸ̀,
15. BA TI LỌ LAILAI LÓNÁ.
16. KÒ WÀHÁLÀ MI,
17. NI OHUNKAN MI.

Em português:

1. Poder Universal,
2. não vejam nossos problemas.
3. Poder Universal,
4. não vejam os nossos problemas.
5. É calça comprida,
6. que os seres humanos gostam:
7. Os seres humanos não enxergam,
8. Poder Universal.
9. Não enxergam os nossos problemas.
10. Seres humanos, não me atrapalhem,
11. nas minhas coisas.
12. Por favor, não me atrapalhem,
13. Nas minhas coisas.
14. Por que, quem foi prejudicado nas coisas delas,
15. nunca vai encontrar o caminho.

16. Não me atrapalhem,
17. Nas minhas coisas.

QUARTO ORIN

Em yorùbá:

1. ÌYÁMI ÒṢÒRÒNGÀ, Ẹ WÁ GBÀ EPÒ Ó,
2. ÌYÁMI ÒṢÒRÒNGÀ, EPÒ WÀ DODE.
3. ÌYÁMI ÒṢÒRÒNGÀ, Ẹ WÀ JẸ ẸYẸ O,
4. ÌYÁMI ÒṢÒRÒNGÀ, ẸYẸ WÀ DODE.
5. ÌYÁMI ÒṢÒRÒNGÀ, Ẹ WÁ JẸ ẸWURẸ O,
6. ÌYÁMI ÒṢÒRÒNGÀ, ẸWURẸ WÀ DODE.

Em português:

1. Minha Mãe Feiticeira, vem tomar dendê.
2. Minha Mãe Feiticeira, o dendê está aqui fora.
3. Minha Mãe Feiticeira, vem comer o pássaro,
4. Minha Mãe Feiticeira, o pássaro está aqui fora.
5. Minha Mãe Feiticeira, vem comer a cabra,
6. Minha Mãe Feiticeira, a cabra está aqui fora.

IPẸSẸ ÌYÁMÌ

*MO JÙBÀ ẸYIN
ÌYÁMÌ ỌṢỌ́RONGA
A T'OJÚ JÀPA
A T'ỌKAN JẸ̀DÒ̀
ẸJẸ O/YẸ MI KALẸ O
IYẸ KOKO O/IYE
IYẸ, IYẸ, IYẸ KOKO*

*Eu faço reverência a você
Minha Mãe Ọṣọ́ronga
A que come os braços só de olhar
A que come o fígado com os olhos
Faça com que tudo seja bom para mim até o final
Mãe que é chamada, mãe
Mãe, Mãe, Mãe, grite seu nome*

No capítulo a seguir você encontrará diversas receitas de magias e rituais identificados como **ipęsę**, **awure**, **ebu** e **iwe**. Todo e qualquer **ębǫ** diante e para as **Ìyámì** são chamados genericamente de **ipęsę**, isto porque se diferencia dos demais **ębǫ** referentes aos **Òrìṣà**. Porém, não existe nenhuma forma desqualificativa de chamá-los de **ębǫ**, ainda que **ipęsę** seja sua forma original. Os **ipese** tem princípio, meio e fim e um dos aspectos mais importantes são as vocalizações, os **orin** (cânticos), os oriki (louvações) e os **ǫfǫ** (encantamentos). Por sua vez, **awure** quer dizer "aquele que traz a sorte", indicando preparos mágicos que podem ser preparados em sabão da costa, perfumes, óleos ou **ebu** (que são substâncias em pó), adicionados a estes itens acima discriminados. Já os **iwe**, que significa "banho", indicam os rituais de banho ritualístico com folhas ou outros componentes.

Antes de entrarmos na parte prática, gostaria de fazer algumas considerações que julgo oportuno:

- ❖ É importante de quem realize o **ipęsę** esteja imbuído de uma vontade absoluta, propósito firme na conquista do que deseja.
- ❖ Veja e reveja o ambiente em que você vai realizar o **ipęsę**, pois espíritos oportunistas e intrusivos podem atrapalhar a operação mágica;
- ❖ Não murmure: pronuncie os **ǫfǫ** e seus pedidos com voz normal, a ponto que você possa escutar sua voz;
- ❖ Repita inúmeras vezes os seus pedidos a fim de fortalecê-lo e, ao fazê-lo, chame por **Olodumarę** e Orunmila dizendo que é filho(a) de (nome da mãe), jogando seu hálito sobre o **ipęsę**.

Advertência

O autor não se responsabiliza por nenhum ato sacro-mágico, praticado por pessoas despreparadas ou irresponsáveis. Todas as formulações yorùbá publicadas neste livro foram previamente testadas, obtendo-se alto índice de realização, com as informações obtidas na Nigéria, em inúmeras regiões, com pessoas do Culto das Ìyámì, da mais alta dignidade. É bom lembrar que o local, o dia, a hora, a lua favorável e o oficiante, serão sempre verificados através de Ifá.

Nota Importante

01 – Cada ẹbọ é uma bula de Ifá, onde ele indica como corrigir o que há de negativo através das oferendas. A fim de realizar um ẹbọ para as Mães Feiticeiras, é necessário realizar uma consulta com Ifá para identificar a situação, ou seja, o que as Ìyàmi Ọṣọ́ronga pedem para serem acalmadas ao receberem as oferendas.

02 – Os ẹbọ para as Ìyàmì tem horários específicos para serem obedecidos. Exigem locais especiais para adoração e elementos especiais de seu agrado.

03 – Não é qualquer pessoa que pode fazer esse tipo de oferenda para elas.

04 – Geralmente, Ìyàmì respeita os homens (Òṣó), filhos de Òrìṣà da linhagem de Ọbàtàlá ou Òrìṣà Òkò, ou seja, filho de Òrìṣà Funfun

05 – É aconselhável que se tenha todo cuidado ao lidar com Ìyàmì, porque as Àjẹ são perigosas e imprevisíveis.

A IMPORTÂNCIA DO MERCADO NA CULTURA YORÙBÁ

Em todo e qualquer lugar do mundo o mercado é essencialmente importante para todos os seus habitantes. Na cultura africana, de modo geral, o mercado representa o encontro de pessoas, trocas, vendas de mercadorias adquiridas em diversas localidades. Nele são vendidos os mais variados produtos, de preferência os que brotam naturalmente da terra e os manufaturados. Os mercados têm suas próprias leis que interferem nos preços dos produtos e, também, no comportamento dos mercadores.

O tom de voz nos mercados é sempre alto, parece que o mercador tem uma necessidade muito grande de ser notado, visto. De um modo geral, o africano fala alto, gesticula muito, parecendo estar permanentemente num mercado. Quem nunca esteve em um mercado africano, tem a impressão de que estão todo o tempo brigando.

O espaço físico dos mercados são duas linhas paralelas tomadas por barracas, retas ou curvas, cujos frequentadores transitam entre elas e, na maioria das vezes, adquirem os produtos expostos. Os mercados também servem de local para despachos de ẹbọ realizados para as mais diversas finalidades, principalmente para abertura de caminho e/ou aumento do fluxo de dinheiro num local onde são realizadas vendas. O mercado agrega todo tipo de gente, nele todos são iguais, compram as mesmas coisas e precisam das mercadorias que são expostas. Por todos estes motivos, Èṣù é entendido como Dono da Terra, Dono do Mercado. Local de ida e vinda de pessoas, manipulação de dinheiro vivo, vozes altas, sorrisos, encontros, disputas, ganhos, pechinchas e lucros imediatos, barganhas, é Èṣù quem garante que, lá, tudo transcorra sob o seguro da honestidade.

O mercado afro-yorùbá tem uma representante feminina, normalmente uma, ọmọ Ọṣun, que exerce a função de Ìyálode. É a voz do poder feminino, que comanda as mulheres que têm barracas no mercado. Leva às autoridades competentes o pedido delas e lhes informa sobre a decisão tomada. Os mercados, também servem como referência do poder ancestral feminino, pois, todos que dela participam têm que estar revestidos de malícia, audácia, beleza, teimosia e liderança, que são características femininas das Ìyálode.

O mercado agrega muitos ẽgun de diferentes matizes, portanto, a maior energia existente é a ancestral. Os ẽgun revivem, através dos vivos que ali transitam, os momentos em que habitaram corpos humanos. Além disso, se encontram para conversar, tratar de assuntos relacionados ao culto religioso, montar esquemas para realizar os pedidos humanos.

No Brasil, embora seja proibida a comercialização de animais silvestres e em extinção, encontramos, nos mercados, algumas espécies. Na Nigéria, além de animais vivos, também são oferecidos animais recém abatidos e crânios de várias espécies como, por exemplo, de macacos, patas, dentes, cornos e unhas de animais selvagens. Em Lagos, encontramos o Mercado de Jankara; no Benin, precisamente em Cotonou, encontramos o Mercado dos Feiticeiros. No Brasil, especificamente no Rio de Janeiro, temos o Mercadão de Madureira, reduto obrigatório para os cultuadores dos Òrìṣà. Da mesma maneira, em Salvador, há a Feira de São Joaquim e o Mercado Modelo, tradicional reduto dos afro-religiosos de todo o país.

A mistura de cores, odores, sabores é fascinante, pois se tem a nítida impressão de que tudo está vivo. O mercado exala o odor da vida, do prazer. É tingido pelas mais variadas cores e desenvolve a vontade de degustar as frutas, as bebidas e as comidas que lá são encontradas. No mercado, não se tem vergonha de pedir para experimentar um pedaço de uma fruta, de um queijo, apalpar um fruto, escolher o que está melhor para consumo. As roupas expostas em cabides para a venda despertam o consumismo de quem o visita, além de parecerem bandeiras desfraldadas, informando a tendência do que está sendo usado, principalmente pelas mulheres.

Outra marca dos mercados são os pedintes que neles se instalam, em alguns encontramos cantadores, contadores de estórias, enfim, pelos mercados passam crianças, jovens, adultos, velhos que se misturam, porém, lá estão pelos mais diversos motivos. Interessante notar que o mercado, indubitavelmente, é um local onde são realizadas trocas em todos os níveis - comerciais, pessoais e, por que não, espirituais. É também lugar de muitas histórias e um grande disseminador de fofocas.

ECOLOGIA E CULTOS AFRO-BRASILEIROS

Nossos alunos na Yorubana e na UERJ têm trazido a mim vários questionamentos e inquietudes quanto ao posicionamento dos Cultos Afro-Brasileiros frente ao destino do planeta. Muitos afirmam que está cada dia mais difícil a prática do Culto, e eu digo que isso é um bom sinal, pois quando a sociedade se mobiliza para tentar achar novos parâmetros de comportamento, isto é positivo. Principalmente no nosso caso, me parece perfeitamente lógico e oportuno uma série de medidas saneadoras e higiênicas, algumas vezes criticadas por pessoas costumazes. Àqueles que querem um Culto Tradicional, moderno sem ser modernoso e o de quanto as normas de conduta da sociedade vigente, com o imperativo não só nacional, mas também internacional, não será difícil se adequarem a novas e promissoras realidades.

Não quebre garrafas nas encruzilhadas ou em qualquer outro lugar. Isto não tem sentido nenhum e nenhum valor sacro-mágico. A pessoa certamente está extravasando seu ódio mortal diante de um evento que não se modificará com essa estúpida atitude.

Se você quer oferecer bebida alcoólica, ofereça num alguidar, num coité ou em uma cabaça, evite copos de louça, porcelana e similares.

ÌYÁMÌ OṢÓRONGA: O CULTO ÀS MÃES ANCESTRAIS

Acender velas é um bom negócio, para os fabricantes. Para que acender velas se os Òrìṣà já são iluminados? Esta é uma herança da cultura judaico-cristã, que nada tem a ver com religiões de matrizes africanas. A maioria dos fabricantes de velas compra os restos delas, em igrejas, cemitérios etc. e a parafina "in natura", que é um subproduto do petróleo, é adquirida, na maioria das vezes em Camaçari, na Bahia. Normalmente tudo é misturado e as velas são moldadas de diferentes formas e tamanhos, além de aromatizadas e coloridas artificialmente, ou seja, algumas têm odor e cor de mel, porém não o são. A vela de parafina apenas ilumina o espaço físico onde é acesa.

Outras práticas muito comuns, como por exemplo, acender velas dentro de casa para espíritos de familiares mortos, para **aiyekuru**, "Òrìṣà" ou mesmo "Santos Católicos", terminam por atrair espíritos esmolares, sofredores e inconformados com sua atual realidade que se agregam ao local e trazem enfermidades, brigas, discussões, mal-estar, aborrecimentos etc. Mesmo que as velas sejam acesas em cruzeiros nas igrejas ou nos cemitérios, podem acarretar alguns dissabores, pois algum desses espíritos que certamente se encontram num desses locais poderão acompanhá-lo por se identificarem com você. Nossos mortos necessitam de preces e rituais apropriados, feitos no **Ojubọ Egungun** constantes dentro da religião que seguimos, e quanto aos nossos Òrìṣà, eles não precisam ser iluminados por velas, pois eles têm luz própria, uma vez que são Deuses.

Somente a vela de cera de abelha ou carnaúba, a de sebo de carneiro ou a africana - que é feita com trança de algodão "in natura" ou hidrófilo embebida em óleo de dendê, óleo de coco, óleo de algodão, óleo de milho, azeite de oliva ou òrí derretido - é que irá irromper o astral. As velas específicas que acendemos, obedecendo alguns critérios mágicos, estão relacionadas ao mundo invisível e chamam a atenção para que o astral reconheça o trabalho sacro-mágico que foi realizado.

Em todo caso, tenha muito cuidado ao acender velas de qualquer tipo, caso esteja na mata e proceda o ato de acender vela, espere que a queima se dê por completo para depois deixar o local.

A oferenda que você entrega ao Òrìṣà, seja ela cruenta ou incruenta, rapidamente entra em decomposição pela própria ação do clima, dos germes, das bactérias, da força da gravidade, dos resíduos negativos das pessoas em volta, da baixa qualidade dos produtos. Enfim, tudo isso contribui para o rápido apodrecimento, no máximo em 3 horas quando a temperatura for elevada e no máximo de 5 quando estiver frio. A energia vital já foi explorada por todo o tipo de entidade, rapidamente se decompondo através da cadaverina. Por isso, após o tempo citado o mais inteligente é verificar junto a sua autoridade religiosa o tempo de permanência da oferenda aos pés do Òrìṣà. Depois encaminhe para a compostagem, queime tudo ou enterre em algum lugar segundo as prescrições de Ifá.

Liberte-se da ideia de corromper o Òrìṣà através da quantidade usada na oferenda, mas pense em fazer a oferenda priorizando a qualidade do material empregado e do sentimento que lhe invade no momento de fazer e/ou entregar a oferenda. Nas oferendas realizadas na natureza como rios, cachoeiras, mar, podem ser utilizados: **obi**, **orogbo**, mel de abelhas, óleo de dendê, açúcar, sal, **ọsun**, **ẹfun**, **wãjí** etc. em pouca quantidade, porém, que seja genuíno.

Não há necessidade de fazer grande quantidade de **egbo** ou qualquer outra comida para oferecer ao Òrìṣà ou mesmo para ser utilizado em **ẹbọ**. Se por determinação de Òrúnmílá você tiver que oferendar um **àmàlá** para Ṣàngó, compre quiabos suficientes. Se quiser adquirir ou se ganhar uma caixa de quiabos, use o necessário para fazer o **àmàlá** e o restante dê para pessoas ou instituições de caridade. Assim, você fará justiça e obviamente Ṣàngó agradecerá e lhe retornará com coisas boas. Lembre-se enquanto você entrega grandes quantidades de comidas, milhares de pessoas no mundo estão com fome. Quando fizer festividades que contenham muita comida, lembre-se bem que comem os Òrìṣà, os mortos, os ọmọ e os convidados. Porém, dê uma parte significativa para o povo na rua, mas não esqueça do "Povo da Rua".

Não jogue tecidos, plásticos, garrafas, barcos, espelhos, perfumes etc. nas águas doces ou salgadas, pois eles poluem e demoram anos para se desfazerem. Se você fizer oferendas de alimentos coloque-as em folhas de bananeira, de mamona, de couve, de peregun etc. tudo isso é biodegradável.

Não quebre garrafas, pratos, tigelas e alguidares em nenhum lugar, porque alguém ou você mesmo poderá acidentar-se e nesse procedimento não existe nenhum àṣẹ. Conforme determinação oracular, ẹbọ e oferendas podem ser incinerados, enterrados ou espalhados sobre a terra, cumpra as ordens de Òrúnmílà.

Se você tem outras sugestões para continuidade deste trabalho envie para: yorubana@globo.com

Não destrua a natureza, os òrìṣà agradecem.

1 — Ipęsę Owo

Finalidade:

Prosperidade, dinheiro, novas oportunidades pessoais e profissionais.

Material necessário:

- quatro **ákàsà funfun** (ákàsà branco);
- quatro moedas atuais;
- óleo de dendê;
- mel de abelhas (puro);
- um pombo preto, cinza ou marrom;
- uma panela de barro/alguidar preto;
- **ǫsun**;
- **ęfun** ralado.

Modo de fazer:

Untar o alguidar com óleo de dendê. Acondicionar os 4 **ákàsà**. Fincar em cada um uma moeda. Dar o pombo preto para que a pessoa faça os seus pedidos a **Ìyámì**, em seguida sacrificá-lo sobre o conteúdo do alguidar. Regar com óleo de dendê, mel de abelhas e polvilhar com **ǫsun** e **ęfun**.

Observações:

a) Deixar o **ębǫ** aos pés de **Òşún**, **Èşù** ou **Ẽgun** por quatro horas, em seguida despachar numa estrada de grande movimento. O corpo do pombo preto é envolto em algodão e despachado no mato.

b) Verificar através do oráculo se é necessário fazer **ębǫ** de limpeza antes de fazer este **ębǫ**.

2 — Ipẹsẹ Owo

Finalidade:

Conseguir dinheiro rápido.

Material necessário:

- nove pedaços de carne bovina;
- nove pedaços de bagre seco;
- nove **àkàsà** brancos;
- óleo de dendê;
- **iyẹrọsun**;
- uma panela preta.

Modo de fazer:

Na panela preta acondicionar os pedaços de carne, os peixes e os **àkásá**, regar com óleo de dendê, polvilhar **iyẹrọsun**. Impregnar o ẹbọ com o hálito e os pedidos. Despachar próximo ao mar.

Observações:

a) Verificar através de Ifá se algum ẹbọ precede a este;
b) O **ipẹsẹ** pode ficar até o dia seguinte, antes do sol nascer, aos pés de **Òṣún** ou Iyẹmọja.

3 — IPẸSẸ FUN OSOBO

Finalidade:

Despachar caminhos negativos da vida de uma pessoa.

Material necessário:

- milho amarelo cozido;
- feijão fradinho cozido;
- um molho de salsa fresco;
- um **obi** branco de quatro gomos;
- 200g de toucinho fresco;
- três ovos crus;
- uma ẹtu (galinha d'angola);
- um alguidar preto;
- óleo de dendê.

Modo de fazer:

Misturar os grãos, o toucinho em pequenos pedaços e as folhas de salsa dentro do alguidar preto. Passar os ovos no corpo da pessoa, colocá-los sobre a mistura. Colocar o alguidar na cabeceira da cama da pessoa e colocá-la para dormir. No dia seguinte, as 04:00h da manhã, sacrificar a ẹtu sobre o ẹbọ. Regar com óleo de dendê, em seguida abrir o obi e jogá-lo sobre o ẹbọ. Imediatamente despachar o ẹbọ num local próximo a população de rua. A ẹtu é preparada e oferecida a quem desejar comê-la. Em seguida a pessoa toma banho de limpeza, ọṣẹ dudu e àṣẹ (vide neste livro).

Observações:

a) Caso a pessoa esteja doente, excepcionalmente este ẹbọ poderá ser realizado na casa da pessoa;

b) Verificar através de Ifá, na situação anteriormente citada, se é necessário que seja realizado no Ẹ̀gbẹ́ algum ẹbọ antes de fazer o ipẹsẹ na casa da pessoa;
c) A pessoa deverá se abster de relação sexual por 24 horas.

4 — IPẸSẸ FUN IRÉ, OWÓ ÀLI ÀṢẸ

Finalidade:

Propiciar abertura de caminho, sorte, dinheiro, força, alegria na vida.

Material necessário:

- sete ou nove folhas de akóko;
- uma cabaça cortada horizontalmente;
- iyẹrọsun;
- mercúrio (azougue);
- ọsun;
- ẹfun ralado;
- três ovos crus;
- três bifes de fígado bovino frescos;
- morim roxo;
- gin ou cachaça;
- atarẹ;
- dois pombos pretos;
- sete velas africanas num alguidar;
- um alguidar pequeno.

Modo de fazer:

Passar o morim roxo no corpo da pessoa, com ele permear a cabaça. Acomodar as folhas e, sobre estas, os bifes de fígado. Passar os ovos no corpo da pessoa pedindo o que desejar, colocá-los na cabaça. O mercúrio (azougue) é colocado dentro do alguidar pequeno, sendo girado no sentido do horário, começando devagar e intensificando aos poucos, fazendo os pedidos que desejar; em seguida jogar o azougue dentro da cabaça. Polvilhar ọsun, ẹfun e iyẹrọsun (nessa ordem). Sacrificar os dois pombos pretos após a pessoa tê-los impregnado com os seus pedidos. Mastigar **atarẹ** com um pouco de gin ou cachaça, barrufar sobre o **ipẹsẹ**. Os pombos pretos são colocados em folhas de mamona e despachados na mata. O **Ipẹsẹ** fica aos pés de **Ọ̀ṣún** até o dia seguinte e às 05:00h é despachado próximo a um banco comercial. O alguidar com as velas africanas fica ao lado do **ipẹsẹ** e essas são acesas assim que o trabalho começar a ser executado.

Observações:

a) Este **ipẹsẹ** pode ser usado para afastar pessoa que está prejudicando outrem ou situação impedindo que algo de bom aconteça. Nesse caso, antes de começar o **ẹbọ**, untar os lábios e a ponta da língua com óleo de dendê.

b) Escrever num papel branco, com lápis vermelho, o nome e o endereço da pessoa que quer afastar ou fazer um relato da situação que está passando. Passar o papel no corpo da pessoa e queimá-lo no fogo das velas africanas.

c) Impreterivelmente ao final do **ipẹsẹ** o oficiante e a pessoa têm que tomar banho fervido com as seguintes ervas: mangueira, cajazeira e colônia. Após, o banho com **ọṣẹ dudu** misturado com **ọsun**, **ẹfun** e **iyẹrọsun**.

5 — Ipęsę Owo

Finalidade:

Abrir caminho para que a pessoa consiga dinheiro, prosperidade.

Material necessário:

- morim branco;
- morim verde;
- morim vermelho;
- um prato branco que já tenha sido usado;
- sal marinho;
- carvão vegetal, em pó;
- nove grãos de **atarę**;
- mel de abelhas puro;
- gin ou cachaça;
- **ǫsun**;
- papel branco, sem pauta;
- lápis preto;
- algodão (pedaço);
- três velas africanas;
- uma galinha arrepiada de preferência, de cor preta;
- uma cabaça cortada horizontalmente;
- um alguidar nº "00".

Modo de fazer:

Acender as velas africanas. Passar os morins no corpo da pessoa e estendê-los no chão, em forma de leque. Misturar no prato branco o pó de carvão e o sal marinho, dar para a pessoa impregnar com o seu hálito e seus pedidos. Colocar sobre os tecidos. Colocar o **ǫsun** na cabeça. Envolver o pedaço de algodão passado no corpo da pessoa com o papel branco onde ela escreveu com lápis preto o que deseja realizar e depositar dentro da cabaça. Dar a galinha arrepiada a pessoa para que faça seus pedidos, em seguida sacrificá-la, arrancando a cabeça com as mãos, sobre o conteúdo da cabaça. Regar com óleo de dendê. Mastigar os grãos de **atarẹ** com gin ou cachaça e barrufar sobre o **ipẹsẹ**. Ao lado colocar o alguidar "00" com mel de abelhas e gin ou cachaça misturados. Se o **ipẹsẹ** for realizado no **Ẹ̀gbẹ́**, despachar a galinha na encruzilhada de grande movimento.

Observações:

d) O **ipẹsẹ**, se realizado no **Ẹ̀gbẹ́**, é despachado na noite seguinte aos pés de uma das árvores sagradas de **Ìyámì**;
e) Se realizado na mata, coloque-o aos pés de uma árvore;
f) Antes de despachar o **ipẹsẹ**, colocar dentro da cabaça o carvão misturado com o sal.
g) Após esse **ipẹsẹ**, a pessoa deve abster-se de bebidas alcoólicas e relação sexual pelo período de três dias.

6 — IPẸSẸ ÌYÁMÌ ÒṢÓRONGA

Finalidade:

Obter perdão das Àjẹ́, chegar a um Òrìṣà através delas ou ainda obter favorecimento através delas.

Material necessário:

- dois alguidares;
- quatro ovos de galinha;
- ọsun;
- quatro **ikodidé**
- **ẹfun** ralado;
- 200g **ọṣẹ dudu**;
- um **ajapa** (cágado);
- meio quilo de milho vermelho cozido;
- cachaça;
- quatro folhas de bananeira.

ÔFÔ FÔWÖTÊ DARIJI ÀWÔN ÌYÁMÌ

Em yorùbá:

1. IWAJUKIWAJU PẸ́LÚ NI ÒLÚ,
2. JẸKÍ MI NI JÒWỌ́ MBÁ IRÉ RERE BẸ̀Ẹ̀.
3. AWÚRE NI ORÍ RERE!
4. IWAJUKIWAJU PÈLÚ NI DADA,
5. JINKI MI PẸ̀LÚ IRÉ.
6. NI IRÉ RERE NI ÌGBÁ,
7. GBÒLỌFẸ̀ NI ADÚRÀ TITANI BA RÙBỌ.

ÌYÁMÌ OṢÓRONGA: O CULTO ÀS MÃES ANCESTRAIS

REZA PARA OBTER PERDÃO DAS ÌYÁMÌ

Em português:

1. Frente a frente com a Senhora,
2. Me faça o favor de trazer boa sorte.
3. A benção à cabeça boa!
4. Frente a frente com o bem,
5. Favoreça-me com a sorte.
6. A boa sorte do vasilhame,
7. Agraciado na oração de quem vai ofertar.

Modo de fazer:

Lavar os alguidares com cachaça ou outra bebida destilada. Passar os ovos no corpo, colocá-los num alguidar. Misturar o oṣẹ dudu com ẹfun e ọsun. Colocar os alguidares um ao lado do outro, sacrificar o ajapa sobre os ovos e o oṣẹ dudu. Tornar a misturar o oṣẹ dudu com o ẹjẹ de maneira que este seja totalmente absorvido pelo sabão. Sobre os ovos, polvilhar ọsun e colocar os ikodidẹ. Verificar através de Ifá quantos dias o ẹbọ permanecerá aos pés de Ìyámì ou outro Òrìṣà. Após esse tempo despachar os ovos num rio; os ikodidẹ são fincados no oṣẹ dudu. A pessoa deve tomar banho, duas vezes por semana, com oṣẹ dudu e, três vezes por semana, com a água que cozinhou o milho vermelho, pedindo o que deseja. Os banhos são em dias alternados.

Observações:

a) O corpo do ajapa é envolto nas folhas de bananeira e despachado na mata;
b) No dia que for tomar o banho com a água do milho, despachar o milho cozido aos pés de uma árvore frondosa;
c) A bucha vegetal usada no banho, jogar no lixo;

d) Este **ipęsę** não deve ser realizado para nem por mulher menstruada;
e) Quando a pessoa for tomar os banhos, deve pedir o que deseja;
f) O banho com água de milho é após um de higiene normal;
g) Nos dias em que usar o **ǫsę dudu**, não pode ter relação sexual.

7 – IPẸSẸ ÌYÁMÌ

Finalidade:

Proteger uma casa residencial ou comercial de energia negativa de **ikanburuku**, através das Ìyámì.

Material necessário:

- um osso de boi com tutano;
- cera de abelhas;
- um alguidar nº "00";
- **adin**;
- uma galinha arrepiada;
- cachaça ou outra bebida destilada.

Modo de fazer:

Ferver o osso com tutano até que ele fique completamente limpo. Colocar o osso para secar ao sol. Lavar o alguidar com cachaça. Vedar com cera de abelhas um dos lados do osso, prendê-lo no alguidar. Dentro do osso colocar **adin**. Do tutano, fazer uma farofa e oferendar ao Èṣù da casa. Dar a galinha para a pessoa pedir e sacrificá-la no **Ojubo Ọṣún** ou outra **obirinṣà** conforme determinação oracular. Deixar aos pés da **Obririnṣà** por três dias inteiros, no quarto dia colocar na casa da pessoa, num local de entrada principal. A galinha tem o peito aberto, regado com óleo de dendê e mel de abelhas, polvilhado com bastante **ọsun**, despachar numa encruzilhada próxima ao local residencial ou comercial. O **adin** não pode secar dentro do osso, tem que estar atento e sempre colocar um pouquinho mais.

Observações:

a) Esta segurança também pode ser feita através de um **Òrìṣà Oboro** ou **Okunrin** – masculinos -, basta para isso que seja verificado no oráculo;
b) Se **Òrìṣà Oboro**, a ave pode ser galo, frango ou **ẹtu**;
c) A duração desta segurança é de cerca de 6 meses, desde que seja feito sacrifício ritual ao **Òrìṣà** que se encarregou do trabalho pela primeira vez de sete em sete meses.

8 — Ipẹsẹ Ìyámì

Finalidade:

Propiciar sorte, dinheiro, novas oportunidades de trabalho, mudanças financeiras.

Material necessário:

- uma cabaça cortada ao meio horizontalmente;
- nove folhas de **akoko**;
- nove folhas de espinafre;
- três ovos de pata;
- òrí;
- carvão vegetal, em pó;
- ọsun;
- wãjí;
- ẹfun;
- três grãos de **atarẹ**;
- dois pombos pretos;
- casca de fava de **atarẹ**;
- gin;
- óleo de dendê;
- ọṣẹ **dudu**;
- uma cabaça pequena;
- morim preto, branco e roxo.

ÔFÔ IRÉ, OWÓ:

Em yorùbá:

1. AGBADO BÁ IRÉ RERE BẸ̀Ẹ̀.
2. AGBADO RÌNKÁKIRI NIHÓHÒ LÓKÒ.

3. Ó MÚ ÒRẸ́ RẸ ATI,
4. PADÀ SÍ ILÉ PẸ́LÚ Ẹ.
5. KINI AGBADO BÁ LÁTI ILÉ RẸ?
6. Ó BÁ IGBA ỌMỌDẸ IBỌLA FUN.
7. KINI AGBADO BÁ NI IJÚBÀ LÁTI ILÉ RẸ?
8. Ó BÁ IGBA AṢỌ IBỌLAFUN ÀTI NIYELÓRI.

REZA DA SORTE, DINHEIRO:

Em português:

1. O milho traz boa sorte.
2. O milho passeia nu no campo.
3. Ele pega sua amiga e,
4. Volta para casa com ela.
5. O que o milho traz para sua casa?
6. Ele traz 200 crianças adoráveis.
7. O que o milho traz de adorável para sua casa?
8. Ele traz 200 roupas adoráveis e luxuosas.

Modo de fazer:

Forrar a cabaça com as folhas de **akoko** e espinafre. Pintar cada ovo de uma cor, ou seja, um passar carvão em pó, no outro **ọsun** e no último **wãjí**. Colocá-los dentro da cabaça, barrufar gin, sacrificar os pombos pretos, tornar a barrufar gin, agora junto com os grãos de **atarẹ**. Regar com óleo de dendê. Retirar os corações dos pombos e pilá-los com **ẹfun**, a casca de **atarẹ** e um pouquinho de óleo de dendê, misturar ao **ọṣẹ dudu**, recitando o **ọfọ**. Acondicionar o **ọṣẹ dudu** numa cabaça menor. Usar o **ọṣẹ** às terças e quintas-feiras, até ele acabar. Tomar o banho com **ọṣẹ dudu** à meia noite. Despachar a cabaça num rio, no dia determinado pelo oráculo.

Observações:

a) Mulher no período menstrual não pode fazer e nem usar o awure;
b) No dia em que usar o ọṣẹ não pode ter relações sexuais;
c) Só poderão tomar outro banho à noite;
d) Os pombos pretos são despachados envoltos em morim preto, vermelho e roxo, na mata.

9 — AWURE ÌYÁMÌ

Finalidade:

Atrair novos caminhos, sorte, alegria, sucesso.

Material necessário:

- dois ákàsà;
- uma folha de milho;
- um pedaço de pimentão amarelo;
- folha de abre-caminho;
- uma panela de ferro, barro ou pedra sabão;
- um pombo preto;
- ọṣẹ dudu;
- um punhado de milho;
- uma cabaça com tampa.

ÔFÔ

Em yorùbá

1. KỌṢẸ KỌṢẸ.
2. NÍ TÍ ILAKONṢẸ
3. AṢẸ KOLOBO NI TI ENU IGBIN
4. AṢẸ, AṢẸ, AṢẸ

Em português

1. Tudo o que eu falar
2. Hoje vai acontecer
3. Em nome de Olodumare
4. Aṣẹ, Aṣẹ, Aṣẹ

Modo de fazer:

Na panela de ferro, torrar um **ákàsà**, uma folha de milho e o pedaço de pimentão amarelo até obter um pó. Sacrificar o pombo preto sobre este e misturar ¾ do pó ao **ọṣẹ dudu**, recitando o **ọfọ**. Acondicionar na cabaça. O ¼ restante do pó, misturar ao **ákàsà** para a pessoa comer após ter tomado banho com o **ọṣẹ dudu**. O corpo do pombo é despachado com o punhado de milho de galinha aos pés de uma bananeira.

Observações:

a) Não pode ser preparado e nem usado no período menstrual;
b) Enquanto a pessoa estiver tomando o banho, mentalizar o que deseja;
c) Somente após o primeiro banho é que a pessoa come o **ákàsà** com o pó, os demais banhos são tomados na própria casa da pessoa às quintas-feiras, à meia noite.
d) Usar roupas claras após o banho.

10 — Ìpèsè Ìyámì

Finalidade:

Propiciar vitórias a uma pessoa que está em luta contra alguém.

Material necessário:

- farinha de mandioca crua;
- ọsun;
- duas espigas de milho debulhadas;
- um carretel de linha preta;
- um carretel de linha vermelha;
- um carretel de linha roxa;
- um alguidar;
- óleo de dendê;
- carvão vegetal, em pó;
- papel branco, sem pauta;
- lápis vermelho;
- um galo preto;
- um pombo preto.

ÔFÔ LÁTI JADE GBÁJÀNLÁ NI DOJUJAKÔ KAN

Em yorùbá:

1. Ó SARE NI KORIKO NYUN,
2. NIBO IPÈNIJÀ NI ỌTA.
3. OHUN PATAKI AGBADO Ò MÚ YÁRA Á
4. NI DOJUJAKỌ PÈLÚ ẸNIA ÓKÒ.
5. TI IGI ÌRÓKÒ MÁ LÉ MỌ NÌ NWÓ.
6. ÀWA Ò SARE NI KORIKO NYUN KIKINI.
7. BI ÀWA SARE SẸ́HÌN NI OHUNKAN,

8. NITORI PE OHUNKAN ÈWÚ,
9. NSARE SẸ́HÌN TIWA.

REZA PARA SAIR VITORIOSO DE UMA LUTA

Em português:

1. Ele come no capinzal cortante onde desafia o inimigo
2. O sabugo do milho não se apressa em brigar com o fazendeiro
3. Que o inimigo seja tão fraco nas mãos do lutador
4. Quanto o sabugo de milho é nas mãos do fazendeiro
5. Que a árvore Ìrókó não possa ser mais derrubada
6. Nós não comemos no capinzal cortante em vão
7. Se corremos é atrás de alguma coisa
8. É porque alguma coisa perigosa está
9. Correndo atrás de nós.

Modo de fazer:

Fazer uma farofa com farinha de mandioca crua e ọsun e invocar as Mães Feiticeiras. Sacrificar o pombo e o galo preto na casa de Èṣù, direto na terra, abrir os peitos das aves, regar com bastante óleo de dendê e deixar na casa de Èṣù. Debulhar as espigas, jogar o milho na rua. No papel escrever o nome e o endereço da pessoa com quem está brigando. Juntar os sabugos às cabeças das aves, envolver tudo com o papel, em seguida enrolar as linhas na sequência preta, vermelha e roxa. Colocar no alguidar, encharcar com óleo de dendê e polvilhar carvão em pó. Despachar o ẹbọ na mata. Verificar através do oráculo por quanto tempo as aves ficam na casa de Èṣù e onde serão despachadas.

Observações:

a) O ẹbọ pode ser colocado próximo à casa da pessoa;
b) As espigas de milho devem ser novas;

c) Este ẹbọ deve ser realizado com a pessoa vestida de preto, tanto o oficiante quanto o consulente ou ọmọ;
d) É bom que o oficiante verifique através do oráculo se é necessário oferendar outra divindade antes de realizar este ẹbọ.
e) Após o ẹbọ, banho de limpeza e àṣẹ para aqueles que participaram do ritual.

11 — IPẸSẸ ÌYÁMÌ

Finalidade:

Propiciar prosperidade, agilizar a vinda de dinheiro por meio de justiça ou não.

Material necessário:

- nove bifes de fígado bovino, frescos;
- nove ovos de pata;
- cinco **ikodidẹ́**;
- uma galinha arrepiada;
- duas bolas de **ọṣẹ dudu**;
- três velas africanas com dendê;
- uma panela de barro;
- uma panela de ferro;
- um pote de barro com tampa;
- óleo de dendê;
- folha de bananeira;
- mel de abelhas;

Modo de fazer:

Acender as velas africanas. Passar os bifes de fígado e os ovos no corpo da pessoa, acomodar tudo na panela de barro. Os **ikodidẹ́** são encostados na língua da pessoa e, em seguida, fincados nos bifes. Polvilhar bastante **ọsun** e, então, sacrificar a galinha arrepiada sobre o conteúdo da panela. Imediatamente abrir o peito da ave, retirar as vísceras e colocá-las na panela de ferro. Assim que as velas acabarem de queimar, retirar os **ikodidẹ́** do **ẹbọ**, colocá-los junto as vísceras, adicionar óleo de dendê e mel de abelhas e torrar até obter um pó bem fino. Misturar este pó ao **ọṣẹ dudu** e acondicionado no pote de barro ao lado da panela de barro. O **ẹbọ** é despachado numa encruzilhada próximo à casa da pessoa, a galinha é envolta nas folhas de bananeira e despachada aos pés de uma das árvores consagradas à Ìyámì. Tomar banho com o ọṣẹ dudu preparado.

Observações:

a) Este ẹbọ é realizado as 02:00H de quinta-feira.
b) Se o dinheiro for oriundo de uma herança ou processo judicial e que esteja sendo alvo de inveja ou olho grande, substituir a galinha arrepiada por um ajapá (cágado);
c) Nesse caso, o ẹbọ é despachado próximo ao fórum e o ajapá, envolto em algodão, vai também para os pés de uma árvore consagrada à Ìyámì;
d) Até resolver o problema a pessoa toma banho com o ọṣẹ dudu preparado, às quintas-feiras de manhã;
e) Quando usar o ọṣẹ dudu não ter relação sexual.

12 — IPẸSẸ ÌYÁMÌ

Finalidade:

Paralisar um processo contra a pessoa levando ao total esquecimento ou no caso em que a pessoa estiver sento vítima de calúnia.

Material necessário:

- ọṣẹ dudu;
- milho vermelho;
- feijão fradinho;
- uma fava de **atarẹ**;
- capim navalha;
- panela de ferro;
- cabaça pequena com tampa.

ÔFÔ LÁTI KI ILÔSIWAJU KAN BA NÌ NGBAGBE TÀBÍ LÁTI AKÔ NIKAN NI IBANIJẸ:

Em yorùbá:

1. AGBARA NI FARASIN BAWÍ,
2. KI GBOGBO ILỌSIWAJU NI JARE YIO FARASIN.
3. KI AKỌ MI NI JARE, MÁ FỌ́ MỌ́.
4. KI ÀWỌN AFỌ̀RANMỌ́ NÁÀ MÁ FỌ̀ MỌ́.
5. AGBADO SISAN MÁ YOO,
6. ERÈÉ SISAN MÁ YOO,
7. ITÀKÙN TI NFÁ SÀRA MÁ YDO MỌ̀,
8. ATA SISUN MÁ YOO.
9. JẸ́KÍ MI JOKO.
10. ÓWÍ TI ÀWỌN AFỌ̀RÁNMỌ́ NÁÀ BA LỌ TORO Ó.
11. KI WỌN MÁ LỌ IRANTI Í MỌ́ TIMI.

12. BẸ́Ẹ̀ BÁWÒ LAIYE GBÀ NI AGBADO,
13. ÌYÁ GBÀ ỌMỌ RẸ.

REZA PARA QUE UM PROCESSO SEJA ESQUECIDO OU PARA ALGUM CASO DE CALÚNIA:

Em português:

1. O poder do desaparecimento disse,
2. Que todos os processos na justiça desaparecerão.
3. Que meu caso na justiça, não apareça mais.
4. Que as acusações também não apareçam mais.
5. O milho torrado não cresce,
6. O Feijão torrado não cresce,
7. Trepadeira não cresce mais,
8. A pimenta assada não cresce.
9. Deixe-me sentar.
10. Disse que as acusações também vão se assentar.
11. Que eles não vão lembrar-se mais de mim.
12. Assim como a terra recebe o milho,
13. A mãe recebe seu filho.

Modo de fazer:

Colocar todos os ingredientes na panela de ferro e torrar até obter um pó. Misturar o pó do ọsẹ dudu, recitando o ọfọ. Ao tomar o banho com o ọsẹ dudu preparado, a pessoa tem que recitar o ọfọ.

Observações:

a) Se a pessoa estiver respondendo a vários processos, tomar os banhos às segundas e quartas-feiras, à meia-noite. Caso contrário, são necessários apenas 2 banhos por semana, às terças e quintas-feiras.

b) Esta magia não pode ser realizada nem usada no período menstrual;

c) O oficiante deve consultar o oráculo para saber se é necessário algum ẹbọ junto a determinado Òrìṣà para ajudar na solução do problema.

13 — AWURE ÌYÁMÌ

Finalidade:

Obter as bênçãos das Mães Feiticeiras e conseguir algo bom.

Material necessário:

- folha ensacadinha (balãozinho de velho);
- meio işu cozido;
- meio işu cru com casca;
- folhas de akoko;
- folhas de estanca sangue;
- oşę dudu;
- osun;
- óleo de dendê;
- mel de abelhas;
- sete grãos de atarę moído;
- panela de ferro e pote de barro;

ÔFÔ LÁTI NI ÀWÔN JÚBÀ ÌYÁMÌ TÀBÍ FÓWÖTÊ NKANRERE IMUNI TIYIN:

Em yorùbá:

1. ÀWỌN AJĘ KÍGBÈ SÓKÈ, ÒKÈ PÚPỌ̀.
2. AWỌN WÍ TI ÀWỌN ĘIYĘ BURU,
3. TIWỌN ILALUJA NI ILÚ.
4. IŞU LÒŞÓ MÁ JĘ́KÍ
5. TI LAJĘ BA MPA LÓŞÓ.
6. AJĘ MÁ YIO IBUWO Ọ́ NI ĘNIKAN,
7. WÍ LAIYE, ÀWỌN AJĘ;
8. TI NÁÀ Ò YIO LỌ IBUWỌ Ọ́ TIMI.

REZA PARA OBTER AS BÊNÇÃOS DAS ÌYÁMÌ PARA ADQUIRIR ALGO DE BOM ATRAVÉS DELAS:

Em português:

1. As feiticeiras gritam alto, muito alto.
2. Elas dizem que os pássaros do mal,
3. Já penetram na cidade.
4. O inhame do feiticeiro não permitiu
5. Que feiticeira matasse o feiticeiro.
6. A feiticeira não se empoleirará em ninguém,
7. Diz o pássaro das feiticeiras;
8. Que também não irá se empoleirar em mim.

Modo de fazer:

Torrar, na panela de ferro, a metade do işu cru com cascas e as folhas até virar pó. Misturar o pó ao ọşẹ dudu, recitando o ọfọ. A metade do işu cozido, pilar e misturar ọsun, óleo de dendê, mel de abelhas e os grãos de atarẹ moídos. Passar metade dessa mistura na região do baixo ventre, incluindo o umbigo, antes de dormir a noite. No dia seguinte, antes do nascer do sol, tomar banho com o awure, em seguida comer a outra metade do işu preparado, pedindo o que desejar.

Observações:

a) Não pode ser realizado nem usado no período menstrual;
b) Tanto para fazer, quanto para usar, a pessoa deve abster-se de relação sexual e bebidas alcoólicas durante o período do ritual.
c) Os banhos subsequentes devem ser tomados duas vezes por semana, alternadamente.

14 — Magia para receber um benefício das Ìyámì ou para pedir as Ìyámì fúnfún para livrar-nos das Ìyámì Púpà

Finalidade:

Este trabalho propicia receber algo de bom através das **Ajẹ́** e pede às **Ajẹ́ funfun** que livrem a pessoa da ira das **Ajẹ́ Púpà**.

1ª PARTE

Material necessário:

- òrí;
- folha de Maria Preta;
- folha de juta;
- folha de língua de leopardo;
- pote de louça com tampa;
- panela de ferro ou de barro.

ỌFỌ

Em yorùbá:

1. ÉJÌ ONÍLÈ, JẸ́KÍ KI ÀWỌN AJẸ́ DURO YỌN PẸ̀LÚ MI.
2. AYA ÀGBÀ, YỌ MI ÀWỌ ỌWỌ́ AJẸ BURU
3. ÈWÉ OJUSAJU NI: "TI WỌN BA YIO YỌNU PẸ̀LÚ MI".
4. EWÉ AHỌN ẸKUN NI: "TI NI ODI TÓUN YIO FARASIN".

REZA

Em português:

1. **Éjíonilẹ** permita que as feiticeiras fiquem satisfeitas comigo
2. Anciã tire-me das mãos da feiticeira

3. A folha da juta disse que elas ficarão satisfeitas comigo
4. A folha língua de leopardo disse que a maldade dela vai sumir

Modo de fazer:

Torrar as folhas na panela de ferro até obter um pó bem fino e misturá-lo ao **òrí**. Passar no corpo todo, após recitar o **ọfọ**.

2ª PARTE

Material necessário:

- um metro de morim branco;
- folha de guiné;
- folha de juta;
- folha de **orírí**;
- folha de crista-de-galo;
- folha de **obi funfun**;
- folha de **obi pupa**;
- uma fava de **atarẹ**;
- vinte umas pimentas vermelhas com talo;
- dois ovos de galinha caipira;
- mel de abelhas;
- seis **obi funfun** de quatro gomos;
- seis **obi pupa** de dois gomos;
- **ẹfun**;
- **ọsun**;
- gin ou cachaça.

ỌFỌ

Em yorùbá:

1. ÈWÉ SOBIA WÍ:
2. "KI LÓNI ÌWỌ NÍ LẸ́SẸ̀SẸ̀ RERE".
3. ÈWÉ OJUSAJU NI
4. "TI WỌN BA YIO YỌNU PẸ̀LÚ MI"
5. ÈWÉ ORÍRÍ WÍ KI ẸYIN NYO PẸ̀LÚ MI
6. ÈWÉ AGOGO OGUN WÍ:
7. KI ÌWỌ BA FÍ SỌKO LỌ́LA FÚN MI
8. TÓTO HÙN ÀWA BÀJẸ́ NI LA OYIN
9. ẸFUN NI, KI ÒLÚ FÚN MI ỌLÁ
10. ỌSUN NI, KI ÌWỌ YIO DÉ
11. PẸ̀LÚ LỌ̀LA FÚN MI

REZA

Em português:

1. A folha de guiné disse:
2. "Que hoje você tem boa disposição"
3. A folha de juta disse:
4. "Que Elas ficarão satisfeitas comigo"
5. A folha de **oríri** disse que está contente comigo
6. A folha crista-de-galo disse:
7. "Que você lança a fortuna para mim"
8. Nunca ficaremos tristes ao lamber o mel
9. **Ẹfun** disse, que você chegará
10. **Ọsun** disse, que você chegará
11. Com a fortuna para mim.

ÌYÁMÌ ỌṢỌ́RONGA: O CULTO ÀS MÃES ANCESTRAIS

Modo de fazer:

Com o corpo untado com òrí, passar o morim branco no corpo e estendê-lo aos pés de uma árvore, de preferência uma que esteja relacionada as Ajẹ́. Partir um obi funfun, colocar próximo à boca, impregná-lo com o hálito e os pedidos, em seguida lançá-lo sobre o morim, deixar na posição que cair; proceder da mesma forma com um obi pupa. Polvilhar sobre eles bastante ẹfun e, em seguida, ọsún. Nesse momento recitar o ọfọ. Ao redor dos gomos do obi funfun colocar os demais funfun, sem partí-los; proceder da mesma forma com os pupa. Polvilhá-los com ẹfun e ọsun. Com as folhas fazer uma espécie de "ninho", depositá-lo no centro do morim, e regar com o mel de abelhas. Passar os ovos no corpo, mentalizando os desejos, colocando-os dentro do "ninho"; ao redor dos ovos colocar as pimentas vermelhas com talo. Mastigar vinte e um grãos de atarẹ com gin, mentalizando os desejos, e barrufar sobre o ẹbọ. Após dormir, e no dia seguinte pela manhã, tomar banho com ọṣẹ dudu preparado.

Observações:

a) A primeira parte do ẹbọ é junto ao Odù Ogbe;
b) Não realizar este trabalho no período menstrual;
c) As pimentas vermelhas podem ser em número de 5, 7, 9, 21 ou mais, assim como os grãos de atarẹ;
d) A pessoa deve estar vestida com roupas brancas durante todo o ẹbọ e para dormir;
e) A folha Maria Preta pode ser substituída pelo sumo de uma berinjela;
f) O ọṣẹ dudu preparado pode ser um dos ensinados anteriormente.

15 — Awure Ìyámì Owó

Finalidade:
Atrair dinheiro, coisas boas, abertura de caminho.

Material necessário:

* folhas de inhame;
* ọṣẹ dudu;
* panela de ferro ou barro;
* pote ou cabaça com tampa.

Modo de fazer:

Torrar as folhas de inhame até obter um pó fino e misturá-lo ao ọṣẹ dudu. Acondicionar no pote ou cabaça. Tomar banho com o preparado, antes do sol nascer, três vezes por semana, alternadamente.

Observações:

a) Não fazer e nem usar o awure no período menstrual;
b) Após conseguir o(s) objetivo(s), tomar o banho uma vez por semana até acabar o preparado.
c) No dia que usar o awure, não ter relação sexual;
d) No dia que tomar o banho, não usar roupas de cor preta.

16 — Ipęsę Ìyámì

Finalidade:
Proporcionar melhora a uma pessoa que tem problemas de assimilação provocados por efeitos mágicos.

Material necessário:

- uma cabaça de pescoço, cortada ao meio, horizontalmente;
- um peixe, tipo corvina, pescada, namorado, cortado ao meio horizontalmente;
- óleo de dendê;
- mel de abelhas puro;
- **atarę** pilado ou moído;
- **lęlękun** pilado ou moído;
- uma faca nova;
- uma galinha vermelha arrepiada;
- **ǫsun**;
- cachaça ou gin;

Modo de fazer:
Lavar as metades da cabaça com cachaça ou gin misturado com **ǫsun**. Em cada metade da cabaça colocar uma metade do peixe. Sobre os pedaços do peixe, polvilhar **lęlękum** pilado ou moído. Passar a galinha na cabeça da pessoa e sacrificá-la sobre os pedaços do peixe. Em seguida, regá-los com óleo de dendê, mel de abelhas e polvilhá-los com bastante **ǫsun**.

Observações:
a) Verificar no oráculo onde serão despachadas as metades da cabaça e a galinha;
b) A faca usada é despachada com a ave;

c) Caso a pessoa para quem está sendo realizado o **ẹbọ** esteja sob magia maléfica, deve ser realizado um **ẹbọ** lustral antes do **ẹbọ**;
d) Oficiante e cliente ou **ọmọ** não podem estar no período menstrual;
e) Após o **ẹbọ**, proceder a sequência de banho lustral com **ọṣẹ dudu** e de **àṣẹ**.

17 — IPẸSẸ ÌYÁMÌ

Finalidade:

Conseguir através das Grandes Mães superar dificuldades, abrir caminho, obter vitórias, novas propostas profissionais.

Material necessário:

- um alguidar;
- corda de algodão (altura da pessoa);
- sete ou nove **obi** (homem/mulher);
- **atarẹ** moído;
- sete ou nove **àkàsà** (homem/mulher);
- sete ou nove **ẹfun** (homem/mulher);
- sete ou nove moedas correntes (homem/mulher);
- morim preto, vermelho e roxo;
- dois pombos pretos;
- um **igbin**;
- óleo de dendê;
- mel de abelhas puro;
- **ọsun**.

Modo de fazer:

Forrar o alguidar com os morins. Dentro, arrumar a corda em círculo. Acondicionar, após ser passado no corpo da pessoa, os obi abertos, os **àkàsà** fora das folhas, as moedas atuais e os **ẹfun** inteiros. Passar os pombos no corpo da pessoa e sacrificá-los sobre tudo. Proceder da mesma forma com o **igbin**. Temperar com óleo de dendê, mel de abelhas, **atarẹ** moído, **ọsun** e **ẹfun** ralado. Em princípio este **ẹbọ** é despachado no alto de um morro, porém, é prudente uma consulta ao oráculo para verificar se será determinado outro local.

Observações:

a) Após o ẹbọ, sequência de banhos de limpeza, ọṣẹ dudu e energizante;
b) Abstenção de bebidas alcoólicas e relação sexual por um dia após o ẹbọ;
c) Não realizar o ẹbọ no período menstrual.

18 — IPẸSẸ ÌYÁMÌ

Finalidade:
Eliminar acumulo negativo que está trazendo doenças a uma pessoa.

Material necessário:

a) Oferenda a Èṣù Titun:

- um galo vermelho.

b) Oferenda a Bàbá Ikinbulaiye

- um frango branco;
- uma franga branca.

c) Ẹbọ Ìyámì

- fissura (vísceras) de porco fresca;
- dois pombos pretos;
- dois pombos brancos;
- uma galinha vermelha;
- sete ou nove ovos (homem/mulher);
- água fresca;
- ọsun;
- óleo de dendê;
- mel de abelhas;
- ẹfun ralado;
- banho de limpeza;
- banho com ọṣẹ dudu;
- banho energizante: hortelá, alecrim, café.

d) Borí:

- um igbín;
- mel de abelhas;
- ọsun;
- ẹfun ralado;
- ojá.

Modo de fazer:
Este trabalho é dividido em quatro partes, realizadas no mesmo dia:

1ª parte:
Oferendar à Èṣù Titun e Bàbá Ikinbulaiye, após passar as aves no corpo da pessoa, sacrificando as aves.

2ª parte:
No Ègbẹ́ ou na mata, fazer um buraco, aspergir água fresca e regar óleo de dendê e mel de abelhas. Acondicionar no buraco a fissura de porco e os ovos, que antes são passados no corpo da pessoa. Proceder da mesma forma com as demais aves, começando pela galinha vermelha. Regar com óleo de dendê, mel de abelhas, polvilhar com ọsun e ẹfun ralado, tapar o buraco. Fazer a sequência de banhos na pessoa. Untar a cabeça com mel de abelhas, polvilhar com ọsun e, em seguida, sacrificar o igbin. Cobrir a cabeça com o ojá branco. Colocar o igbin sobre o buraco, polvilhar com ẹfun. Deixar a pessoa repousar por 24 horas; após esse tempo, a pessoa deve tomar banho com ọṣẹ dudu e banho de ervas frescas, manjericão, energizante.

Observações:
a) Este ẹbọ não pode ser realizado no período menstrual;
b) De preferência, realizar este ẹbọ no terceiro dia da lua minguante;
c) Verificar através do oráculo o encaminhamento das aves;

d) Resguardo de 24 horas de bebidas alcoólicas, relação sexual, banho de mar e comidas muito condimentadas;
e) No período em que estiver com o bọri, a alimentação deve ser à base de peixe e sucos naturais de frutas.

19 — IPẸSẸ ÌYÁMÌ

Finalidade:
Eliminar falsidades, traições, inveja que podem trazer dissabores e perdas na vida de uma pessoa.

Material necessário:

- duas galinhas pretas;
- uma galinha d'angola;
- cachaça ou gin;
- óleo de dendê;
- mel de abelhas;
- água fresca;
- algodão;
- uma faca velha bastante usada em sacrifícios rituais;
- folhas frescas de jenipapo.

Modo de fazer:
Cavar um buraco na terra e aspergir água, permeá-lo com folhas de jenipapo untadas com mel de abelhas. Sacudir a pessoa com as aves, que devem estar com as patas e pescoços envolvidos com algodão. Em seguida sacrificá-las no buraco e jogar a faca dentro dele, com a ponta voltada para a terra. Regar com óleo de dendê, mel de abelhas, barrufar com cachaça, cobrir tudo com folhas de jenipapo e, por cima dessa, colocar algodão.

Observações:
a) Após o ẹbọ, banhos de limpeza, ọṣẹ dudu e de àṣẹ;
b) A pessoa deve usar roupas brancas durante sete/nove dias após o ẹbọ;

20 — IPẸSẸ ÌYÁMÌ

Finalidade:
Propiciar melhorias financeiras na vida de uma pessoa.

Material necessário:

- uma cabaça redonda;
- dois **obi funfun** (branco) de quatro gomos;
- óleo de dendê;
- mel de abelhas puro;
- búzios que a mão conseguir pegar;
- **ọsun**;
- algodão;
- sete/nove **àkàsà** (mulher/homem);
- cachaça ou gin;
- uma galinha preta;
- um pombo branco;
- Ebu de Obátàlà: **ẹfun** ralado, canela em pó, **àrìdan** ralado, semente de girassol moída.

Modo de fazer:

Cortar a cabaça formando uma tampa. Untá-la com óleo de dendê e permeá-la com o algodão. Passar os **àkàsà** no corpo da pessoa e acondicioná-los na cabaça. Dar os **obi** para que a pessoa faça os seus pedidos, abri-los e jogá-los também na cabaça. Os búzios são friccionados entre as mãos da pessoa e jogados na cabaça. Passar a galinha preta no corpo da pessoa e sacrificá-la sobre o conteúdo da cabaça, regar com óleo de dendê, mel de abelhas e polvilhar **ọsun**. Impregnar o pombo branco com o **ebu** de Obátàlà e dar para a pessoa para que ela faça seus pedidos e, em seguida, soltá-lo vivo.

Observações:

a) Verificar no oráculo Ifá o encaminhamento do ẹbọ e da galinha preta que foi sacrificada;

b) Pelo período de sete/nove dias após o ẹbọ a pessoa não deverá usar roupas nas cores preta, vermelha ou roxa.

c) **Ebu** de **Ọbàtálà** é um pó feito com as raspas retiradas do assentamento deste **Òrìṣà**, pulverizada para uso ritual.

21 — Ipęsę Ìyámì Owó

Finalidade:

Eliminar a falta de dinheiro que está fazendo com que a pessoa passe situações vexatórias.

Material necessário:

- um braseiro com brasas incandescentes;
- uma galinha branca;
- uma galinha preta;
- uma galinha d'angola;
- um **igbin**;
- pimentas malaguetas verdes e vermelhas;
- pimentão, vermelho e verde;
- uma faca afiada;
- milho vermelho;
- cachaça ou gin;
- óleo de dendê;
- mel de abelhas puro;
- uma fava de **atarę**;

Modo de fazer:

No braseiro, manter brasas incandescentes e, sobre estas, colocar o milho vermelho, os pimentões e a fava de **atarę**. Aquecer a faca nas brasas e, com ela, sacrificar as aves sobre o braseiro; por último, o **igbin**. Regar com óleo de dendê e mel de abelhas, jogando as pimentas malaguetas sobre tudo. A pessoa barrufa cachaça sobre o braseiro. Retirar a pessoa do local e proceder os banhos de limpeza, **ǫşę dudu** e **àşę**. Após reduzir tudo a cinzas, retirar o conteúdo do braseiro e enterrar aos pés de uma árvore seca, inclusive a faca.

Observações:

a) A pessoa não pode saber onde serão enterrados as cinzas e a faca;
b) Verificar no oráculo o encaminhamento das aves;
c) Antes e depois do ẹbọ, compreendendo ao todo 21 dias, a pessoa não deve usar roupas pretas ou vermelhas, não deve comer pimenta nem beber alcóolicos.

22 — Ipẹsẹ Ìyámì

Finalidade:
Propiciar progressos financeiros, profissionais e comerciais.

Material necessário:

- sete/nove àkàsà (homem/mulher);
- um cará;
- óleo de dendê;
- mel de abelhas de rosas;
- ọsun;
- ẹfun;
- cachaça ou gin;
- um alguidar;
- pimenta malagueta;
- uma galinha d'angola;
- um pombo preto;
- um pombo branco.

Modo de fazer:

Cozinhar o cará, pilá-lo com pimenta malagueta, óleo de dendê, mel de abelhas e ọsun. Acondicionar no alguidar. Sobre o cará pilado, colocar, circularmente, os àkàsà - após serem passados no corpo da pessoa. Barrufar cachaça ou gin, aí, então, proceder aos sacrifícios da galinha d'angola e do pombo preto sobre o conteúdo do alguidar. Barrufar com cachaça ou gin, regar com mel de abelhas, polvilhar ọsun e ẹfun ralado. Passar o pombo branco no corpo da pessoa e soltá-lo num local bem alto. Proceder à sequência de banhos de limpeza, ọṣẹ dudu e energizante.

23 — IPẸSẸ ÌYÁMÌ

Finalidade:

Propiciar recebimento de dinheiro emperrado judicialmente como herança, indenização etc.

Material necessário:

- quatro àkàsà fora das folhas;
- um cará cru;
- quatro bifes frescos de fígado bovino;
- fitas pretas, vermelhas e roxas;
- duas galinhas pretas;
- dois pombos brancos;
- uma galinha d'angola;
- um alguidar;
- óleo de dendê;
- mel de abelhas puro;
- ọsun.
- wãjí;
- ẹfun;
- cachaça;
- papel vegetal ou papel manteiga;
- lápis preto.

Modo de fazer:

Cortar o cará verticalmente, untar as metades com óleo de dendê e mel de abelhas. Escrever com o lápis preto no papel vegetal ou manteiga todos os dados do processo, colocar numa metade do cará, cobrir com a outra e enrolar ambas com as fitas preta, vermelha e roxa. Acomodar o cará no alguidar, rodeá-lo com os **àkàsà** e os bifes de fígado. Barrufar cachaça e sacrificar as aves sobre o conteúdo do alguidar. Regar com óleo de dendê, mel de abelhas e polvilhar com **ọsun, wãjí** e **ẹfun** ralado. Barrufar cachaça. Proceder a sequência de banho de limpeza, **ọṣẹ dudu** e de **àṣẹ**.

Observações:

a) Verificar através do oráculo Ifá onde as aves serão despachadas, assim como o **ẹbọ**;

b) O **ẹbọ** fica por 24 horas aos pés do **ojubo Ọ̀ṣún** antes de ser despachado;

c) Não fazer este **ẹbọ** no período menstrual.

24 — Ipęsę Ìyámì

Finalidade:
Propiciar melhorias financeiras, prosperidade e abertura de caminhos.

Material necessário:

- nove ovos de pata crus;
- inhame cozido e pilado;
- feijão fradinho cozido;
- fígado bovino fresco;
- óleo de dendê;
- mel de abelhas puro;
- ǫsun;
- nove moedas atuais;
- uma cabaça sem pescoço com tampa.

Modo de fazer:
Permear a cabaça com o inhame em forma de purê. Acondicionar o feijão fradinho dentro da cabaça, sobre ele o fígado bovino e, ao redor, os ovos de pata crus, após serem passados no corpo da pessoa. As moedas são passadas na cabeça da pessoa e colocadas sobre o fígado. Regar com óleo de dendê, mel de abelhas e polvilhar ǫsun.

Observações:
a) Este ębǫ pode ser realizado aos pés do Òrìṣà Ọṣún, Iyęmǫja e Òyá.

b) Antes de realizar este ębǫ a pessoa deverá passar por uma sequência de banhos lustrais de ǫṣę dudu e energizante.

25 — IPẸSẸ ÌYÁMÌ

Finalidade:
Atrair coisas boas, simpatia, dinheiro, amizades.

Material necessário:

- nove **akarajé**;
- nove **àkàsà**;
- nove pedaços de fígado bovino;
- nove folhas de mamona branca;
- nove moedas fora de circulação;
- três pedaços de fita vermelha;
- três pedaços de fita preta;
- três pedaços de fita roxa;
- **ọsun**;
- óleo de dendê;
- mel de abelhas puro;
- **ẹfun**;
- fumo de rolo;
- duas galinhas pretas.

Modo de fazer:

Em cada folha de mamona colocar um **akarajé**, um **àkàsà** (sem folha), um pedaço de fígado bovino, fumo de rolo e uma moeda. Amarrar cada folha com um pedaço de fita, dando formato de uma trouxinha. Ao redor da pessoa, na mata, fazer nove buracos que possam acondicionar as trouxinhas. A pessoa passa em seu corpo uma trouxinha de cada vez e joga dentro de um buraco. Em seguida sacrificar as galinhas sobre as trouxinhas, em sentido horário. Regar tudo com óleo de dendê, mel de abelhas e polvilhar **ọsun** e **ẹfun**.

Observações:

a) Através do oráculo Ifá verificar o encaminhamento das aves sacrificadas;
b) Após o ẹbọ a pessoa deve tomar banho com **ọṣẹ dudu** misturado com canela em pó, cravo da índia em pó, **atarẹ** moído, **ọsun**, óleo de dendê e **orí**; depois, tomar mais seis banhos, um por semana.

26 — Ipęsę Ìyámì

Finalidade:

Para tranquilizar uma pessoa que está assoberbada de problemas, propiciando discernimento para resolvê-los.

Material necessário:

- uma panela de barro, preta;
- algodão;
- um miolo de boi, fresco;
- **orí**;
- mel de abelhas;
- **atarę** pilado ou moído;
- inhame, cozido e pilado;
- papel branco, sem pauta;
- lápis preto.

Modo de fazer:

Untar a panela de barro com **orí**. O inhame cozido e pilado, misturar com mel de abelhas e acondicioná-lo no fundo da panela. Colocar o miolo sobre o papel branco com o nome e endereço da pessoa escrito, acondicionar sobre o inhame. Cobrir tudo com algodão, polvilhar com bastante **ęfun** e regar com mel de abelhas.

Observações:

a) Este **ębọ** pode ser realizado também aos pés do Òrìṣà Òbátàlà, caso não tenha o de Ọ̀ṣún ou Iyęmọja

27 — Ipẹsẹ Ìyámì

Finalidade:

Propiciar abertura de caminho, sucesso nos negócios, clareza nas situações obscuras.

Material necessário:

- uma panela de barro preta;
- pirão de farinha;
- nove gemas de ovos de pata cruas;
- mel de abelhas;
- ọsun;
- ẹfun ralado;
- três moedas prateadas atuais;
- três moedas acobreadas atuais;
- três moedas douradas atuais;
- um pombo branco.

Modo de fazer:

Untar a panela de barro com mel de abelhas e polvilhar ọsun. Dividir o pirão de farinha de mandioca em nove porções, em cada uma fazer uma cavidade. Acondicioná-las na panela de barro. Dentro de cada cavidade, colocar uma gema de ovo de pata. Sacudir as moedas entre as mãos, mentalizando o que deseja e deixar que elas caiam dentro da vasilha. Sacrificar o pombo após ser passado no corpo da pessoa. Regar com bastante mel de abelhas, polvilhar com bastante ọsun e ẹfun ralado. Despachar em seguida na mata.

28 — IPẸSẸ ÌYÁMÌ

Finalidade:
Para afastar uma pessoa que está trazendo atrapalhos à vida de outra.

Material necessário:

- um par de sapatos de mendigo;
- 2 papéis com nome e endereço da pessoa a afastar;
- folha fresca de dormideira;
- dois peixes frescos e pequenos;
- pimentas malaguetas vermelhas socadas;
- carvão vegetal em pó;
- enxofre em pó;
- ọsun.

Modo de fazer:
Compre de um mendigo o par de sapatos, dentro de cada um coloque o papel com nome e endereço da pessoa, cubra com folha de dormideira. Sobre a folha, coloque o peixe e, em seguida, as pimentas malaguetas socadas. Cubra tudo com carvão vegetal, enxofre e ẹfun ralados. Imediatamente despachar o par de sapatos em uma estrada muito movimentada, sendo que o pé direito deve ser colocado na direção da descida e o pé esquerdo na direção de subida, tomando como base os veículos.

Observações:
a) Após esse ẹbọ o oficiante deve tomar banho lustral e de ọṣẹ dudu;
b) A pessoa que quer afastar a outra não pode saber onde os sapatos foram despachados.

29 — Ipẹsẹ Ìyámì

Finalidade:
Para cortar inveja e olho grande que está traz problemas à pessoa.

Material necessário:

- uma panela de barro preta com tampa;
- fígado bovino fresco;
- quatro peixes frescos e pequenos;
- quatro ovos crus;
- morins preto, vermelho e roxo;
- quatro agulhas de costura;
- óleo de dendê;
- ọsun;
- papel seda vermelho;
- lápis preto;
- um soquete (mão-de-pilão).

Modo de fazer:

Estender os morins no chão, formando uma cruz, e no centro colocar a panela. Dentro dela colocar o fígado fresco e o papel de seda vermelho, escrito a lápis as coisas ruins que a pessoa quer eliminar de sua vida. Prendê-lo ao fígado com as quatro agulhas de costura, em seguida socar com o soquete de forma que tudo se transforme numa massa homogênea. Passar em seu corpo os peixes, colocar dentro da panela. Proceder da mesma forma com os ovos, regar tudo com óleo de dendê e polvilhar com ọsun. Tampar a panela, amarrá-la com os morins e imediatamente despachá-la dentro do cemitério. Após. o oficiante e o cliente têm que tomar banho lustral, ọṣẹ dudu e àṣẹ.

30 — Ipęsę Ìyámì

Finalidade:
Propiciar abertura de caminho, acelerar recebimento de dinheiro ou resposta que trará solução para um problema que a pessoa está vivendo.

Material necessário:

- quatro pratos de barro;
- quatro peixes defumados;
- quatro àkàsà;
- quatro moedas atuais;
- quatro pedaços de fígado suíno fresco;
- quatro pombos pretos;
- óleo de dendê;
- mel de abelhas;
- ǫsun e wãjí;
- quatro pedaços de morins preto, vermelho e roxo.

Modo de fazer:
Permear os pratos com morim preto, vermelho e roxo, sobre os tecidos colocar um peixe, um àkàsà (fora da folha), uma moeda, um pedaço de fígado suíno. Passar um pombo de cada vez no corpo da pessoa e sacrificá-lo num prato. Após, regar todos os pratos com óleo de dendê, mel de abelhas, polvilhar com wãjí e ǫsun. Despachar os pratos conforme a ordem: o primeiro é despachado no cemitério, o segundo na mata, o terceiro numa praça pública e o quarto numa estrada de grande movimento. Os pombos pretos têm os peitos abertos, regados com óleo de dendê e mel de abelhas, polvilhados com ǫsun e despachados aos pés de uma árvore frondosa.

31 — Ipęsę Ìyámì

Finalidade:
Eliminar caminhos de doença provocada por magia maléfica.

Material necessário:

- uma panela de barro preta;
- nove folhas de jaqueira;
- fígado bovino fresco;
- bofe bovino fresco;
- rim bovino fresco;
- coração bovino fresco;
- nove ovos de galinha crus;
- dois bifes bovinos frescos;
- uma galinha vermelha arrepiada;
- uma galinha d'angola;
- um pombo preto;
- pimenta malagueta verde e vermelha;
- óleo de dendê;
- ǫsun.

Modo de fazer:

Permear a panela de barro com as folhas de jaqueira, untadas com óleo de dendê. Passar as carnes e vísceras no corpo da pessoa e acondicionar na panela de barro. Proceder da mesma forma com os ovos. Sacudir a pessoa com a galinha d'angola e com a galinha vermelha, proceder o sacrifício, simultaneamente dentro da panela de barro e do **ojubo Ǫṣún**. Regar com óleo de dendê e bastante ǫsun. Por último, passar o pombo preto no corpo da pessoa, em seguida untá-lo com as pimentas malaguetas socadas misturadas com um pouco de óleo de dendê, e soltá-lo na porta do Ẹ̀gbẹ́ ou na mata. A panela é enterrada na mata.

Observações:

a) A mistura não é passada nos olhos do pombo;
b) As folhas de jaqueira podem ser substituídas por mangueira, jenipapeiro, bananeira ou amendoeira;
c) Verificar através do oráculo o encaminhamento das aves sacrificadas, se o ẹbọ pode ser despachado em outro local e por quanto tempo fica aos pés do Òrìṣà Ọ̀ṣún, caso tenha sido realizado no Ẹ̀gbẹ́
d) Este ẹbọ requer resguardo de bebidas alcoólicas e relação sexual por três dias;
e) Nem oficiante, nem cliente, podem estar no período menstrual;
f) Após o ẹbọ, sequência de banhos lustral, ọṣẹ dudu e energizante.

32 — Ipẹsẹ Ìyámì

Finalidade:

Eliminar maldição jogada sobre uma pessoa, que lhe causa transtornos profissionais, financeiros e familiares.

Material necessário:

- um alguidar;
- sete sardinhas;
- sete folhas de mamona branca;
- morim vermelho;
- morim preto;
- morim roxo;
- sete ovos de galinha crus;
- coração bovino fresco;
- sete pedaços de fígado bovino fresco;
- sete bifes suíno frescos;
- uma galinha preta;
- carvão vegetal em pó;
- wãjí;
- óleo de dendê;

Modo de fazer:

Permear o alguidar com os morins e sobre estes colocar as folhas de mamona. Colocá-los aos pés da pessoa e, em seguida, ir passando em seu corpo os pedaços de fígado, os bifes suínos, o coração bovino, os ovos. Depositar as sardinhas em círculo dentro do alguidar de forma que elas fiquem com a cabeça para fora. Sacudir a pessoa com a galinha preta e sacrificá-la sobre o ẹbọ. Regar com óleo de dendê, polvilhar wãjí e carvão vegetal em pó. Amarrar as pontas dos morins, dando formato de uma trouxa, e imediatamente enterrá-la na mata. A galinha preta tem o peito aberto, regado com óleo de dendê, polvilhado com wãjí e carvão vegetal em pó, e despachada no cemitério logo após o sacrifício.

33 — AWURE ÌYÁMÌ

Finalidade:

Propiciar melhorias financeiras à vida de uma pessoa.

Material necessário:

- panela de ferro;
- ọṣẹ dudu;
- raiz de pimenteira seca;
- casca de romã;
- ogá (camaleão seco);
- fumo de rolo;
- ọsun;
- óleo de dendê;
- mel de abelhas;
- pote de barro com tampa;

Modo de fazer:

Torrar na panela os ingredientes solicitados, menos o ọṣẹ dudu e o ọsun. Quando obtiver um pó fino, acrescentar o ọsun e misturá-lo ao ọṣẹ dudu. Acondicionar no pote de barro e deixar destampado por 5 dias aos pés do Òrìṣà Ọṣún. Após esse período usar o awure para tomar banho às terças e quintas-feiras à meia noite, mentalizando recebimento de dinheiro.

Observações:

a) Espalhar um pouco do awure num pedaço de bucha para cada banho;
b) Não ter relação sexual após tomar banho com o awure.

34 — IPẸSẸ ÌYÁMÌ

Finalidade:
Eliminar doença que está agindo no corpo físico de uma pessoa, resultante de magia maléfica.

Material necessário:

- sete folhas de amendoeira;
- sete pedaços de coração bovino fresco;
- sete pedaços de fígado bovino fresco;
- sete ovos crus;
- algodão;
- óleo de dendê;
- mel de abelhas;
- ọsun;
- ẹfun;
- enxofre em pó;
- cânfora em pó;
- uma galinha preta;
- uma galinha branca;
- água fresca.

Modo de fazer:
Em meio à mata, cavar um buraco na terra, forrá-lo e aspergir água fresca. Colocar a pessoa de costas para o buraco. Passar as folhas de amendoeira no corpo dela e arrumá-las dentro do buraco. Proceder da mesma forma com as carnes e os ovos. Ao redor, dentro do buraco, colocar um pouco de enxofre em pó. Sacudir a pessoa com a galinha preta e depois sacrificá-la dentro do buraco. Dar a galinha branca para que a pessoa faça seus pedidos, em seguida proceder o sacrifício da ave, deixando cair um pouco do ẹjẹ no pé

direito da pessoa e direcionando o resto do sacrifício no buraco. Retirar a pessoa do local, sem que ela olhe o buraco. Regar com óleo de dendê, mel de abelhas, polvilhar com **ọsun** e **ẹfun**. Cobrir com algodão e polvilhar cânfora em pó. Proceder os banhos lustral, com **ọṣẹ dudu** e de **àṣẹ**.

35 — IPẸSẸ ÌYÁMÌ

Finalidade:
Energizar quem passou por perdas, trazendo cor e alegria à vida.

Material necessário:

- nove moedas atuais;
- um ọmọlọkun com óleo de dendê, gengibre ralado, ọsun e atarẹ moído;
- nove ovos;
- morim amarelo, vermelho e roxo;
- nove pedaços de carne bovina;
- nove àkàsà com óleo de dendê;
- mel de abelhas.

Modo de fazer:

Estender os morins no chão um sobre o outro e centralizar a pessoa sobre eles. A própria pessoa passa em seu corpo e deixa cair sobre os morins, na seguinte ordem: as carnes, as porções de ọmọlọkun, os ovos, os àkàsà e as moedas. Retirar a pessoa do local, regar mel de abelhas e amarrar as pontas dos morins formando uma trouxa. Pendurar esta trouxa num galho de árvore frondosa.

Observações:

a) O ọmọlọkun é preparado somente com óleo de dendê, gengibre, ọsun e atarẹ.
b) Verificar no oráculo se há outro local para o ẹbọ ser despachado.

36 — Awure Ìyámì

Finalidade:
Atrair coisas boas, novas perspectivas de vida, novos encontros.

Material necessário:

- cabaça com tampa;
- ọṣẹ dudu;
- cabeça de peixe;
- óleo de dendê;
- mel de abelhas;
- raspa de assentamento de Ọ̀ṣún;
- raspa de assentamento de Èṣù;
- àrìdan;
- atarẹ;
- panela de ferro.

Modo de fazer:
Torrar os elementos na panela de ferro, menos o ọṣẹ dudu e a cabaça, até obter um pó bem fino e misturá-lo ao ọṣẹ dudu. Acondicionar o awure na cabaça, deixar aos pés do Òrìṣà Ọ̀ṣún por cinco dias. Após, usar o awure às terças e quartas-feiras a meia noite até ele acabar.

Observações:
Não usar o ọṣẹ dudu no período menstrual.

37 — IPẸSẸ ÌYÁMÌ

Finalidade:
Melhorias financeiras, promoção, emprego novo, abertura de caminho.

Material necessário:

- quatro pombos pretos;
- quatro alguidares;
- quatro espigas de milho sem palha;
- quatro pimentões verdes;
- quatro jenipapos cortados ao meio;
- quatro porções de algodão;
- quatro moedas de cobre;
- óleo de dendê;
- mel de abelhas;
- ọsun.

Modo de fazer:
Untar os alguidares com óleo de dendê e mel de abelhas. Permear os alguidares com algodão e, sobre cada um, colocar uma espiga de milho, um pimentão verde, um jenipapo cortado ao meio, uma moeda de cobre. Passar os pombos no corpo da pessoa e sacrificá-los sobre os **ẹbọ**, cada um num dos alguidares. Regar com mel de abelhas, polvilhar com **ọsun**.

Observações:
a) Verificar no oráculo o encaminhamento do **ẹbọ** e das aves.
b) Sequências de banhos com **ọṣẹ dudu** e de **àṣẹ**.

38 — Ipęsę Ìyámì

Finalidade:
Afastar pessoa que está interferindo negativamente na vida de uma outra ou num local.

Material necessário:

- um pilão;
- um pedaço de fígado bovino;
- um pedaço de coração bovino;
- óleo de dendê;
- pimenta malagueta;
- ǫsun;
- atarę;
- nome e endereço da pessoa que se quer afastar;
- ęfun;
- carvão em pedra;
- morim branco.

Modo de fazer:
Colocar todos os ingredientes no pilão, menos o ęfun. A própria pessoa, se possível, deve pilar tudo com a mão-de-pilão, mentalizando o afastamento daquela que está trazendo problemas à sua vida ou a um local. Após bem pilado, colocar a massa obtida no morim branco, polvilhar ęfun, amarrar como uma trouxa e despachar no mar.

Observações:
Sequência de banhos de limpeza e de ǫsę dudu.

39 — UNGÜENTO ÌYÁMÌ

Finalidade:
Proteger uma pessoa contra influências de energias maléficas.

Material necessário:

* pote de barro;
* orí;
* óleo de dendê;
* canela em pó;
* ọsun;
* enxofre em pó;
* Dandá da costa ralado;
* ẹfun ralado.

Modo de fazer:
Misturar todos os ingredientes, acondicionar no pote de barro e deixar aos pés do Òrìṣà Ọ̀ṣún por cinco dias. Após esse tempo, usar pela manhã, passando em volta do umbigo.

Observações:
a) Não usar no período menstrual;
b) Verificar se é necessário ẹbọ de limpeza antes de começar a usar o unguento.
c) Não ter relação sexual enquanto estiver com o unguento no corpo.

40 — Ebú Ìyámì

Finalidade:
Energizar, potencializar e atrair coisas boas na vida.

Material necessário:

- panela de ferro;
- cabeça de peixe;
- óleo de dendê;
- mel de abelhas;
- atarę;
- pedaços de inhame do norte;
- manjericão;
- canela em pau;
- coentro;
- ìyẹ́rọ̀sun;

vidro âmbar com tampa.

Modo de fazer:
Torrar tudo na panela de ferro até obter um pó bem fino, peneirando várias vezes. Acondicionar no vidro âmbar, deixar aos pés de **Ọṣún** ou **Iyẹmọja**. Diariamente, à noite, diluir 1 colher de chá do **Ebu** em suco de frutas e beber mentalizando tudo o que desejar.

41 — Ipẹṣẹ Ìyámì

Finalidade:

Eliminar energia maléfica da vida da pessoa.

Material necessário:

- morim vermelho, preto, roxo e branco;
- 200g de carne bovina;
- 200g de fígado bovino;
- 200g de coração bovino;
- um àkàsà;
- três ovos;
- uma galinha preta;
- um alguidar;
- óleo de dendê.

Modo de fazer:

No morim vermelho colocar a carne bovina e amarrar como uma trouxa. Proceder da mesma forma com os morins preto e roxo em relação ao fígado e o coração bovinos, respectivamente. Posicionar o alguidar diante da pessoa. Ela mesma passa em seu corpo e acondiciona no alguidar as trouxas, os ovos e o àkàsà. O sacerdote passa no corpo dela a galinha preta e sacrifica sobre o ẹbọ. O alguidar com o ẹbọ é despachado no mar e a galinha preta tem o peito aberto, onde é colocado óleo de dendê, e despachada numa encruzilhada de grande movimento.

42 — ÌWÉ ÌYÁMÌ

Finalidade:

Limpar uma pessoa de influências negativas enviadas ou absorvidas num local.

Material necessário:

- água;
- sal grosso;
- folhas frescas de mangueira, amendoeira, jenipapeiro;
- cominho em grão ou pó;
- canela em pau.

Modo de fazer:

Ferver água com sal grosso, acrescentar as folhas frescas, o cominho, e deixar que ferva por mais dois minutos. Apagar o fogo, adicionar a canela em pau e tampar a panela. Aguardar que amorne, banhar-se da cabeça aos pés, em seguida banho somente com oṣẹ dudu num pedaço de bucha vegetal. Enxugar o corpo e usar roupas limpas e claras.

Observações:

Este banho pode ser usado por no máximo três dias seguidos.

43 — AWURE ÌYÁMÌ

Finalidade:
Aumentar fluxo de dinheiro na vida de uma pessoa.

Material necessário:

- pote com tampa;
- ọṣẹ dudu;
- óleo de dendê;
- raspas do assentamento de Òṣún;
- raspas do assentamento de Ògún;
- raspas do assentamento de Òyá;
- atarẹ;
- canela em pau;
- cravo da índia;
- coração e fígado de uma galinha oferendada ao Òrìṣà Òyá;
- búzios;
- panela de ferro.

Modo de fazer:
Torrar tudo na panela de ferro, menos o ọṣẹ Dudu, misturando ọṣẹ dudu ao pó obtido. Acondicionar no pote e deixar por três dias aos pés de Òyá. Após esse período, tomar banho na primeira semana, à segunda, quarta e sexta-feira pela manhã. Nas semanas seguintes, tomar banho às terças e quintas-feiras pela manhã A galinha sacrificada para Òyá deve ser preparada, no Ẹ̀gbẹ́ e todos que estiverem presentes comem.

Observações:
Não pode ser preparado e nem usado no período menstrual.

44 — ÀṢẸ ÌYÁMÌ

Finalidade:
Proteger um local contra influência de energias maléficas e atrair àṣẹ.

Material necessário:

- um pedaço de osso de canela de boi;
- sete búzios;
- sete moedas;
- **ikodidẹ́**;
- óleo de dendê;
- ọsun;
- wãjí;
- uma galinha preta arrepiada;
- um alguidar nº 00;
- cera de abelha;
- enxofre;
- cânfora em pó.

Modo de fazer:

Ferver o osso na água com sal para que fique bem limpo. Depois que estiver seco, vedar um dos lados com cera de abelha e colocá-lo no alguidar com a parte aberta para cima. Introduzir no osso o enxofre, a cânfora, os búzios, as moedas, ọsun e wãjí, e acomodá-lo dentro do **Ojubo Ọ̀ṣún**. Sacrificar a galinha preta, fincar o **ikodidẹ́** dentro do àṣẹ, e deixá-lo permanecer três dias no **ojubọ Ọ̀ṣun**. Após esse tempo, levar para casa e o coloca atrás da porta principal. Este àṣẹ tem a duração de cinco meses, após é despachado na mata. Verificar no oráculo o encaminhamento da ave.

45 — IPẸSẸ ÌYÁMÌ

Finalidade:

Despachar caminho negativo que está fazendo com que pessoa tenha perdas generalizadas.

Material necessário:

- uma galinha preta bem gorda;
- um búzio;
- uma moeda atual;
- um pedaço de algodão passado no corpo da pessoa;
- um pedaço de fígado bovino;
- linha preta;
- agulha de costura;
- óleo de dendê;
- mel de abelhas;
- ọsun;

Modo de fazer:

Passar a galinha preta no corpo da pessoa, em seguida sacrificá-la no **ojubo Ọ̀ṣún**. Abrir o peito da ave, colocar os demais itens e costurar o peito com a agulha com a linha preta. Imediatamente despachar esta galinha próximo à linha férrea. Proceder sequências de banhos de limpeza, com **ọṣẹ dudu** e **àṣẹ**.

46 — Ipẹsẹ Ìyámì

Finalidade:

Eliminar caminho negativo que está trazendo perdas financeiras à vida de uma pessoa.

Material necessário:

1 - Oferenda a Èṣù Titún:

- um galo vermelho;

2 - Oferenda a Bàbá Ologbojo:

- um galo branco;
- uma galinha branca.

3 - Ẹbọ Ìyámì Gẹ́lẹ́dẹ́:

- sete bifes de fígado bovino;
- dois pombos pretos;
- uma galinha preta;
- sete ou nove ovos (homem/mulher);
- água fresca;
- ọsun;
- óleo de dendê;
- moedas atuais;
- melaço;
- ẹfun ralado;
- banho de limpeza fervido, com folhas frescas de mangueira, cajazeira, limoeiro, sal grosso e sândalo em pó;
- banho com ọṣẹ dudu, misturado com ọsun, uma pitada de enxofre e ẹfun ralado;

- ❖ banho energizante, com folhas frescas de manjericão, alevante e macaçá.

4 - Borí:

- ❖ um pombo branco;
- ❖ òrí;
- ❖ ǫsun;
- ❖ ẹfun ralado;
- ❖ um ojá

Modo de fazer:

Este ẹbǫ é dividido em quatro partes, realizadas no mesmo dia:

1ª PARTE:

Oferendar Èṣù Titún e Bàbá Ologbojo, após passar o galo vermelho, galo e galinha brancos no corpo da pessoa, respectivamente, sacrificando-as em seus ojubǫ.

2ª PARTE:

No Ẹ̀gbẹ́ ou na mata, fazer um buraco na terra, aspergir água fresca e regar com óleo de dendê e mel de abelhas. Acondicionar no buraco os bifes de fígado e os ovos, que antes são passados no corpo da pessoa. Passar no corpo da pessoa as aves e sacrificá-las no buraco, começando pela galinha preta. Regar com óleo de dendê, melaço, polvilhar com ǫsun e ẹfun ralado, tapar o buraco. Passar as moedas no corpo da pessoa e jogá-las sobre o buraco já tampado. A pessoa sai do local sem olhar para o buraco. Fazer a sequência de banhos na pessoa. Untar a cabeça com òrí, polvilhar com ǫsun, e em seguida sacrificar o pombo branco. Cobrir a cabeça com ǫja branco. Colocar o pombo branco sobre o buraco, com o peito aberto polvilhado com **ọsun** e **ẹfun**, regar tudo com melado. Deixar a pessoa repousar por 24 horas, após esse tempo a pessoa toma banho com **ọṣẹ dudu** e banho de ervas frescas, energizantes.

Observações:

a) Não realizar este **ẹbọ** no período menstrual;
b) De preferência realizar este **ẹbọ** no terceiro dia da lua minguante;
c) Verificar através do oráculo o encaminhamento das aves;
d) Resguardo de 72 horas de bebias alcoólicas, relação sexual, banho de mar e comidas muito condimentadas;
e) No período em que estiver com o **borí**, a alimentação deve ser à base de peixe e sucos naturais de frutas.

47 — Ipẹsẹ Ìyámì

Finalidade:
Para oferendar as Mães Ancestrais

Material necessário:

- uma porca preta;
- uma faca;
- um alguidar grande;
- folhas de seringueira ou de bananeira;
- óleo de dendê;
- cachaça, vodca ou gin;
- **obi**;
- **orogbo**;
- sumo de pimenta vermelha (malagueta ou brinco de princesa);
- tiras de pano;
- milho branco;
- **ẹkuru**;
- akarajé.

Modo de fazer:

Sacrificar a porca utilizando a faca virgem, fazendo a invocação do **oriki** das **Ìyàmí Ọṣọ́ronga**, deixando que o **ẹjẹ** caia um pouco no chão e no alguidar. O oficiante abre a barriga do animal, sem cortar a buchada. Forrar o local e o alguidar com as folhas, regar com óleo de dendê. Aspergir no chão bebida forte, invocando **Ìyàmí** e fazendo os pedidos. Oferendar os **obi** e os **orogbo**. Soprar **ẹfun** no caminho de volta para casa. Fazer oferenda ao caminho e ao **Èṣù** do caminho. Ao chegar em casa, tomar banho com folhas de peregun, algodão, alumã e para-raio ou corredeira.

Observações:

a) Verificar no oráculo o encaminhamento das aves;
b) Antes e depois do ẹbọ, compreendendo ao todo vinte e um dias, a pessoa não deve usar roupas pretas ou vermelhas, não deve comer pimenta nem beber bebidas alcoólicas fermentadas.

O AUTOR E SUA OBRA

Fernandez Portugal Filho

Fernandez Portugal Filho é daquelas pessoas a quem o nome se adianta à pessoa e lhe confirma o carisma e a inteligência. Quando, em 2019, o vi entrar no estande da Editora Arole Cultural durante a Bienal do Livro do Rio de Janeiro, meus olhos brilharam e o cumprimento se adiantou. Assim se deu nosso primeiro encontro no qual, para minha honra, se transformou também na obra "Vamos Falar Yorùbá", publicada em 2020 e, talvez, a obra mais completa sobre o idioma e a gramática yorùbá publicada no Brasil. Em sua segunda obra em nossa editora, "Ìyámì Ọṣọ́ronga – O Culto as Mães Feiticeiras", professor Fernandez traz ensinamentos múltiplos, capazes de satisfazer as mais diferentes camadas sociais, seguidores e/ou simpatizantes das tradições espirituais de matriz africana, com profundos ensinamentos, completos e sobretudo, eficazes sobre a magia e o poder feminino

Autor de cerca de quarenta livros e apostilas e mais de uma centena de artigos em jornais e revistas, além de ter prestado consultorias para a TV Globo, à extinta TV Manchete e inúmeras produções cinematográficas no Brasil e no Exterior, Fernandez Portugal Filho é discreto e de fala calma, transmitindo confiança e segurança naquilo que faz e fala e seu histórico editorial e profissional lhe apresentam com respeito e louros.

Antropólogo e jornalista brilhante, atua como professor na UERJ (Proeper) e como professor titular de Antropologia das Religiões Afrodescendentes e Tradicional Religião Yorùbá, desde 1996, na Universidade de Havana-Cuba, viajando com frequência ao continente africano para pesquisar "*in loco*" as religiões e práticas advindas, sobretudo, da Nigéria. É também sacerdote do Culto aos Òrìṣà e de Ifá na Tradicional Religião Yorùbá, dirigente do Ẹgbẹ Awo, no Rio de Janeiro.

Para a Editora Arole Cultural, assim como para mim como sacerdote, é uma honra tê-lo como amigo e poder contar com suas publicações.

Diego de Oxóssi
Editor-chefe da Arole Cultural

CONTATO COM O AUTOR

Telefone: (21) 3181-6022 / 3738-6132
WhatsApp: (21) 9 9807-7594
E-mail: yorubana@globo.com
                    fernandezpfilho@globo.com

Endereço para correspondência:

Fernandez Portugal Filho
Caixa Postal 40.095 – RJ
CEP 20210-972 – Brasil

Curso ministrados por Fernandez Portugal Filho

- Introdução ao Estudo do Candomblé
- De Eṣú a Òṣàlà
- Ajọbọ Òrìṣà mi (Assentamentos do meu Òrìṣà)
- Ritual de Iniciação no Candomblé Kétu
- Ẹbọri (Bọri) – A Importância do Ori na Cultura Yorùbá
- Cosmogonia Yorùbá
- A linguagem secreta dos Odù
- Culto Ẽgungun
- Àjé, Òrìṣà da Riqueza
- Adura, Òrìṣà mi (Rezas do meu Òrìṣà)
- Abikú, Abiko y Biaṣẹ
- Magia Yorùbá
- Magia Afro-Brasileira
- Candomblé Kètú – Herança Afro-Brasileira
- Ọlọkun, Senhor de todos os oceanos

- ❖ Òdùdùwá – O Bastão de Ẽgun
- ❖ Èṣù – Senhor de todos os caminhos

Todos os materiais legítimos africanos, o leitor poderá encontrar nos seguintes endereços:

RIO DE JANEIRO

Ilê D'Angola
Av. Ministro Edgar Romero, 239 – Galeria C – Lojas 222 e 224
Mercadão de Madureira – Rio de Janeiro/RJ
CEP: 21360-201

Telefones: (21) 3355-8768 / 3355-8769

Morada dos Òrìṣás
Av. Ministro Edgard Romero, 244
(dentro do Shopping Days, em frente ao Mercadão de Madureira)
Madureira – Rio de Janeiro/RJ
CEP: 21360-200

Telefone: (21) 2051-1471 / 99891-0901

BIBLIOGRAFIA

Nos encontros realizados no Brasil e na Nigéria a partir da década de 80 até os dias atuais, pude sorver o néctar do conhecimento dos sacerdotes yorùbá e aproveito a oportunidade para agradecer por existirem, ampliaram a minha visão dentro do culto às Mães Ancestrais.

No Culto a Òrúnmílà:

- Bàbá Awodele
- Bàbá Bankolẹ
- Bàbá Adeleke
- Bàbá Olatunji
- Bàbá Olufẹmi
- Bàbá Prince

No Culto aos Òrìṣà:

- Bàbá Togun

No Culto às Ìyámì

- Mama Gracy

- ❖ Ajibọlá (Bọlá)
- ❖ Fẹ̀mi (in memoriam)
- ❖ Adan
- ❖ Bàbá Rotimi

E a tantos outros que anonimamente me ajudaram nesta pesquisa.

Livros

ABIMBOLA, W. "Ifá, an Introduction to Ifá Literary Corpus". Oxford University Press. London. 1975.

AKINDELE, A. E. Aguessy. "Contribution à L'Étude de Ancien Royaume de Porto Novo". Arquivo IFAN Nº 25. Dacar. 1953

ALVARES DO AMARAL, J. "Resumo Cronológico e Notícias da Província da Bahia". Bahia. 1927

ARÓSTEGUI, N. B. "Los Orishas, en Cuba". Ediciones Union. La Habana. 1990.

AUGRAS, M. "De Iyámi a Pomba Gira: transformações e símbolos da libido". Org. Carlos Eugênio Marcondes de Moura. "Meu Sinal está no Seu Corpo". Eicon – Edusp – São Paulo. 1989.

B. TCHOGUINOU. "Nos Morts, Afrique Noire". Lagos. 1958

BARROS, J. F. P. "O Segredo das Folhas: Sistema de Classificação de Vegetais no Candomblé Jêje-Nagô do Brasil". Rio de Janeiro. Pallas. 1993.

_____. & NAPOLEÃO, E. "Ewé Òrìṣà: Uso Litúrgico e Terapêutico dos Vegetais nas Casas de Candomblé Jêje-Nagô". Bertrand Brasil. Rio de Janeiro. 1998.

BARROS, J. F. P. & SILVA MELO, M. A. & VOGEL, A. "A Galinha d'Angola: Iniciação e Identidade na Cultura Afro-Brasileira". Rio de Janeiro. Pallas. 1993.

BASCOM, W. "Ifá Divination Communication Between Gods and Men in West Africa." Bloomington. Indiana University Press. 1969.

BASTIDE, R. "As Religiões Africanas". Companhia Editora Nacional. São Paulo. 1971.

_____. "Le Candomblé de Bahia". Haye-Holanda. 1958

_____. "Les Religions Africaines au Brésil". Paris. 1960

_____. "Sociologie et Psycanalyse". Paris. 1950

BEIER, U. "Gẹlẹdẹ Masks". Ibadan-Nigéria. 1956

BOUCHE, A. "La Côte des Esclaves et le Dahomey". Paris. 1885

_____. "Les Noire Peints par Eus-Memes". Paris. 1883

BOUDIN, R. P. "Fetichisme et Feticheurs". Lyon-França. 1884

BRAGA, J. "Oritamejí. O Antropólogo na Encruzilhada". Universidade. Federal de Feira de Santana. Bahia. 2000.

CABRERA, L. "El monte". La Habana - Cuba. 1954.

_____. "Koeko Iyawo: Aprende Novicia" – Pequeno Tratado de Regla Lucumi – Ediciones Universal - 1980.

_____. "Yemaja e Ochun no Dialeto Lukumi". New York. 1980.

CAMPOS DA SILVA, J. "Procissões da Bahia". Bahia. 1925

CARNEIRO DA CUNHA. M. "A Feitiçaria entre os Nagô – Yorùbá". São Paulo. Dédalo, nº 23, 1-15, 1984.

CARNEIRO, E. "Candomblé da Bahia". Bahia. 1948

D'ANTRICHE, M. "Ma Vie". Paris. 1868

DA COSTA LIMA, V. "A Família de Santo nos Candomblés Jêjê-Nagô". Bahia. 1977

DA COSTA, C. J. "Os Deuses Africanos são Forças da Natureza". São Gonçalo. Rio de Janeiro. 1990.

DE LA BARBINAIS, L. G. "Voyage Autours du Monde". Paris. 1728

DE ỌṣÚN EYÍN, C. "Candomblé – A Panela do Segredo". São Paulo. Mandarim. Org. Eugenio, Rodnei William.

DEBRET, J. B. "Voyages Pitoresques au Brésil". Vol. II. Paris. 1834

DEBRUNER, H. "Witchcraftt In Gana". Acra-Dacar. 1959

DENEETT, R. E. "The Ogboni Anal Other Secret Societies in Nigeria." Journ. Afri. Soc. Out. 1916/17.

DURKHEIM. "Les Formes Elementaires de la Vie Religieuse". Paris. 1902

DUNGLAS, E. "Contribution à L'Histoire du Moyen-Dahomey". Tomo I. Porto Novo. 1957

FALAPINI, J. "Jeus et Jouets de L'Ouest African". Dacar. 1953

FREIRE. G. "Terres des Sucres". Paris. 1956

G. BALANDIER. "Sociologie Actuelle de L'Afrique Noire". Paris. 1955

G. BRASSEURE e P. MARION BRASSEUR. "The Retailing of Imported Textiles in The Accra Market Institute of Social and Research University College". Ibadan-Nigéria. 1956

GLEASON, J. "Oya, in Praise of the Godess." Boston/Masachusets, Shambala Pub. Inc. 1987.

GONSALVES, P. E. "Alimentos que Curam:" Alimentos/Medicamentos. 1996 – 7ª Edição. IBRASA. São Paulo.

HUBERT ET MAUSS. "Esquisse D'Une Theorie de Magie". Congresso de Sociologia em Paris. Paris. 1902/1903

ÌDÒWÚ, E. B. "Olódúmare, God in Yorùbá Belief. LO, Longmans of London. 1962.

ÌDÒWÚ, G. B. "Uma Abordagem Moderna ao Yorùbá (Nagô)." Porto Alegre. Palmarinca. 1990.JOHNSON, R. S. "The History of the Yorùbá". Vol. I e II. Londres. 1921

_____. "The History of the Yorùbá". Vol.I. Lagos-Nigéria. 1921

LABAT, P. "Estudes Dahoméennes du Séc.XVI". Porto Novo. 1956

LALLEMENT, R. A. "Viagem pelo nordeste do Brasil". Tomo I. Brasil. 1961

LANDES, R. "Negro Slavery and Female Status". Arquivo IFAN Nº 37. Dakar. 1955

LOMBARD, J. "Contrôle Social Dans L'Ancien Dahomey: Le Monde Moni-Chrétien". Paris. 1956

LUCAS, J. O. "The Religion of The Yorùba". Lagos. 1948

MAIR LUCY P. "Cahiers D'Estudes Africaines: Problem In the Study os Religions. Vol. XV". Paris e Londres. 1964

MAUPOIL, B. "La Geomancie à L'Ancienne Côte des Esclaves". Paris. 1943

MORTON, W. P. "The Atinga Cult-Among South Western Yoruba". Biblioteca de IFAN. Tomo XVII – Série B. Dacar. 1950

OLATUNJI, O. O. "Feature of Yorùbá Oral Poetry. Ibadan University Press Ltd. 1984.

OMOSADE AWOLALU, J. "Yorùbá Beliefs and Sacrificial Rites." Longman, 1979. Londres.

PORTUGAL FILHO, F. "Folhas do Meu Orixá". Ediouro. RJ. 1986.

_____. "Magias e Oferendas Afro-Brasileiras – Teoria e Prática na Magia do Candomblé. Madras. São Paulo. 2004.

_____. "Olhos de Fogo, Coração de Mel". Hemus. São Paulo. 2007.

_____. "Os Ẹbọ (Ipese) das Ìyámì: As Mães Feiticeiras". Isis. São Paulo.

_____. "Formulário Mágico e Terapêutico – A Magia das Ervas, Incensos, Defumadores, Filtros e Pós de Encantamentos" – Bertrand Brasil – Rio de Janeiro. 1995 – 1ª Edição.

QUENUM, M. "Au Pays des Fons". Larousse-Paris. 1938

RIBEIRO, R. "Cultos Afros Brasileiros de Recife". Recife. 1945

SANTOS, J. E. "Os Nàgó e a Morte". Petrópolis. RJ. Vozes. 1986.

SAUVEY, J. "Um Marché African". Niamey-Daomé. 1948

SKERTCHLEY, J. A. "It's is a Dahomey". Londres. 1874

VERGER, P. F. "Artigos – Tomo I" – São Paulo. Corrupio. 1992.

VERGER, P. F. "Ewé, O Uso das Plantas na Sociedade Iorubá". Cia. das Letras. São Paulo. 1995.

_____. "As Sobrevivências das Tradições Religiosas-Culturas Africanas". Unesco. New York. 1985

_____. "Contribution à L'Estude Sociologique de Marchés Nagô du Bas". Daomé. 1959

_____. "Dieux Afrique". Arquivo IFAN Nº 51. Dacar. 1957

_____. "Èwé – Folhas". Bahia. Companhia das Letras. 1995

_____. "Notes Sur Les Cultes des Orichas et Vodum". Arquivo do IFAN Nº 51. Dacar. 1957

_____. "Orixás, Os Deuses Yorùbá na África e no Novo Mundo". Bahia. 1982 Corrupio.

WETHEREL, J. "Notes From Bahia". Liverpool. 1860

WITHCHCRAFFT, N. "Nupe Society". Nigéria. 1935

PERIODICOS

GERMAINE Dieterlen. "Classification des Vegetaux Chez Les Dogon". Artigue no Journal de la Societé des Africaines. Tomo XXII. Paris. 1952

TESES

LÉPINE, C. – Contribuição ao Estudo do Sistema de Classificação dos Tipos Psicológicos no Candomblé Kètú de Salvador". Tese de Doutoramento, Universidade de São Paulo, mimeo, 1978.

MANZINI, Yaskara. "Ìyámì Ọṣọ́ronga (Minha Mãe Feiticeira) – O Coletivo Feminino na Cosmogonia do Universo". Monografia de pós-graduação na FPA. São Paulo. 2001.

BRITO, Silvio. "Mães Ancestrais: Aspectos e Oriki". Comentários e Monografia. Tradução e Revisão e pesquisa. RJ. 1996

APOSTILAS

FILHO, F. P. - "Ìyámì, O Culto as Mães Feiticeiras". Apostilado. Yorubana. Rio de Janeiro. 2004.

_____ "Mãe Oṣorongá". Texto base para uso exclusivo dos alunos da Yorubana, curso realizado em 09/11/2002. Rio de Janeiro. 2002

_____ "Curso sobre Ìyámì". Ensino a Distância. Módulo I e II. IOC. São Paulo. 1997.

_____ "Tradicional Religião Yorùbá". Tradução dos textos em yorùbá de Michael Kayode Owolabi. Rio de Janeiro. Inédito (1986).

OGUNJIMI, A. "Ìyámì Ọṣọ́ronga". Apostila. São Paulo. S/D.

OMIMOLÁ, B. "Ifá, Eerindilogun: Rezas, Jogo de Búzios". Apostila. São Paulo. 2002

_____ "Alayere — Ìyámì". Apostila. São Paulo. 2003

_____ "Pààkòyi Ìyámì". Apostila. São Paulo. 2004

EKUNDAYO, T. "Ayé, as Feiticeiras". Apostila. São Paulo. S/D

DICIONÁRIOS

ABRAHAM, R. C. "A Dictionary of Modern Yorùbá." London University Press. 1958.

_____ "A Dictionary of the Yorùbá Language". Ibadan. University Press. Ltd. 1950.

BUARQUE DE HOLANDA, Aurélio Ferreira. "Novo Dicionário da Língua Portuguesa". Ed. Revista e Ampliada. Ed. Nova Fronteira. Rio de Janeiro.

FERNANDES, Júlio da Conceição. "Diccionario Cuyás. Português-Español". Ed. Hynsa. Barcelona. 1995.

ÌYÁMÌ OṣÓronga

O CULTO ÀS MÃES ANCESTRAIS

Uma publicação da Arole Cultural

Acesse o site
www.arolecultural.com.br